集合价值论

张振立 著

社会科学文献出版社
SOCIAL SCIENCES ACADEMIC PRESS (CHINA)

序　言

　　大约是去年暑期前后，振立同志送来他的力作《集合价值论》书稿，嘱我作序。如今时间已过去半年有余，出版社校样都已送至案头，但"序言"却迟迟未能动笔，实在是惭愧。"忙"可能是最容易搪塞又最难以让人信服的理由。真正的原因是我太看重为老友著作作序的机会了，感到有太多的话要说而又不知道从哪里开始，同时也认为至少得先把书稿的思想逻辑吃透才能张口。于是多次翻阅书稿，多次伏案电脑前又多次搁置。今天再次整理思绪，觉得还是从我俩相识相知说起，更能表达我对振立同志人品、学识及本书所蕴含思想理论的认知。

　　我和振立相识于20世纪80年代初。当时，我在河南大学读政治经济学专业硕士研究生，他已获得高校教职，被任职高校选送到河南大学与我们同班深造。一起学习的同学总数也不过十人左右，朝夕相处，很快就混熟了。再加上我们又是临县同乡，都来自农村，有差不多相同的生活经历，感情自然愈加深厚。随后，振立考取兰州大学硕士研究生，毕业后有一段短暂在西北工作的经历，然后就"孔雀东南飞"，到了广东珠三角地区，先是在大学任教，后到珠海特区进入党政系统，从事政策研究和开发区管理，直至退休。我则于1985年毕业留校，"一土到底"，一辈子扎根河南。虽然从相识至今将近四十年的大部分时间中，我们天各一方，我在中原立足，他则从西北到岭南，足迹踏遍大半个中国，但我们始终没有中断过联系。对于他的每一次移动，我都差不多第一时间得到消息；对于我的工作和生活状态，他也了如指掌。其间，我们之间的直接交往多是我去取经叨扰。印象最深的是两次，一次是1997年，我们受某地政府委托谋划开发区发展战略，我带队组织相关人员赴珠海考察，振立当时正在主持珠海三灶开发区建设，那时三灶岛还是滩涂一片，满目荒凉，他则兴致勃勃地给我们介绍他的创业开发计划，还请我们在珠江一个入海口的桥底下美美吃了一顿最好的海鲜大餐，至今想起来还回味无穷。再一次是2008年春节，我带着家人到深圳过年，特意抽出时间从广州去珠海看望振立，他又是以最大的热情款待我们，把我们请到一座小岛上吃鳄鱼肉，把我们家老太太惊出一身冷汗，当然也是一次难忘的经历。

2016年，振立退休后我们在郑州相聚，谈他新的创业计划，此时我主持的中原发展研究院智库建设也正进入蓬勃发展阶段，急需高人加盟，在我一再盛邀之下，振立终以"讲座教授"身份成为我们智库团队的重量级专家。时隔三十多年再聚首，为着我们心中共同的那份期盼家乡更美好的心愿，结伴贡献我们余生的光和热，这是人生一大幸事。

振立待人以诚，做事以真，始终是我努力学习的榜样。与振立的友谊，使我的人生更加充实。

我们这代人的社会责任意识在振立身上表现得淋漓尽致。我们这代人，生在新中国，长在红旗下，经历过三年饥荒，参加过"文化大革命"，又目睹了改革开放四十年中国从传统农耕文明向现代工业文明之千年未有巨变，19世纪中叶至20世纪中叶中国的百年战乱动荡距离我们也不遥远。所以，从青少年时代起，在我们的心灵里就长出了无数个为什么：为什么会是这样？为什么会是那样？急切地要找到答案。我们渴望找到甚至创造能够揭示历史真相、解释现实并指引未来的理论，希望为国家富强和人民幸福施展自己的抱负，尽到自己的社会责任。这一点，在振立身上表现得更为强烈。18岁他就写诗明志，要"生而大众来，死而大众去"，"盼铁树开花，思黄河水清"，至今读来仍感人至深。30岁在与我们一起读研期间，他就拿出了尝试从整体上解释当代乃至未来经济体系架构及运行规律的"宏论"，让我们感到震撼。日后虽然长时期离开教学研究机构入仕为官，但思考和著述一刻也没有停止，当三十年后我们再聚首河南大学时，振立同志已出版讨论国家治理问题的政治学著作《理治论》，手握讨论经济理论和经济运行问题的《集合价值论》，讨论社会文化问题的《融新文化论》也已成竹在胸，他称其为献给这个时代的"吉祥三宝"。振立锲而不舍的探索精神和丰硕的学术成果，真有点让我们这些一辈子守在高校教学研究舞台的读书人汗颜。

振立怀有强烈的社会责任意识，还在于其浓厚的家乡情结。他多年工作在我国改革开放前沿地区，但从未忘怀中原故乡，并把对家乡的情感寄托在黄河治理上，他不仅一直潜心研究治黄方略，著有治黄专著，而且在受聘于中原发展研究院讲座教授以后，以中原城市群及郑州大都市区生态建设为切入点，联系清华大学水利专家和黄委会黄河治理规划建设专家，深入讨论，写出有理有据的研究报告，为政府提供有实用价值的政策建议，为中原发展研究院开辟了新的研究领域。

经济学是我们的本行，三十多年来，从同窗争论到日后断断续续见面聊天，尤其是振立重回大学舞台以后密集讨论的，基本上都是经济理论和经济现实问题。对于他的经济学思想，虽然在三十多年前他的"宏论"问世时我已略知一二，去年拿到《集合价值论》书稿后又多次翻阅，但说实在话，至今能够理解的还是框架梗概，其精髓仍未真正完全弄懂。根据我的认识，从 18 世纪下半叶到 19 世纪末的一百多年时间里，也就是从亚当·斯密开始到奥地利的门格尔、英国的杰文斯和法国的瓦尔拉斯止，经济学理论经历了从劳动价值论到效用价值论的演变，也是从投入和成本分析到效用分析的演变，但这些截然不同甚至是完全对立的理论有一个共同点，就是尝试用一个概念浓缩所有的经济学问题，在古典经济学及其代表人物亚当·斯密和大卫·李嘉图及马克思那里是劳动价值和剩余价值，在效用学派及其代表人物那里是边际效用及消费者剩余。所有问题都从这些核心概念出发，最后又都回到那里得到解释和说明。后来的英国经济学家马歇尔撇开了劳动价值和效用价值这些在经济活动背后起作用，现实中无法触摸和观察的东西，回到表象上来，用供求和价格将所有经济活动浓缩为均衡和资源配置问题，成为新古典经济学的鼻祖。振立同志沿着这一思路，尝试着将古典经济学和马克思的

3

劳动价值论与以马歇尔为代表的新古典均衡理论融汇起来，结合自己对理想经济制度架构的理解和中国变革中的现实，给出理论逻辑上自我闭合的解释。"集合价值"就是振立同志自己发明的用以解释经济活动现实及演化趋势的核心概念。这种理论勇气和创新精神，以及多年来持续打磨凝练的毅力，也是我欣赏和佩服的。这套理论体系记录了一个经济学人的思想轨迹，为后学者提供了一种思想方法。

自 19 世纪末以来的一百多年间，世界经济格局发生了巨大变化，各个国家内部的经济体制和经济运行方式也发生了巨大变化，经济理论更是大跨度前进了，新的概念和新的分析方法层出不穷。一个人要在完全吃透和掌握这些新的理论和分析方法的基础上再创新，形成自己独立的理论体系，是一件十分不易的事情。但实践在前进，理论总是滞后于实践，理论的探索空间永远存在。希望振立同志持续探索，未来不断有新的理论成果奉献出来。也希望早日看到《融新文化论》面世。

耿明斋

2019 年 4 月 2 日

于中原发展研究院

前　言

　　中华民族经过五千年文明的洗礼，迎来了伟大复兴新时代；中国经过近百年的革命和建设，步入了持续和平发展新时代；中国改革开放经过四十年的不断推进，开创了引领人类文明的新时代。作为这个时代的中国人，笔者在自豪和幸运之余，深感时代使命之神圣。

　　当今中国的仁人志士，都有竭诚报国之心，实现"中国梦"之志。无论身处庙堂抑或江湖，均赤心系之。

　　笔者生于 1954 年，在河南农村长大。18 岁时，曾写下"早操四令"以明终身之志。① 改革开放后，读大学、研究生，攻读政治经济学。

　　马克思的《资本论》是专业入门书，笔者曾反复研读。"生产与占有的一致，公平与效率的统一，必要性和有效性的实现"，是笔者在学习和思考中悟出来的经济学三个基本问题。将马克思主义革命性的政治经济学转变为人民共和的建设性政治经济学，是笔者奋斗的方向。

　　"集合价值"这个概念，从 1984 年提出到现在，经过三十多年的思考和研究，形成了较为系统的理论。它以劳动价值论为基础，与剩余价值论相对应，紧扣中国改革开放的时代主题，是立足社会主义市场经济的价值理论。

---

　　① 其一：旭日喷薄出，神气对太空，举目八万里，岁月载锦程。其二：兵戎长城志，文笔是非清，为共产主义，奋斗誓终身。其三：生而大众来，死而大众去，求得满园春，苦乐畅心怀。其四：走五湖四海，经异风奇浪，盼铁树开花，思黄河水清。现用微博号、微信号"黄河水清"，是不忘初心之意。

　　《集合价值论》与 2013 年出版的《理治论》以及将在后几年出版的《融新文化论》是笔者献给当今时代的"吉祥三宝"。这"吉祥三宝"在中国改革开放中生根、开花、结果。

　　《理治论》从中国传统文化、马克思主义、西方现代文明三种潮流相互交汇、碰撞和融合的趋势中探讨人性本质、思维规律、社会基础和政治制度。笔者认为，人是讲理的，人类具有理性，人性从理。决定人们思想和行为的基因是人的理性结构，由自然理性和社会理性两方面的理性构成。该书通过"理源于真，非真无理""理成于同，不同则乱""理立于优，不优则废"的三维理性范畴，说明了人们思想和行为的理性规律。在此基础上，通过对中国儒家思想、道家思想、法家思想、宋明理学的解析，实证了中国传统文化中蕴含的理性价值；通过对中国传统文化与西方现代文明思想的分析比较，指出了二者的异同和相互融合的趋势；通过对马克思主义、社会主义的理论分析和实践总结，指出马克思主义、社会主义与西方现代文明和中国传统文化具有理性上的通融性和融合性。

　　中国改革开放建立在马克思主义、社会主义与西方现代文明和中国传统文化可融通和融合的基础上。这种认识的历史渊源和现实社会基础来自人类理性的"公约数"。我们要实现中华民族伟大复兴的"中国梦"，必须寻求人类社会文明进步的路向标、向心力、聚合力和正能量，并在广泛共识的基础上占领人类文明的制高点。习近平总书记"人类命运共同体"的思想正是这个制高点的体现。

　　《理治论》将政治定义为"公共治理"。它认为，政治是"根据公共意志，掌握公共权力，使用公共资源，建立公共秩序，实现公共利益的公共治理"。民主是近现代政治文明的核心理念，民主政治主导着人类社会文明进步的主流趋势。只有将民主政治理性化，实行理性民主，才能将社会制度建立在人类文明持续进步的坚实基础上，才能解决问题、走出困境。

　　理性民主是在现代民主政治的基础上提出的新概念。它强调民主与自由的统一，民主与平等的统一，民主的多数原则与理性原则的统一，自然理性与社会理性的统一；它主张根据三维理性原则建构现代民主制度，增强其具体真实性、公众认同性和社会进步性。

《理治论》从中国改革丌放的现实出发，将理性民主付诸政治体制改革的实践，提出了国家政治与居民政治分层治理，建立"双层、三级、四元"政治体制的设想。

《集合价值论》从经济理论层面分析说明社会主义市场经济规律。它从生产与占有的一致、公平与效率的统一、必要性和有效性的实现这三个基本命题入手，切入价值理论，逐一分析了劳动价值论、剩余价值论、效用价值论、均衡价值论等理论观点。通过分析比较，分别指出了它们在解决三个基本问题上的理论特点。

社会主义市场经济需要坚实的价值理论。这个价值理论建立在社会主义制度条件与市场经济运行机制融为一体的基础上。

社会主义与市场经济的结合是历史性课题。要破解这个课题，就必须分别对社会主义与市场经济进行提纯后的整合和"排异手术"。《集合价值论》一方面在对市场经济运行机制和发展趋势的剖析中揭示其基因结构，剔除资本主义制度对它的异化因素；另一方面从社会理性的角度理解社会主义，对社会主义的脉络正本清源，纠正理论和实践上对社会主义的扭曲。在此基础上，将社会主义的"父本"基因与市场经济的"母本"基因融为一体，使其融合成能够通过市场经济的运行机制实现社会主义制度功能的新体制、新机制。

中国改革开放的实质是通过改革开放实现社会主义的制度创新。社会主义革命的目标是建立社会主义制度，实现社会主义应有的制度功能。但在"左"的理论和实践中，社会主义制度革命的目标被阶级革命的目标扭曲了。社会主义革命的目标是用新制度取代旧制度，而不是由一个阶级的专政取代另一个阶级的专政。阶级斗争、阶级革命、阶级专政是制度革命的手段，不能用手段代替目的。在"以阶级斗争为纲"的政治路线下，社会主义应有的社会基础和制度元素被冲击、被破坏了，应有的和谐一致的主体关系被分化、被肢解了。

特别是革命成功后，如果不健全和完善社会主义制度，通过实现社会主义的制度功能实现民富国强和长治久安，赢得全国人民的拥护和支持，而是试图用强大的国家机器维持专政性的政权，就难免落入"推翻别人的政权，自己的政权又被别人推翻"的历史逻辑。

中国改革开放就是突破这种思维定式、摆脱这种历史逻辑，以制度革命的思维纠正阶级革命对社会主义制度革命的扭曲，将社会主义定位在持续性的文明进步制度上。《集合价值论》从社会主义制度应有的主体一致的本质要求出发，着眼于主体一致基础上制度功能的实现，即生产与占有相一致、公平与效率相统一、必要性和有效性得以实现，将主体结构、运行条件和内在机制统一于集合价值规律。

本书由三部分内容构成。第一部分（1~8章）是基础理论，分别是：经济学的三个基本命题，说明三个基本问题的价值理论，市场经济的运行机制和发展趋势，从社会理性理解的社会主义，社会主义与市场经济的结合，实现制度目标的改革创新，集合劳动与集合价值，集合价值的分解。这部分中，集合价值的形成和分解是核心。

第二部分（9~16章）是微观理论，分别是：劳动者权益与劳动就业，人力资源的开发和利用，企业制度的演变及走向，中国企业制度的改革、发展与创新，劳动产权得以全面实现的新型企业制度，劳动与资本的复合产权结构，新企业制度的行为机制，企业家和企业团队。这部分中，企业制度创新是核心。

第三部分（17~23章）是宏观理论，分别是：公共服务，税收制度的改革与创新，财政定位与财政体制改革，货币金融制度的改革与创新，经济周期与宏观调控，可持续发展的常态化，集合价值规律。这部分中，税收、财政、货币和金融制度创新是其核心。最后一章"集合价值规律"是对本书的总结性论述。

在融合中创新，在创新中融合，在融合与创新的相互递进中实现人类文明的持续进步，是"融新文化"的精髓。《融新文化论》是从人类文明发展的大趋势中通过对国际性的各种文明潮流的分析研究，指出建立国际政治经济新秩序的一系列条件和可行路径。

《埋治论》、《集合价值论》和《融新文化论》被笔者视为"吉祥三宝"，希望能够给中国和世界带来"吉祥"。

目 录
CONTENTS

1

经济学的三个基本命题

经济学是研究人类在资源约束条件下生存和发展目的如何实现的科学。生产与占有的一致、公平与效率的统一、必要性和有效性的实现是其三个基本命题。

1.1　生产与占有的一致

"谁生产的归谁占有"是人类社会财富生产和分配的基本法则。古今中外的思想家、政治家、经济学家以及广大平民百姓将这一法则视为天经地义、理所当然的原理性法则，至今没有谁对此提出异议。

自然经济时代，人们在自己的家庭、自己的土地上，用自己的生产工具男耕女织、自产自用、自食其力。这种直接生产和占有财富的方式充分体现了这一法则。

商品经济出现后，人们相互之间通过等价交换的方式交换劳动产品。通过交换，张三生产的产品由李四占有和消费，李四生产的产品由张三占有和消费。这时，生产和占有相一致法则不再直接体现在各自的劳动产品上，而是间接地体现在他们相互交换产品的价值上。

私有制条件下，人类的生产主体出现阶级分化，一部分人占有土地、资本等生产资料；一部分人失去生产资料，成为靠出卖劳动力为生的佃农和雇

1

佣工人。在此基础上，形成了农业租田耕种制度和工业雇佣劳动制度。在这种制度下，佃农和雇佣工人作为直接生产者，他们生产的产品价值被分成地租、利润和工资等不同部分，地主凭借土地所有权获得地租，资本家凭借资本所有权获得利润，佃农和雇佣工人凭借劳动力获得工资（或相当于工资的产品）。这时，生产和占有相一致法则被另一个法则改变，这个法则就是生产资料所有权主导的分配法则，即凭借生产资料的所有权享有生产成果的分配权。在这个法则下，佃农和雇佣工人作为直接生产者不但不能直接占有自己的劳动产品，而且丧失了在劳动成果分配中的主导权，沦为被分配的对象。

李嘉图在《政治经济学及赋税原理》序言中说：

> 劳动，机械，资本联合使用在土地上面，所生产的一切土地生产物，分归社会上三个阶级，即地主，资本家，与劳动者。地主有土地，资本家有耕作土地的资本，劳动者则以劳力耕作土地。
>
> 全土地生产物在地租利润工资的名义下，分归各阶级。
>
> 这种分配，受制于一定法则，确定这种法则，是经济学上的主要问题。①

李嘉图本人一方面坚持并发展了斯密劳动创造价值的劳动价值论的逻辑合理性，另一方面又承认地主、资本家凭借生产资料所有权以地租、利润的方式获得生产成果的现实合理性。生产和占有相一致法则在李嘉图的理论体系中出现了二律背反的矛盾。

马克思在坚持斯密、李嘉图劳动价值论的基础上提出了剩余价值论。他的基本观点和思维逻辑是：资本主义私有制条件下，雇佣工人的劳动力成为商品；雇佣工人的生产劳动所创造的价值被分成两个部分，一部分是以工资形式体现的劳动力价值，另一部分是以利润形式被资本家无偿占有

---

① 李嘉图：《政治经济学及赋税原理》，郭大力、王亚楠译，译林出版社，2011，译序第6页。

的剩余价值；剩余价值是资本家阶级凭借生产资料所有权无偿占有的工人阶级所创造的一部分价值，它体现的是一个阶级对另一个阶级的经济剥削和政治压迫。

马克思认为：资本主义私有制是产生经济剥削和政治压迫的制度基础；在这个制度下，资产阶级在社会经济活动中的一切行为都是剥削、压迫行为，不创造任何价值；只有工人阶级的直接生产劳动才是创造价值的生产劳动，他们理应占有全部生产成果。

在马克思的理论体系内，财富生产和占有合理性问题被分成两个层面考察：一是微观层面上，资本家占有的剩余价值与工人占有的工资是否合理；二是宏观层面上，由剩余价值积累形成的资本主义私有制是否合理。马克思给出的答案都是否定的，并主张用社会主义公有制取代资本主义私有制。

萨伊、维塞尔、马歇尔等经济学家在斯密、李嘉图等古典经济学的基础上先后提出效用价值论、边际效用论和均衡价格论，试图用供给创造需求、边际效用决定边际价格、供给价格和需求价格相均衡等理论观点说明现实经济关系的合理性及运行机制，回避了深层次上生产和占有相一致的原理性法则如何坚持、如何贯彻的问题。此后的西方经济学大多是以这种现实合理性为基础和前提的。

其实，生产和占有相一致法则是经济学理论和社会经济制度无法回避的问题。这个法则一方面蕴含了社会公正的原理，是价值观合理性的基础；另一方面蕴含了经济平衡有序的原理，是社会经济制度及其运行机制合理性的基础。如果背离了这个原理性法则，就会导致社会价值观危机和制度危机的双重危机。

近二百年来，社会主义和资本主义两大制度体系经历了多样性、多方面的实践检验。反思近二百年来东西方社会制度的演变史，我们发现了两种社会制度各自存在的诸多深层次问题，还进一步发现了诸多深层次问题的背后有一个根本性的问题没有得到很好的解决，这就是如何在市场经济的制度条件下实现生产与占有的一致。这个问题需要我们从根本上正本清源。

由此产生的第一个问题是财富究竟是谁创造的，该归谁占有。斯密、李嘉图、马克思等人都认为财富及其价值都是劳动创造的；配第则认为土地是财富之父，劳动是财富之母。这涉及对劳动的定义问题。如果认为劳动只是出力流汗、种田做工的直接生产者的狭义劳动，配第所说的不无道理，因为单凭种田者的狭义劳动，没有地主对土地的投入、监管和对生产活动的组织、管理，就不可能生产出有价值的农产品。只有将配第所说的"土地"理解为土地所有权人格化的地主，将劳动人格化理解为种田的农民，财富及其价值才具有主体的一致性。由此看来，只有将劳动定义为人类在生存和发展过程中从事财富及其价值的生产活动的广义劳动，劳动是财富及其价值的唯一源泉的这一论断才能成立。只有这样，物质财富、精神财富、社会价值、政治价值、经济价值才能实现主体的统一，社会学、政治学、经济学等社会科学才能在"价值"这个核心概念上找到共同点。只有在广义劳动的概念上，劳动价值论才能在主体统一的基础上贯彻到底。如果不澄清这一问题，社会主体就会人为地被分化成劳动和非劳动的对立阶级；在阶级和阶级斗争的语境中，就很难形成广泛的社会共识。

第二个问题是什么样的劳动才是创造财富和价值的生产劳动。马克思将劳动分为创造价值的生产劳动和不创造价值的非生产劳动，出现了劳动价值论上应有的广义劳动与剩余价值理论中狭义劳动的概念矛盾，引发一系列问题。地主和资本家在现实经济生活中，除了生产资料占有者的身份之外，他们往往是生产资料的监管者、投资者和生产活动的组织者、管理者。生产资料的监管、投资和生产活动的组织、管理，都是现代企业家必要的经济行为，这种行为理应是创造价值的生产劳动。如果对此持否定态度，那么社会主义条件下同样需要对生产资料的监管和投资，同样需要对生产活动的组织和管理，我们又如何理解从事这种活动的人的属性？由于所处历史阶段的原因，马克思的剩余价值理论将创造价值的劳动仅限于直接生产过程中的生产劳动，认为只有直接劳动者才创造价值，现在看来情况已发生变化。如果坚持马克思的这一论断，那么社会主义条件下非直接生产过程中大量的国家干部、教师、医生、文艺工作者、军警，特别是现在所说的第三产业的服务人员，他们凭什么取得薪酬，按劳分配的原则如何全面贯彻？如果修正这一点，那么资本家凭借生产资料所有权及其相关活动所获取的利润就不完全是剥削性质，其中有相当一部分是他们从事生产资料的监管、投资和生产活动的组织、管理所创造的价值。如果不能在这一问题上正本清源，我们就会陷入理论上、制度上、政策上自相矛盾的困境。因此，创造价值的生产劳动与不创造价值的非生产劳动的界定就不能限于社会阶层和行业类别层面，而要看劳动对生产的产品是否必要、是否有效。

第三个问题是由生产资料私人占有者（或者说私有制）主导的生产成果分配制度能否体现并实现生产与占有的一致。在现行企业分配制度中，工人的工资被视为一个常量，从成本项目中扣除；企业新创造的价值扣除成本后的剩余部分，一部分作为税收上缴国家，另一部分作为利润归企业占有。这种长期以来形成的分配制度明显地将工人实际创造的价值与应该占有的价值分割开来，生产与占有相一致的法则很难得到体现。不从这个问题上改革和创新企业制度，社会主义市场经济的微观基础就很难夯实。

第四个问题是怎样确认和分解劳动者在共同生产成果中应占有的合理份额。信息化时代的市场经济是广义的劳动者共同参与的全员性社会经济，劳动元素在不同界别、不同行业、不同阶层中以不同形式产生，知识、技术、智能、信息、组织、管理、监督等劳动元素以不同方式从不同途径参与价值的创造，任何一种产品都是通过一系列的产业链条和工艺工序生产出来的，人们很难从具体的产品中分解出自己的劳动成果，生产和占有的关系出现了你中有我、我中有你的融合性模糊状态。在这种状态下，不管是社会主义的按劳分配制度，还是资本主义的按资分配制度，抑或是介于二者之间的其他分配制度，都很难将每个人对共同生产成果的贡献精确分解出来，也很难根据他们的精确贡献给予恰当的报酬。现实中，人们只能按照传统的工资制度、利息制度、利润制度、税收制度和财政支出制度处理现实经济关系。在这种社会现实条件下，不管是社会主义，还是资本主义，目前都不能将自己坚持的原则贯彻到底。这种情况下，我们必须用新的理念、新的思路、新的方法分解劳动者共同创造的相互包含的价值，为实现生产与占有相一致的要求寻求新的途径。

生产与占有相一致的问题关系到社会公平的根本定义，不从根本上搞清楚它的基本要求和实现条件，我们就无法使中国的改革开放走向理论彻底、实践明确的道路，就不能占领价值观和社会制度的制高点。

1.2　公平与效率的统一

公平和效率既是经济学的两大坐标，也是社会制度选择的两大方向性指标。

公平指公正和平等，是一个跨学科的宽泛概念。它既指政治上的天下为公、光明正大、人格平等、人权平等、权益公正，也指经济上的交易公平、分配公平、占有公平、机会均等、公平竞争，还指意识形态和道德伦理上的公道、正派、正义。它既有制度规则的意义，也有道德评价的意义。经济学之外的其他学科在评论经济问题时，大多以公平的标准论说是非。我们所说的社会公正，其主要内涵是公平。公平的意义首先体现在和谐稳定上。没有公平，就没有和谐稳定。

效率指资源投入产出的效益和比率。世界上的资源是稀缺的、有限的，要使这些资源最大限度地满足人们的需求，就必须尽可能地使每份资源产出最多和最好的产品。效率有质和量两方面的规定性："效"是质的规定性，它意味着人们的生产活动是为了实现有益且有效的目的，是发展目的和发展效果的体现；"率"是量的规定性，它意味着发展是通过数量的增加、水平的提高、速度的加快、规模的扩大实现的，是发展速度和发展程度的体现。因此，效率是人类社会发展目的、发展效果和发展速度、发展程度的统一。效率的意义首先体现在发展上，没有效率就没有发展。

公平与效率是检验社会制度优劣、政策选择对错的两个基本标准。在人类社会发展历史过程中，时而强调公平，时而强调效率，却很难找到二者兼顾的最佳结合点。如何理解和处理公平与效率的关系，历来是制度设计和政策选择的争论焦点。

古今中外的思想理论和制度政策，都将公平和效率的实现作为探索的主题、追求的目标、立论的基础和争论的焦点。历史上发生的变法、变革、革命、改革等重大事件，不是因为公平问题，就是因为效率问题，或者是兼而有之。

关于公平与效率是顾此失彼、此消彼长、不可兼得的对立关系，还是相互促进、相辅相成、可同步实现的统一关系，人们可通过逻辑分析和实践检验得出相应的结论：在某种条件下，二者是相互冲突的对立关系；在某种条件下，二者是相互促进的统一关系。不同条件系统，产生不同结果。

我们可假设"绝对公平"和"绝对效率"两种条件系统进行分析。在第一种条件系统中，通行的是"绝对公平"的平均主义，不管能力大小，不管干多干少、干与不干，都是同样的待遇。这种状态下，社会公平的逻辑自然是向下看齐（因为能力最高且干得最好的人也只能得到同能力最低且不干的人一样的待遇）。当这种惰性使最低能力的人也不想干的时候，就会出现社会生存危机。这种条件系统中维持的"绝对公平"其实是压抑强者、向弱者看齐、走向死寂的绝对不公平。当然，在这种条件系统中效率只能递减，不可能提高。

在第二种条件系统中，通行的是弱肉强食的丛林法则，谁是强者就占有资源，谁是弱者就丧失资源，结果是强者越强、弱者越弱，导致两极分化。这种状态下，通行的是强者主导、效率至上的原则，效率建立在强者统治的强权秩序上。当新的强者出现后，必然有一场改天换地的社会变革，其成本是毁灭性的破坏。野蛮强权时代的一次社会变革往往会毁灭一个时代周期积累起来的社会财富。这种条件系统中的"强权效率"体现的是发展与毁灭交替进行的强弱替代规律。在这个规律下，只有强者的效率，没有弱者的公平；只有弱者变成强者，强者变成弱者，才能实现"三十年河东，三十年河西"的周期性"公平"。

可见，在上述两种条件系统中，表面上的绝对公平和绝对效率都会导致绝对的不公平和绝对的无效率。我们假设的这两种状况不是纯粹的逻辑推演，它们在人类社会的不同时期都得到了不同程度的实践证明。

社会主义和资本主义两种社会制度都不同程度地经历了与上述假设条件

类似的实践。社会主义曾一味强调公平，在生产资料公有制、计划经济和按劳分配的制度框架内运作，导致平均主义和"大锅饭"问题日益严重，结果既不能实现应有的公平，也无法提高应有的效率。资本主义曾一味追求效率，在私有制、市场经济和按资分配的制度框架内运作，接二连三地出现周期性的经济危机，不但无法持续地提高效率，阶级分化的问题也日趋严重。于是，中国社会主义借鉴资本主义的市场经济机制，走向改革开放，强化效率机制；欧美资本主义引入社会主义元素，发展公共福利，加强宏观调控，强化公平机制。

然而，目前这种从极端走向中和的道路并没有从根本上解决公平与效率的不同机制如何在制度中实现统一的问题。迄今为止，人们在公平和效率的问题上仍然处于"剪不断，理还乱""众说纷纭，莫衷一是"的困惑时期。如何在强化效率机制让一部分人先富起来的同时强化公平机制实现社会共同富裕？面对这些至关紧要的问题，人们仍在不断探索实现公平和效率结合的最佳路径。

问题关键在于寻求公平与效率在制度框架内相互适应、相互促进的合理区间，并在这个区间内实现制度框架和运行机制的统一。理论分析和实践经验告诉我们：这个合理区间是存在的，它所需要的条件是有可能满足的。

第一，以人为本，形成由全体社会成员组成的有利于人的自由发展、充分发展和全面发展的具有"自由人联合体"性质的共同体，共同发展和共同富裕是这个社会共同体的基本走向。社会主义的基本理念和社会主义制度的根本目的蕴含了这个条件。

第二，共同体内每个发展主体（个人或组织）和每一份资源都是相对独立的元素，每个发展主体在平等的原点上通过公平竞争与每份资源实现最佳组合，形成能利权责结构对称合理的行为机制；建立并维护规范合理的有序竞争秩序，充分激发创新和创造的活力，形成在优胜劣汰中实现相互增益的共同发展机制。中国市场经济取向的改革开放为造就这个条件提供了可能性和可行性。

当上述条件同时满足时，公平和效率就具有相互促进、相辅相成、可同步实现的必然性。反之，如果这些条件短缺或变异，公平和效率就会偏离二者结合的合理区间，向各自的极端发展。过分强调公平，不承认差别，不解放个性，只讲平均，就会偏离公平的实质，在失去效率的同时也失去了公平。过分强调效率，不讲共同发展和共同富裕，不顾全局和长远利益，只求强者发展，不管弱者死活，人们之间的利益关系就会畸形，社会就会日益两极分化，结果必然是在失去公平的同时也失去了效率的社会基础和承载能力。

可见，解决公平与效率统一的问题既是一个制度融合问题，也是一个制度创新问题。所谓"融合"，是指社会主义的本质要求与市场经济运行机制的有机结合，两种制度元素形成水乳交融式的一体化运作机制。所谓"创新"，是指在社会主义市场经济的制度框架内通过改革创新，造就有利于公平和效率同步实现的一系列充分必要条件。

1.3　必要性与有效性的实现

所谓"必要性"是指社会经济发展中各种资源要素、产业结构、利益关系、经济参数、生产和再生产条件的组合符合功能实现的结构要求。例如，我们为生产每个产品所耗费的每份资源是否必要，我们生产和消费的每个产品是否必要，我们为实现某种目标所采取的每项措施、每个行为是否必要。

所谓"有效性"是指社会经济发展中的每个元素在既定的组合结构中发挥应有作用的功能要求。如在既定的收入结构中我们购买的每个商品对满足预期的需要是否有效，在既定的岗位设置中我们聘用的每个员工能否胜任其工作。

必要性是在资源约束条件下资源配置结构以及由此形成的产业结构、产品结构、消费结构、利益结构公正合理的结构要求，有效性是在一定的经济结构中产出最大、功效最强、满意度最高的功能要求，二者形成互为前提、相互检验的互动机制。

西方经济学将"生产什么，怎样生产，为谁生产"作为经济学研究的基本问题。"生产什么"讨论的是有限资源在使用方向上的产业和产品选择问题，"怎样生产"讨论的是生产方法、技术手段和组织管理方式的选择问题，"为谁生产"讨论的是产品种类、产品性能用来满足谁的需要的市场选择问题。这三个方面的选择问题，反映的都是社会经济发展各个环节上各种经济元素的必要性和有效性如何实现的问题。

必要性和有效性的实现问题贯穿在生产、流通、分配和消费的各个环节中。生产环节体现的主要是有限资源的配置机制。使人力、技术、知识、管理、信息等主体性要素与资本、机器、能源等客体性要素实现最佳配置，使单位资源进而整体资源的投入产出效率最高，是这个机制的主要功能。在这个机制中，每份资源的必要性是结构合理的关键，每份资源的有效性是功能实现的关键。

流通环节体现的主要是由价格、利率、汇率、股指等经济参数构成的市场机制。价格背后的因素是价值形成、产品供需和货币投放，利率背后的因素是产业结构、经济周期和货币供求，汇率背后的因素是国际金融和国际贸易，股指背后的因素是微观企业效益和宏观经济政策。要对市场机制进行有效的宏观调控，就必须采取一系列必要的结构性措施。

分配环节体现的主要是利益结构的形成机制。如国民收入初次分配中工资、利润、税收等各项收入的分解，再分配中行政、国防、社会保障、财政转移支付等各项财政支出的分解，两次分配中都有一个各项收支是否必要、各种利益关系对调动利益主体的积极性是否有效的问题。

消费环节体现的主要是社会再生产条件的生成机制。劳动力（指广义的劳动力，包括各个行业中在业、失业、待业的各种人员以及未达到就业年龄的受教育者）的再生产、生产资料的再生产、社会事业（教育、科技、文化、医疗等各项事业）的再生产、公共产品（政府和各公职部门提供给社会的各种公共服务）的再生产，需要一系列的实现条件。这些实现条件能够满足到何种程度，一方面取决于对各种条件的必要性的科学认定，另一方面取决于对其有效性的实践检验。

社会经济发展越来越优质化、精细化、多元化、个性化，人们的期望值越来越高，对政府的批评越来越严苛，而资源约束条件越来越严峻，环境维护难度越来越大，众口难调的政府苦衷越来越突出。这就需要我们更加重视社会经济发展中各个选项的必要性和有效性。如我们的产业结构是否合理，我们生产的每个产品是否必要，每个产品对满足我们的需要是否有效，我们投放的每元货币是否必要，我们征收的每元税款是否必要，政府机关设置的每个部门、招聘的每个人员是否必要，政府制定并实施的每项政策、采取的每项措施是否必要和有效等诸如此类的问题。这些问题都是决定社会经济发展质量和制度功能的具体问题。

社会经济生活中发生的短缺、过剩、失衡等问题，经济制度中产生的两极分化和经济危机问题，经济运行中出现的无序、紊乱、失控等问题，归根到底，都是必要性和有效性的实现条件无法满足所致。

之所以产生必要性和有效性的问题，是因为我们的资源条件是有限的，经济行为可选择的范围是有限的。在生产环节，可使用的资源是有限的；在流通环节，市场机制的调控手段是有限的；在分配环节，可分配的利益是有限的；在消费环节，社会再生产的条件是严格的。要使有限的资源能生产出较多较好的产品，有限的调控手段能使市场机制发挥应有的作用，有限的利益总量能形成公正合理的利益格局，严格的社会再生产条件能生成良性循环的可持续发展机制，我们就必须将资源配置、市场参数、利益格局、再生产条件限定在"必要"且"有效"的意义上。

必要性和有效性的实现既是制度、体制问题，也是运行机制问题。前者形成制度框架的硬约束，后者形成行为主体互动的软约束。

必要性和有效性的实现机制是决定社会经济发展秩序和发展效率的主要机制。计划机制与市场机制是两种不同的实现机制。

计划经济（指社会主义传统理论基础上已有的制度性实践）的实质是在社会主义公有制条件下实现国民经济有计划、按比例发展，按说这个逻辑是合理的。问题是逻辑的前提条件和实现条件在我们的现实中无法满足，结果事与愿违。计划经济的逻辑前提是社会主义公有制建立在社会化大生产的基础上，国民经济各部门形成了科学合理、有序运作的比例关系。但现实中的社会主义起点很低，社会化大生产的基础比较薄弱，中华人民共和国成立时国民经济各部门尚在初期发育中，它们之间的比例关系尚未全部显现，更不用说人们对它有全面系统的认识了。显然，这个前提条件是先天不足的。

计划经济的实现条件，一是计划者都是精通经济运行且无私心的专家，他们"看得见的手"能替代市场"看不见的手"；二是计划者能将不同阶层、不同类别的社会成员各个方面的需要精确地计算出来；三是计划者在资源配置结构、产品供需结构中能够建立起一种动态的平衡机制；四是计划者能够对各种复杂动态的经济信息全面掌握并适时调控；五是计划者都能将确定的计划付诸实施并保证目标实现。理论和实践都可证明，这些实现条件在现实中是无法满足的。之所以无法满足，是因为任何一个计划者的智慧和能力都不可能凌驾于全体社会成员之上，任何计划者或多或少都可能有照顾亲朋好友、谋求自身利益最大化的"私心"，任何计划机构的作用都不能替代由全体社会成员的行为互动所形成的市场机制。这就不可避免地形成了靠"长官意志"确定指标、靠"行政权力"推行计划、靠"将错就错"维持局面的计划机制，致使"有计划、按比例发展"的初衷演变成"比例日益失调，结构日益畸形，效率不断降低"的结果。计划经济的实践证明，国民经济结构中各种元素的必要性寓于各种经济元素构成的互动性的动态系统中，我们无法通过指令性的干预达到只有通过全员互动才能达到的必要性的要求（正如任何一种药品都不可能完全替代人体生理机制一样），如果强行干预，就会出现无效或者紊乱的后果。

市场经济的实质是在既定的制度框架内通过市场机制实现多元主体自由竞争的互动性发展。在这个机制中，资源配置通行自由竞争的原则，其结构比例是通过行业之间的自由竞争、生产要素自动流向利润率较高的行业实现的，由此形成的产业结构和产品结构是社会总供给的基础；流通领域通行等价交换的原则，价格、利率、汇率、股指等经济参数在交易双方互动博弈的过程中形成，由此形成的市场机制是经济运行的基础；分配领域在资本主义私有制的框架内，通行按资分配和按产权分配的原则，由此形成的各阶级、各团体、各类人员的收入是社会总需求的基础；消费领域通行的是自主支配收入和自主选择市场的原则，由此形成的消费结构和储蓄－投资倾向是决定社会再生产条件的基础。

抛开既定社会制度对市场经济的框架约束而论，市场是自主发展、自由竞争、自我组织、自我调节的互动机制。我们所说的必要性和有效性是在这种自发性的互动机制中实现的。斯密所说的"看不见的手"，萨伊所说的"供给创造需求"，都是讲这种机制的自动和互动效应。

市场这种自动和互动机制具有优胜劣汰、强者主导、强弱两极分化的自然趋势。资本主义社会早期，市场经济在经济自由、私有制和按资分配的制度框架内运行，积累并爆发了生产无限扩大与有支付能力的需求相对缩小的基本矛盾，导致了生产过剩、再生产无法持续的经济危机。20世纪中期，为了走出危机，罗斯福在美国实行新的政策，在其制度框架内增加了国家干预的内容，试图通过国家财政支出和货币投放增加社会总需求进而解决总量失衡的矛盾。同时，英国经济学家凯恩斯发表《就业、利息和货币通论》，提出国家应从财政和金融两方面调控经济总量的主张。"罗斯福新政"和凯恩斯理论从制度框架上改变了资本主义社会早期市场经济运行的条件系统。由此产生了国家宏观干预中财政和金融一系列政策措施的必要性和有效性问题，以及这些政策和措施对市场机制本身的必要性和有效性产生何种影响的问题。在对这些问题的解析中我们可从正反两个方面探讨市场经济与社会制度相互适应的条件系统。

我们一方面要发展市场经济，另一方面要坚持社会主义制度，这就有一个社会主义为市场经济提供什么样的制度框架才能通过市场经济的运作机制实现社会主义制度目标的问题。我们所说的必要性和有效性的实现既是市场经济的运行机制问题，也是社会主义制度的目标要求问题，将二者统一起来，是中国改革开放走向成功的关键。

2

说明三个基本问题的价值理论

生产与占有的一致，公平与效率的统一，必要性和有效性的实现，是经济学的三个基本问题。这三个问题相互关联，是经济学的命脉所在。紧扣这个命脉，解析经济关系、揭示经济规律、洞察运行机制的理论是经济学的价值理论。

2.1　价值理论是经济学的基本理论

人类是通过思想和行为实现目的的。人们说每句话、办每件事，都有一个该不该、能不能、值不值的问题。价值的概念是人们在对自身思想和行为的选择和评价中形成的。价值体现人类的意志取向、选择原则和评价标准，它是人类社会各个领域广泛使用的概念，有经济价值、政治价值、文化价值等不同范畴。这些范畴的一般理念构成社会的价值观念。

经济学中所说的价值，无论是人们日常生活中的习惯用语，还是专家学者概念化的专业术语，都是为了回答人们提出的该不该、能不能、值不值的问题。有几亩地，人们是种玉米还是种棉花，能不能有好收成，精耕细作值不值；有几万元的收入，该不该买新的电视机，能不能年内出去旅游，贷款买辆新车值不值；⋯⋯这些问题，都是经济学中的价值问题。

经济学的价值理论是与哲学、文学、政治学、伦理学等学科的价值理论相通的基本理论，具有相互融通的互证互解功能。企业家学哲学，是想通过提高思维水平强化管理能力，体现的是哲学价值，但它又提高了企业家的创新能力，体现了经济价值；国家征税用于行政，行政的价值在于管理国家，国家良好的政治秩序是经济发展的必要条件，税收既体现了经济价值又体现了政治价值；用两万元钱给父母买个按摩椅，花钱是经济价值的问题，孝心是伦理价值的问题。可见，经济学所说的价值与其他学科所说的价值具有本义上的相互融通性。

生产与占有相一致是回答生产成果应该归谁占有的问题。农民在自有耕地上生产的粮食该不该归自己占有，佃农租用地主的土地生产的粮食该归谁占有，人民公社制度下生产的粮食、家庭联产承包责任制下生产的粮食又该归谁占有，这些问题既是现实中的制度问题，又是理论上的价值关系问题。

"谁生产的归谁占有"是最根本的占有法则，体现着合理性与正当性。这个法则不但适用于农业，也适用于工业和信息产业。如谁的企业，生产的产品归谁；谁盖的房子，房产归谁；谁发明的技术，知识产权归谁。

等价交换原则是从生产和占有相一致这个根本法则中引申出来的。商品经济条件下，社会分工使生产者生产的商品面向消费者，消费者消费的产品来自生产者，生产和消费的对象性分离改变了自然经济条件下生产与占有一致性的实现条件，实现的直接性变为以交换为中介的间接性。交换中的等价交换原则体现了生产与占有相一致的要求，是生产与占有相一致的法则在流通环节的延伸。

按劳分配、按资分配、按产权分配、按生产要素分配等原则都是从生产与占有相一致法则中引申或派生的原则。在分工协作、共同生产的社会化生产方式中，企业成为典型的生产经营组织。企业的生产成果是由投资者、管理者、技术人员和全体员工共同参与创造的，如何分配这个成果有多个选项，关键是谁来主导分配。不同的主导者有不同的立场、理念和自身利益最大化的取向。由投资者主导，必然选择按资分配；由工人主导，必然选择按劳分配。但无论怎样选择，都不能否定生产与占有相一致的根本法则，因为这是大家公认的具有合理性与正当性的原则。所不同的是，投资者认为资本起主要作用，主张按资分配；劳动者认为劳动起主要作用，主张按劳分配。

公平与效率的统一是判断价值关系合理性的标准。在共同成果的生产中，每个人发挥的作用不同，贡献大小不同。如何根据作用大小、贡献大小通过分配制度确定每个人应占有的份额就是公平如何实现的问题。人们占有的份额多少直接决定人们的利益关系，不同的利益关系又产生不同的行为机制。只有在利益关系合理的情况下，才能调动大家的主动性、积极性和创造性，才能提高效率。效率是在一定利益关系的基础上追求生产更多、占有更多的发展机制。可见，公平与效率统一的问题实质上是利益关系合理性的问题。这种合理性，从分配形成的利益结构上看，是生产与占有相一致的要求能否实现的问题；从利益结构应有的功能上看，是人们主动性、积极性和创造性能否发挥和提高的问题。

公平是从生产与占有相一致的要求中引申出来的标准，效率是从生产更多、占有更多的追求中引申出来的标准。能不能在实现公平的同时提高效率，也就是说，能不能在贯彻生产与占有相一致的法则基础上生产的更多、占有的更多，是公平与效率能否实现统一的关键。

必要性和有效性实际上探讨的是资源约束条件下每个经济元素的投入和使用值不值的问题。值还是不值，是通过投入和产出的比较确定的。用较少的投入获取较多的产出，是值得的事情；用较多的投入获取较少的产出，是不值得的事情。追求值，避免不值，是经济的真谛。要实现值的经济目标，一是要将投入的资源要素控制在必要的结构水平上，二是要使投入的每个资源要素发挥出有效的作用。这是效率机制的内在要求和实现条件。

生产与占有相一致，以及由此引申出来的等价交换和合理分配，是实现公平的内在要求和根本条件。资源配置结构中单位资源的必要性和功能上的有效性，是提高效率的内在要求和实现条件。生产与占有的一致，公平与效率的统一，必要性和有效性的实现，这三个基本问题构成经济学上该不该、能不能、值不值的价值理论问题。

价值理论由三个方面的基本内容构成。一是说明价值生产和占有的主体关系，解决谁创造价值、谁占有价值的问题；二是说明价值实体和价值量，解决价值实体如何表现、价值量如何确定的问题；三是说明价值实现和价值规律，解决价值如何实现、价值规律如何遵循的问题。价值理论是社会经济制度具有合理性和正当性的理论基础，是经济学中的"生理学"。只有在价值理论的基础上，才能分析比较社会经济制度的优劣，才能诊断社会经济生活的病态现象，才能解决经济发展中出现的各种问题。

世界著名的经济学家、影响深远的经济学派，其理论体系的基础都是价值理论。缺少价值理论，就等于没有根基、灵魂和原则，就会流于庸俗的现象描述。

近代以来，经济学的价值理论出现了劳动价值论、剩余价值论、效用价值论、均衡价值论等不同理论体系，它们都曾引领过一个时期的经济学潮流。

2.2 古典经济学的劳动价值论

劳动决定价值的观点最初由英国经济学家配第提出，他是从价格说明价值的。他将商品价格分为自然价格和市场价格，认为自然价格由生产商品的劳动时间决定，他举例说"假如一个人生产一蒲式耳小麦所用劳动时间和从秘鲁银矿中生产一盎司白银并运到伦敦所需劳动时间相等，后者便是前者的自然价格"。显然，他认为劳动时间决定小麦和白银的自然价格。但他又认为"劳动是财富之父，土地是财富之母"，将土地与劳动并列，形成了劳动与土地共同创造价值的二元论。

配第认为，在财富的价值构成中，一部分是劳动成果，另一部分是土地所得，从事劳动的劳动者获得劳动成果，拥有土地的地主获得地租，是天经地义的。配第将地租看成超出劳动成果的剩余价值，赋税从剩余价值中产生。这就出现了价值的双重来源：一是劳动者的劳动，二是地主拥有的土地。但我们知道，劳动是人的行为，土地是物的存在；劳动可用时间计算，土地可用面积计量。价值实体无法在劳动和土地两种不同事物上抽象，价值量无法在时间和面积两种不同单位上计算。

笔者认为，配第的观点其实是，劳动决定财富的自然价格，土地是在自然价格基础上加上物权价格，二者之和构成市场价格；拥有物权（不管是土地所有权还是其产品所有权）的人支配市场价格，并占有超出自然价格的剩余价值。从配第的观点中可以看出，他一方面认为劳动创造价值，另一方面又承认土地所有者凭借土地所有权获取价值的权利，至于凭借土地所有权获取的价值与劳动所创造的价值的关系，他没有进一步说明。

配第所说的创造价值的劳动是直接生产过程中的具体劳动。即使是劳动的抽象，也仅仅是可交换劳动产品的两种或多种具体劳动的抽象。在配第的理论中，具有一般社会劳动意义的抽象劳动概念尚未形成。

同是英国经济学家的斯密继承了配第关于劳动创造价值的观点，他明确地说"劳动是衡量一切商品交换价值的真实尺度"，强调了劳动创造价值的普遍性。斯密在此基础上区分了使用价值和交换价值、复杂劳动与简单劳动两对概念，并揭示了市场价格围绕自然价格上下波动的价值规律，从而将劳动价值论引向深入并将其系统化。

斯密的价值理论主要体现在他的《国民财富的性质和原因的研究》（简称《国富论》）一书中。斯密是从分工开始展开其论述的。他从社会分工谈到劳动生产力，认为劳动生产力的提高是分工的结果。将劳动与社会分工和劳动生产力联系在一起，是斯密的独到之处。劳动分工产生简单劳动和复杂劳动的问题，进一步产生劳动复杂程度不同的同一劳动时间创造不同价值量的问题。劳动生产力的差别产生单位劳动时间在劳动生产力不同情况下创造不同价值量的问题。尽管斯密没有更进一步说明劳动复杂程度不同、劳动生产力不同的条件下价值量如何确定的问题，但他提出了这个问题，将劳动价值论引向深入。

斯密在探讨了货币的起源之后区分了使用价值和交换价值，他说：

> 价值一词，有两种不同的意义。它有时表示特定物品的效用，有时又表示因占有其物而取得的对于他种货物的购买力。前者叫做使用价值，后者叫做交换价值。使用价值很大的东西，其交换价值往往极小，

甚或绝无；反之，交换价值很大的东西，其使用价值往往极小，甚或绝无。例如，物类中，水的用途最大，但我们不能以水购买任何物品，也不会拿任何物品与水交换。反之，金刚钻虽无多大使用价值可言，但须有多量其他货物，才能与之交换。①

斯密在这里区分了价值概念的两个序列，一个是以货币购买力表现的交换价值，另一个是以物品效用大小表现的使用价值。两个序列表现的价值实体和价值量是不同的，前者的实体是人的一般劳动，是人类主体的可同质化的行为，可以进行抽象比较；后者的实体是人类主体之外的客体性物品的物理化学性能，无法进行同质化的抽象比较。斯密以水和金刚石为例，说明物品的使用价值和交换价值在价值量的确定上适用不同的法则。斯密将物品的使用价值放在一边，专注交换价值的分析。

斯密将劳动创造（或耗费）决定的价值称为真实价格，将货币表示的价格称为名义价格。他从两种价格的不同尺度中发现了劳动创造的价值表现为价格时价值的相对性——因货币的名义价格变动引起物品交换时其真实价格的被动性改变。

斯密还进一步分析了商品的自然价格与市场价格，他将商品生产过程中由劳动耗费形成的价格称为自然价格，将市场上受供求关系影响而形成的价格称为市场价格。他分析了供求关系变化造成市场价格围绕自然价格上下波动的价值规律：当市场上供求平衡时，市场价格等于自然价格；当供过于求时，市场价格低于自然价格；当供不应求时，市场价格高于自然价格。

可见，斯密的劳动价值论无论是从概念的界定还是从逻辑的推论上说，无论是从现象的分析还是从本质的探讨上说，都是比较认真的、深入的、系统的。但他仍然无法将劳动创造价值的原则贯彻到底。主要是：在价值主体

① 〔英〕亚当·斯密：《国富论》，郭大力、王亚南译，上海三联书店，2009。

上，劳动者仍然限于直接生产过程中的工人、农民，地主、商人、资本家的经济活动未被列入创造价值的劳动范畴，价值生产的主体与占有的主体无法在同一范畴下进行分析；在价值实体上，斯密虽然区分了使用价值和交换价值、真实价格与名义价格、自然价格和市场价格，但无法将劳动创造的价值在质和量的形成与实现上找到合理贯彻的机制；在价值的构成和分解上，由于斯密将劳动创造的价值等同于劳动耗费的价值和购买劳动的价值，又将工资、利润、地租的分解视为理所当然的价值分解，他无法合理解释超出工资部分的那部分价值的来源以及利润、地租的占有者凭什么占有那部分价值。

李嘉图在斯密的基础上坚持并发展了劳动价值论。他的主要贡献是：①进一步解析了斯密提出的使用价值和交换价值这对既相互关联又相互矛盾的概念，指出了使用价值是交换价值的基础和前提，价值由生产商品所耗费的劳动决定，而交换价值反映的则是两种商品的交换关系；②将劳动创造价值定义在竞争性商品上，将稀有的垄断性物品视为特例；③坚持劳动时间决定价值量的原理，批评了斯密购买劳动的价格决定价值的观点；④认为价值不是由生产某种产品实际耗费的劳动量决定，而是由社会必要劳动量决定；⑤认为商品价值中不仅包括直接生产商品时耗费掉的劳动（活劳动），而且包括生产生产资料时所必需的劳动（过去劳动或物化劳动）。

配第、斯密、李嘉图三位同是英国的古典经济学家，他们以科学认真的态度，相继探讨了价值形成和价值实现的相关问题，形成了劳动创造价值的系统观点，提出了当时引领潮流的劳动价值论，为马克思剩余价值论的提出奠定了基础。

2.3　马克思的剩余价值论

马克思继承了古典经济学劳动创造价值的基本观点，并在此基础上进一步发展和完善了劳动价值论。第一，马克思解析了使用价值和交换价值的商品二因素，厘清了使用价值与交换价值、交换价值与价值的关系；第二，解析了具体劳动和抽象劳动的二重性，阐述了具体劳动生产商品的使用价值、抽象劳动生产商品价值的观点，说明了价值形成过程中具体劳动转移生产资料价值、抽象劳动创造新价值的观点，将创造价值的劳动严格定义为商品中凝结的、无差别的一般社会劳动；第三，提出并说明了两种含义的社会必要劳动时间共同决定商品价值的观点；第四，进一步分析了货币的起源和功能，说明了价值是价格的基础、价格围绕价值上下波动的价值规律。

两种含义的社会必要劳动时间共同决定商品价值是马克思对劳动价值论的杰出贡献。马克思所说的第一种含义的社会必要劳动时间是生产同类商品的商品生产者通过提高生产技术、劳动熟练程度、管理水平等提高劳动生产率，形成的生产同类商品所必需的劳动时间；第二种含义的社会必要劳动时间，实际是强调生产不同类别商品的部门或行业之间，通过利润率的竞争和生产要素在部门、行业之间的流动，形成的生产各类商品所需的劳动时间在生产全部社会商品所需社会总劳动时间中所占有的必要份额。第一种含义的社会必要劳动时间在微观领域通过同类企业之间的竞争形成，具有"平均耗费"性质；第二种含义的社会必要劳动时间在宏观领域通过部门或行业之间的竞争形成，具有"结构比例"性质。将商品的价值量定义在两种含义的社会必要劳动时间上，分别从微观和宏观两个角度强调社会必要劳动时间的必要性，是马克思的独到之处。①

马克思以其发展并完善了的劳动价值论为基础，建立了剩余价值论。从劳动价值论到剩余价值论，马克思关于生产劳动的界定和劳动力成为商品的分析是其理论的两个重要支点。

马克思严格界定了生产劳动的范围，认为只有直接生产过程中的劳动者的劳动才是生产劳动，才创造价值；直接生产过程之外的地主、资本家、商人等阶级的所有行为都是不创造价值的，他们的经济活动都被排除在生产劳动的概念之外。

---

① 张振立、党国印：《社会必要劳动时间两种含义的统一》，《殷都学刊》1987 年第 1 期。

马克思认为，劳动力成为商品是资本主义私有制条件下出现的异化现象；劳动者一旦失去生产资料，其劳动力就成为商品，沦为只有出卖劳动力才能生存的雇佣工人；劳动力与其他商品最大的区别是，它能生产出比自身价值更大的价值；劳动者一旦把自己的劳动力出卖给资本家，他就丧失了占有自己所创造的超出自身劳动力价值的那部分价值的权利。

在上述两个理论支点的基础上，马克思逐一分析了资本主义的直接生产过程、流通过程、再生产过程和资本积累过程。在直接生产过程中，马克思将雇佣工人的劳动时间分为必要劳动时间和剩余劳动时间，指出必要劳动时间生产出工人的工资，剩余劳动时间生产出归资本家无偿占有的剩余价值，由此说明了剩余价值的来源及其本质。在流通过程中，马克思通过一般商品流通和资本主义商品流通的比较，分析了商业资本的利润来源，指出商业利润是产业资本家转让给商业资本家的剩余价值；在同一逻辑的分析中，还指出了利润、地租都是产业资本家转让给其他资本家和地主的剩余价值。在再生产过程中，马克思通过生产资料和消费资料两大生产部门相互依存的供需关系，分析了社会再生产的实现条件。在资本积累过程中，马克思揭示了资本家在无限追求剩余价值的资本积累过程中，生产无限扩大同人民群众有支付能力的需求相对缩小的基本矛盾，指出了社会主义公有制取代资本主义私有制的必然趋势。

2.4　边际分析基础上的效用价值论

效用价值论是从商品使用价值角度研究价值的理论。英国早期经济学家 N. 巴本认为，一切物品的价值都来自它们的效用，物品效用在于满足人的欲望和需求，物品有效用才有价值。意大利经济学家 F. 加利亚尼认为，价值取决于交换当事人对商品效用的估价。在古典经济学的劳动价值论形成之前，这些观点还未形成系统的价值理论。

作为系统的价值理论，效用价值论以边际效用分析方法的运用为标志。

1854 年，德国经济学家戈森在《论人类交换规律的发展及由此而引起的人类行为规范》中提出了著名的"戈森定理"：①欲望或效用递减定理，即随着物品占有量的增加，人的欲望或物品的效用是递减的；②边际效用相等定理，即在物品有限条件下，为使人的欲望得到最大限度的满足，务必将这些物品在各种欲望之间作适当分配，使人的各种欲望被满足的程度相等；③满足欲望的扩展定理，即在原有欲望已被满足的条件下，要取得更多享乐量，必须发现新享乐或扩充旧享乐。戈森定理为边际效用分析方法的形成奠定了基础。

在此基础上，英国的杰文斯、奥地利的门格尔、法国的瓦尔拉斯等经济学家都以"边际效用"为核心概念，以"边际分析"为主要方法，各自深入研究、系统表述，分别形成了各具特色的学派和观点。

边际效用指消费品（商品或劳务）在满足消费者需求时每增加一个单位数量对消费者所产生的效用。边际效用分析就是通过对某一消费品在满足消费者需求时其增量所产生的边际效用的分析，说明价格形成机制的分析方法。这种分析方法将消费者愿意支付消费品价格的决定点定义在消费者认定的该消费品满足其需求的边际效用上。

边际效用分析方法有两个逻辑前提，一是可消费的物品是有限的（资源稀缺或可支配的购买力有限），二是物品满足欲望的效用是递减的。在这两个逻辑前提的基础上，每个人对每个消费品都有一个从大到小排列的满足其需求的效用序列。当消费者持有的可支配的购买力（货币）一定时，其能够购买的消费品是有限的。消费者要使有限的货币购买的消费品满足自己需求的效用最大，就必须将有限的货币按每个消费品边际效用相等的原则分配到各个消费品上，形成自己的消费可能性边界。此时，消费者在每个消费品上愿支付的价格就是该消费品的价值。

可见，效用价值论是从消费者的角度根据消费品满足消费者需要的效用确定消费品价值的理论。消费者根据自己的购买力愿意支付在"必要"消费量的效用上的价格决定了该消费品的价值。这里的"边际效用"实际上是消费者根据自己的购买力确定的"必要效用"。

2.5 马歇尔的均衡价值论

均衡价值论可追溯到法国经济学家萨伊"供给创造需求"的论断，这一论断被称为"萨伊定理"。萨伊认为，在商品等价交换的情况下，每种商品的供给都对应着相应的需求，一种商品的生产为另一种商品创造了需求；一种商品的生产者同时又是另一种商品的需求者，供给和需求的平衡通过以货币为中介的等价交换实现；某种商品卖不出去不是因为这种商品生产过剩，而是因为另一种商品的供给不足（因为另一种商品的生产者不能通过有效供给创造相应需求）；要实现供给和需求的平衡，就必须通过价格的调整使每个供给创造的需求都能实现。可见，萨伊定理既把供求平衡作为必然规律，又将供给创造的需求都能实现作为供求平衡的前提条件。一旦供给创造的需求不能通过交换实现，供求的链条就会中断，其供求必然平衡的神话就会破灭。

英国经济学家马歇尔进一步从供求均衡的实现机制中寻求价格形成的机制，他所说的均衡价格是指商品的需求价格和供给价格相一致时的价格。马歇尔综合了从生产领域探讨价值的生产费用价值论（包括劳动价值论的基本观点）和从消费领域探讨价值的效用价值论，提出了供求均衡的价格决定理论。他认为：供给价格是生产者为提供一定数量商品愿意接受的价格，由生产商品的边际成本决定；需求价格是消费者对一定数量的商品愿意支付的价格，由该商品的边际效用决定；均衡价格则是由买卖双方经过供求关系的自发调节而形成的市场价格。马歇尔通过对供给弹性和需求弹性的分析以及供给曲线和需求曲线相交的坐标图形象地说明了均衡价格的形成机制。

均衡价值论综合了生产费用价值论和效用价值论，分别从生产和消费两个方向的相向运动所形成的均衡点说明价格的形成机制，具有实用科学的意义。均衡价值论虽然不涉及价值理论的深层关系，对价值实体和价值本质缺乏深入探讨，但它在"均衡"的意义上考察价值量的确定法则和价值规律的作用机制，具有不可否认的科学意义。

2.6　几种价值理论的分析比较

劳动价值论、剩余价值论、效用价值论、均衡价值论都是私有制基础上市场经济的价值理论。它们的发展演变与市场经济的发展演变总体上说是同步的。私有制、自由竞争、等价交换既是市场经济的制度基础和运行机制，也是各种价值理论的逻辑前提和理论支点。市场经济有一个从农业社会到工业社会再到信息社会的社会形态演变，有一个从个人私有制到企业所有制再到股份所有制的产权制度演变，有从自由竞争到行业垄断再到垄断竞争的竞争机制的演变，有从私人经济到国家干预再到混合经济的经济制度的演变。这些演变部分地改变了私有制形式、竞争方式和等价交换条件。因此，处在市场经济不同时期的价值理论有不同的逻辑前提和理论支点，这是理解不同价值理论的关键。

古典经济学的劳动价值论是在农业社会后期、资本主义社会前期形成的价值理论。当时，产品从土地、作坊、工厂直接生产出来，生产关系简单明了；竞争主要是同类商品生产者之间的自由竞争，行业垄断尚未充分形成；交换在生产者和消费者之间直接进行，市场中介元素尚未发育成影响价格的决定性因素，等价交换的原则通过直接讨价还价体现；市场主要是供不应求的卖方市场，生产者在讨价还价中处于主导地位。在这种条件下，商品价值量由投入劳动量的多少决定是显而易见的。

配第、斯密和李嘉图在劳动创造价值的基本观点上是一致的。所不同的是，配第只说明了劳动创造价值（财富）的现象，未对其本质做深入的分析，其观点仅停留在劳动与土地共同创造价值的现象形态上；斯密抓住使用价值与交换价值、自然价格与市场价格、名义价格与真实价格的矛盾，将问题引向深入，但无法在本质与现象的统一和逻辑一致性上将劳动创造价值的原则贯彻到底；李嘉图试图解决斯密没有解决的问题，在本质层次理顺了部分逻辑矛盾，但由于他仍然没有将地主、资本家的经济活动列入劳动范畴，也就无法说明劳动者创造的价值为什么被分解为工资、地租、利润三个部分，资本家和地主两个被认为不劳动的阶级凭什么获取地租和利润。

价值是以人为本的主体性概念，具有由人创造并由人占有的主体一致性。劳动是人才有的行为，人的所有行为只有归结到劳动这个概念上，才能体现价值生产与占有的一致性。古典经济学的劳动价值论只将劳动定义在工人、农民的生产行为上，未将地主、资本家、商人等其他人的行为纳入劳动的范畴，这是其无论如何也无法将劳动者创造价值并按照生产与占有相一致的法则分享价值的劳动价值论说清楚的根本原因。

马克思的剩余价值论是在古典经济学劳动价值论的基础上形成的。他将创造价值的劳动定义在生产劳动的概念上，将生产劳动的范围局限在直接生产过程中，将劳动者的范围限定于工人和农民两个阶级，这与当时工业社会的生产方式和劳资矛盾尖锐对立的社会现实有关。马克思站在工人阶级的立场上，在只有"生产劳动"才创造价值的逻辑前提下，通过劳动力成为商品→劳动者创造的价值大于劳动力商品价值→超过劳动力商品的价值的部分是归资本家无偿占有的剩余价值的逻辑分析，得出资产阶级是不劳而获的剥削阶级，资本主义制度是应该废除的剥削制度的结论。

马克思的剩余价值论是具有鲜明阶级立场、批判性很强的革命理论。他从剩余价值的来源和本质中发现了资本主义制度的不合理性，认为资本主义私有制是这个制度的根基，资产阶级是不劳而获的剥削阶级，只有通过无产阶级革命才能推翻资本主义制度，无产阶级才能获得彻底解放。

马克思的剩余价值论具有可验证的科学性。主要是：①马克思继承了古典经济学劳动创造价值的观点，通过抽象劳动的理论范畴，将价值定义在人类无差别的抽象的社会劳动这个实体上，坚持经济活动中人的主体地位，坚持人类劳动创造社会财富的观点，这是以人为本的社会发展观；②马克思分析了在资本主义私有制条件下，因为生产资料占有关系的不同，社会分为资产阶级和无产阶级两大阶级的现实状况，指出了两大阶级不平等的政治和经济地位，揭示了资产阶级凭借占有生产资料的优势地位压迫和剥削无产阶级的必然性，一百多年来资本主义制度下不断发生的阶级矛盾和社会革命可充分证明这一点；③马克思从生产资料私人占有与生产社会化矛盾的演变趋势

中认识到资本主义条件下生产的无限扩大与人民群众有支付能力的需求相对
缩小的矛盾导致经济危机的必然性，认识到资本主义制度必将被社会主义制
度所取代的历史必然性。20 世纪发生的世界性经济危机和苏联、中国等国
家的社会主义革命都验证了这一点。

　　同时也要认识到，马克思的剩余价值论具有历史局限性和逻辑上的缺
陷，表现为以下三点。①现代经济社会的发展越来越证明，创造价值的劳动
不局限于直接生产过程中生产工人的生产劳动，也包括从事科研、生产管
理、经营管理、社会管理等各方面的劳动。对人类生存和发展有利的各种人
类活动，包括物质领域和精神领域的所有能满足人类需要的各种活动，都是
可创造价值的社会劳动。国际通用的国内生产总值统计，包括了占有很大比
重的第三产业所创造的价值，而第三产业主要是由非物质生产领域的各种服
务业构成的产业。由于历史条件所限，马克思虽然认识到创造价值的生产劳
动其范围有日益扩大的趋势，但他始终不明确承认资本家管理企业的活动和
政府公务人员管理国家和社会公共事务的活动也创造价值。① 马克思未能将
投资、监管生产资料和组织、管理经济活动的行为视为生产劳动和社会必要
劳动，未能将生产劳动的定义扩展到符合社会发展需要的一切领域。②现代
市场经济条件下，所有生产要素都具有商品属性，劳动力（包括劳动者的
体力、智力、技术和技能等能力）作为生产要素，同土地、厂房、机器、
资金等生产要素一样，其商品属性是市场经济价值规律作用的结果，并不完
全是资本主义制度使然。马克思没有区分资本主义私有制迫使劳动力成为商
品同市场经济使劳动力必然具有商品属性两种不同的必然性，前者是资本主
义私有制的制度迫使使然，后者是市场经济的价值规律运行自然而然。③现
代市场经济中，价值的生产占有关系具有超阶级的社会性，价值的最终占有
者不仅仅是直接生产它的工人和企业主。通过税收转化成的各种财政支出，
最终成为社会各阶层共同享有的社会保障和公共福利，这种价值占有关系超

---

① 　其实，马克思所说的第二种含义的社会必要劳动时间隐含了资本家选择投资方向的"劳
　　动"也创造价值的思想。

出了阶级占有属性而具有社会性。因此，马克思所说的剩余价值的那部分价值并不都具有阶级剥削性质。

与劳动价值论、剩余价值论从商品生产过程揭示价值本质的方法不同，效用价值论是从交换和消费环节说明价值关系的。它认为，人们消费商品，是消费商品满足人们需要的效用，只有在用一定货币所选购的消费品边际效用相等时，消费者才肯支付消费品的价格。所以，它将商品或劳务对满足人们需要的边际效用作为决定其价值量的标准。这种角度将"必要性和有效性的实现"由"社会必要劳动时间"扩展到商品和劳务的"必要效用"上，是对价值实体的进一步说明；将竞争机制从生产领域扩展到消费领域，是对等价交换背后的条件以及实现机制进一步的说明。这种边际分析方法，探讨了消费品增量对一定量价值在消费品结构比例上的影响，从而对单一类别的消费品价值及其价格的决定具有精确分析的意义。

均衡价值论是从生产与消费、供给与需求的均衡关系中说明价值形成机制的综合性价值理论，其综合和全面的分析方法不但具有集成的科学性，也具有可操作的实用性。但是，它关注的主要因素都是呈现在表面的因素，各因素的形成机制不在是否合理的考量中。其实，生产的背后是所有制和资源配置方式，消费的背后是分配制度和利益格局，交换的背后是货币供应和金融管理，市场上的等价交换只是市场经济的表面运行方式。均衡价值论直接从市场供求关系说明价值和价格的形成机制，虽然综合了各方面的因素，采取了各种科学的方法，但无法从根本上回答生产与占有是否一致、公平与效率是否统一、必要性和有效性能否实现这三个基本问题。因此，在所谓均衡价格的背后往往是不合理、不均衡因素的积累，这种积累导致周期性危机（包括经济危机和政治危机）的发生。

3

市场经济的运行机制和发展趋势

迄今为止，经济学的价值理论都建立在市场经济的基础上，要全面正确地理解价值理论的内涵和意义，就必须深入透彻地解析市场经济的社会基础、运行机制和发展趋势。

3.1 市场经济的发展过程及其特点

市场经济的最初形态是建立在农业和手工业基础上的商品生产和商品交换。在此基础上，市场经济由工业化市场经济发展为信息化市场经济，由自由竞争的市场经济发展为垄断性的国家干预的市场经济，由国家范围的市场经济发展为国际化的市场经济，由资本主义市场经济发展为资本主义市场经济与社会主义市场经济并存的两种制度类型的市场经济。发展阶段不同、运行条件不同、制度基础不同，市场经济的内涵和特点亦不同。

工业化市场经济是以实体产业为主的市场经济。其主要特点是：以制造业、建筑业为主形成的第二产业是国民经济的主体，生产物质产品的工业企业是主要的经济单元，生产技术建立在物理、化学、生物等学科的应用技术上，产品的生产集中在工厂进行，人和物两方面诸多因素（劳动者、管理者、原料、能源、机器设备等）的组合结构相对稳定，拥有资本的资本家作为企业主主导生产、交换、分配各环节，企业追求规模的扩大和生产效率的提高，市场竞争主要体现在降低生产费用、提高劳动生产率、提高利润率、争夺市场份额、占领行业制高点等方面，价格、利率、利润率是基本的市场调节参数。

信息化市场经济是由信息技术主导的服务性产业与实体性产业并重的市场经济。其主要特点是：以知识、智能为基础的信息加工和传播技术形成智能型新兴产业（咨询服务、移动通信、互联网、物联网等）并衍生出各种服务业，信息技术向传统实体性产业渗透并向智能化发展，人的智能衍生出有独立产权并可直接交换的各种智能性产品（技术发明、项目策划、信息咨询等），智能性产品的生产组织形式多元化（个人独立研发、非企业形式的合作研发、企业内研发、企业外研发、跨地区研发、跨行业研发等），产权亦多元化（劳动产权、资本产权、知识产权并存）；在商业的基础上衍生出超越时空限制的各种商业信用和商业平台，物流业、移动通信、互联网、物联网的出现使传统意义上作为交换场所的有形市场变成无处不在、无时不有、无所不能的无形市场，使市场虚拟化；在金融基础上衍生出多种金融平台和金融工具，非银行金融业务的扩展，货币政策的调控，股票交易、期货交易、次贷市场的兴起和繁荣，使价值尺度和流通手段虚拟化，原来只为工商业融资的金融业演变成凌驾于实体经济之上的超级经济业态。

市场经济是具有自组织、自调节功能的自由人的自主经济。经济自由是市场经济的社会基础，自由竞争是市场经济活的灵魂。没有经济自由就没有自由竞争，没有自由竞争就没有市场经济的发展。但私有制基础上的自由竞争必然导致两极分化，两极分化必然破坏市场经济总量平衡的条件。这是私有制基础上市场经济二律背反的矛盾。当私有制基础上的自由竞争发展到一定程度，两极分化引起的总量失衡的经济危机无法通过市场机制消除时，国家作为公权力的掌控者，就必然对市场经济进行干预，形成"超市场"的经济组织和经济力量。国家干预主要是通过货币政策和财政政策对总量调控实现的；当总需求不足时，国家通过宽松货币政策和增加财政支出政策促使总需求增加；当总需求过剩时，国家通过紧缩货币政策和增加税收促使总需求减少。这种国家干预，改变了自由竞争和行业垄断的条件和形式，形成了与市场经济逆向调节的宏观效应。从 20 世纪中前期开始，市场调节"看不见的手"与国家宏观调控"看得见的手"以"组合拳"的方式调控经济运行，形成了错综复杂的运行机制。

市场经济最初是在一国范围内运行的，随着交通运输和信息传播技术的发展，世界越来越具有"地球村"性质。20 世纪中期相继产生的国际货币基金组织、世界银行、世界贸易组织（前身是关税与贸易总协定）等国际性经济组织在世界范围内制定金融和贸易规则，通过共同体、自由贸易区的形式建立国际性市场新秩序，各国资源在国际上流动，各国货币经过汇率转换在国际上流通，各国商品和劳务通过国际贸易互通有无。市场的国际化改变了各国的资源条件、竞争条件、产业结构和均衡条件，使价值形成和价值实现获得了国际空间和国际参照系。

20 世纪 80 年代后，以中国改革开放为标志，社会主义市场经济作为新的经济形态出现，与建立在资本主义制度上的市场经济并存于国际经济舞台上。相同的市场机制，相异的社会制度，使两种不同制度类型的市场经济出现异中有同、同中有异的特点。主要是：两种类型的市场经济相互贸易，相互投资、融资，形成你中有我、我中有你的交融关系；社会主义市场经济因为是改革开放中形成的市场经济，在所有制、企业制度、宏观调控、利益结构、发展战略等方面具有社会主义制度特色和不断改革创新的特性；资本主义市场经济遇到了诸如金融危机、经济衰退等世界性难题，面临制度创新、重建世界经济新秩序的历史性课题。这些特点，使市场经济的世界格局和运行机制处于改革创新的变局中。

市场经济是在竞争中发展、在互动中实现价值的社会化经济。竞争越自由、越充分，发展得越快；互动的元素越多，越有利于价值实现。我们从上述市场经济的发展中看到了人们创造价值的能力随着技术进步和产业发展不断增强，创造价值的方式随着智能化产业的兴起不断增多，价值实现的链条随着产业的发展越拉越长，决定价值实现的竞争机制随着国家干预越来越复杂，价值尺度参照体系随着国际金融和国际贸易的发展越来越国际化。

不管怎么说，市场经济是人类社会迄今为止最有活力、最有效率的经济体制。它激发了人的创造力，促进了人类活动的互动性、互补性和社会化，将人类创造价值的能力成倍地提高。正如李义平教授所讲：

> 实际上，市场经济的魅力早已被人类社会发展史所证明。直到17世纪，经济发展的停滞不前似乎是自然而然的。在1700年以前的1000年里，欧洲的人均收入年增长率只有0.11%。世界上其他地方的情况也大致如此，630年才增长1倍。而在步入市场经济的1820至1990年这170年间，英国人均收入增长了10倍，德国增长了15倍，美国增长了18倍，日本增长了25倍。①

3.2 市场经济运行机制的变化

我们从市场经济的发展中看到，初始状态的市场经济与发展后的市场经济有不同的社会基础和运行条件。这些基础和条件的变异，使市场经济的运行机制也随之改变。

初始状态下，农民用生产的小麦交换手工业者生产的皮鞋，各自以劳动产品换取对方需要的消费品。交换之前，农民和手工业者都是拥有自己产品的自由人；交换之后，双方获得了等量价值的对方生产的产品。在这个过程中，人格平等、行为自由、产权明晰、等价交换的属性和条件是显而易见的。所谓"人格平等"，是说生产者和交换者都是可自主决策的人，拥有法权上的平等人格。所谓"行为自由"，是说他们都有生产什么、交换什么和讨价还价的自由。所谓"产权明晰"，是说他们生产和交换的产品都有归属明确的产权，交换之前你的是你的、我的是我的，交换之后你的变成我的、

---

① 2008年10月8日《人民日报》。

我的变成你的；不管是交换前还是交换后，产品归谁所有都是明确的。所谓"等价交换"，是说交换基于买卖双方通过讨价还价形成的双方都认可的价格进行。

在这种状态下，生产与占有是否一致、公平与效率是否统一、必要性和有效性能否实现三个问题的识别是简单明了的；该不该、能不能、值不值的价值判断，也是容易做出的。

这种初始状态随着市场经济的发展发生了一系列变化。首先是主体的阶级分化。初始状态下，商品生产者都拥有可生产产品的生产资料，差别只是多少优劣不等。随着自由竞争中的优胜劣汰，一部分人占有越来越多的生产资料，另一部分人丧失生产资料，沦为只有出卖自己的劳动力才能生存的雇佣工人，形成了有产者和无产者的阶级差别。占有生产资料的资产阶级取得生产经营活动的组织管理权、生产成果的分配权。这是在私有制条件下自由竞争的必然结果。由于这种分配权的主导作用，不具有分配主导权的无产阶级创造的一部分价值被具有分配权的资产阶级无偿占有，被占有的这部分价值通过积累越来越多地转化为资本对劳动的支配权，自由、平等对不同阶级来说具有实质的差别，使生产与占有相一致的要求无法在社会不平等的条件下合理实现。这就是马克思所处时代的资本主义社会存在的阶级剥削问题。马克思把思维的锋芒指向私有制，是因为私有制一方面是造成阶级分化的社会基础，另一方面又为阶级剥削和政治压迫提供了制度条件。

但是，我们要正确区分私有制的两重性。一是私有制的合理性和正当性，二是私有制的分化和异化属性。私有制对市场经济的根本意义是产权独立和产权界定：谁的财产归谁支配，谁生产的归谁占有。没有私有制对产权的界定，就没有商品生产和商品交换，也就没有在此基础上不断发展演变的市场经济。这是市场经济中私有制的合理性和正当性。

私有制在市场经济中的分化和异化属性一方面体现在自由竞争导致的优胜劣汰上，另一方面体现在物权对人权的支配上。前者是对人类自然理性的贯彻，后者却是人类社会理性的异变。人类不管是作为独立的个人，还是组合的群体，对所有客体性的"物"来说，都是支配"物"的主体。一部分人因拥有物权而拥有对另一部分人的支配权，是反人类社会理性的异化现象。这种现象改变了人们在生产和分配中都是主体的平等地位，使物权支配人权法则（谁的财产多谁具有支配人的权力）凌驾于人权支配物权法则（谁的能力强谁具有支配物的权力）之上，使市场经济走上物欲改变人性的歧途。马克思所说的"拜物教"和劳动力成为商品就是指这种异化现象。

其次是产权结构及其权益实现方式的变化。初始状态下，产品是生产者用自己的生产资料通过自己的劳动独立生产的，劳动的产权直接体现在产品上，并通过等价交换实现等值的权益。随着技术进步、工艺工序的细化和生产规模的扩大，产品生产是在分工协作的企业组织中完成的，产品的产权不再是劳动者单一的产权，而是包括劳动者的劳动产权和资本家的资本产权在内的企业法人产权。在资本家主导生产权和分配权的情况下，从事直接生产活动的生产工人的劳动产权以工资的形式在成本中体现，从事投资管理活动的资本家的资本产权却在利润中体现。在这种劳动产权权益与资本产权权益实现路径的"双轨制"中，工资与其他物质消耗的费用一样被视为固定性的成本要素，劳动者作为主体创造新价值的属性被抹杀了，资本家占有全部利润，企业的增值利益完全表现为资本产权的权益。

信息化时代，知识经济改变了企业产权结构及其权益的实现方式。知识产权进入股权结构，技术人员的发明创造通过知识产权体现；职业经理的管理劳动报酬通过年薪制体现；劳资之间通过协商制度确定工资，形成了资本产权、知识产权和劳动产权并存的多元化产权结构。但它并未从根本上改变企业增值利益主要由出资者（资本家）占有的制度，物权支配人权法则仍起主要作用。

迄今为止，市场经济并未从根本上改变生产与占有不一致的异化趋势。劳动者领取的工资仍然与生产费用一样，属于成本范畴，与企业的增值利益无关；企业主（资本家）占有体现增值利益的利润，形成企业增值利益完全由资本家占有的现实。这种现实加剧了社会主体分化和劳资矛盾，使社会公平偏离了合理的轨道，由此形成的社会利益格局不利于调动全体社会成员的主动性、积极性和创造性，不能满足公平和效率相统一的条件。

最后是竞争机制的变化。初始状态下，市场经济的竞争主要在商品生产者之间进行，竞争的效能主要是生产费用的降低和劳动生产率的提高。后来，竞争在行业之间进行，行业选择、资源流动、产业转型使行业利润率趋向平均，由此实现资源配置上的结构合理，促进了产业结构的均衡发展。这种竞争总体上是有序的良性竞争，起到了优胜劣汰和资源配置的调节作用。这种竞争机制被斯密称为"看不见的手"，是市场经济自组织、自调节的主要机制。

改变竞争机制的是垄断机制。垄断的出现一方面是生产社会化引起的生产集中的结果，另一方面是自由竞争导致的优胜劣汰的分化结果。再加上私有制基础上资本积累日益加剧的资本集中，政治强势集团在法律、政策方面对某些财团的支持，形成了与竞争机制反向运行的垄断机制。在垄断机制中，参与竞争的不同主体地位是不平等的、互动性是不对称的（有的发号施令，有的被逼无奈）。垄断者凭借强势地位垄断价格、垄断资源、垄断市场，卡特尔、辛迪加、托拉斯、康采恩等垄断组织相继出现，通过以大欺小、以强凌弱、以势压人、自定规则的垄断行为操控市场。垄断机制是反自由竞争的强权机制，它改变了竞争的自由性、平等性和公正性，使优胜劣汰和结构均衡的调节机制偏离市场经济应有的自组织、自调节轨道，将市场经济引上强权操纵的道路。

竞争机制改变的同时也改变了价值形成和价值实现的条件。主要是：生产成本中一些不必要的费用开支本应通过自由、平等的竞争被剔除，但因为价格垄断被保留；行业之间的均衡发展本来是通过资源要素自由流动与自由竞争形成的，但利润垄断、资源垄断和市场垄断使行业之间发展畸形化（高盈利行业无限膨胀，亏损行业持续亏损），造成总量和结构双重失衡的经济危机。价值构成中每个元素的必要性和有效性本来是通过自由、平等和充分的竞争确定的，但垄断机制使竞争不自由、不平等、不充分，致使不符合必要性和有效性要求的元素借助强权进入价值结构，通过垄断价格、垄断资源、垄断市场、垄断利润的垄断环节扭曲市场参数，从而改变了市场自组织、自调节的功能。

毋庸置疑，垄断具有反竞争的不合理性，它在一定程度上扭曲了市场经济的调节机制。同时，不可否认，垄断也具有促进生产社会化、降低竞争成本、实现规模效益、优化企业内部组织管理和加速科技进步的功能。各种垄断组织通过同类企业的联合、企业上下游的联合、工商业与金融财团的联合，促进了生产的社会化，将企业之间的外部竞争转化为内部协调，降低了外部竞争成本。同时，取得垄断优势的企业或企业集团实力增强，具有了加强技术培训、增加研发投入和组织专业技术队伍的能力，可以抢占技术制高点，将低端竞争引向高端竞争，为市场经济发展不断开拓新的领域。

美国经济学家钱德勒在《看得见的手——美国企业的管理革命》中通过对美国企业发展的实证分析，认为：

> 现代工业企业——今日大型企业的原型——是把大量生产与大量分配结合在一个公司之内而形成的……通过大量生产和大量分配的结合，一个单一的企业就能完成制造和销售一种产品系列所涉及的许多交易和作业程序。管理指导的有形的手已经取代了市场力量的无形的手，协调着从原料和半成品的供应者直到零售店和最终消费者的货物流动。这些活动和它们之间交易的内部化降低了交易成本和信息成本。更重要的是，公司能够把供应协调得更接近需求，能够更集约地利用劳动力和资本设备，从而得以降低其单位成本。最后，所导致的高额通过能力和高速度的库存周转产生的现金流量，减少了流动资本和固定资本的费用。①

在钱德勒的观点中，由生产集中引起的企业集约化发展将外部竞争转化为内部协调，既降低了成本，又提高了效率，还拉近了供给和需求的距离，具有正面和积极的效应。由此看出，在必要性和有效性的实现上，垄断具有正反两方面的双重作用。

---

① 〔美〕钱德勒：《看得见的手——美国企业的管理革命》，重武译，商务印书馆，1987。

斯密将市场调节机制视为"看不见的手"，钱德勒将现代企业的系统管理视为取代了市场无形之手的"看得见的手"。可见，斯密时代的市场经济与钱德勒时代的市场经济在运作机制上有不同的条件系统和结构特点。

3.3　市场经济的基因结构和发展趋势

市场经济是具有自组织、自调节功能的经济，这种功能来自人类理性。在市场经济中，我们发现有两种理性在支配人们的行为，决定制度的演变。一种是自然理性，人作为自然人都有生存的本能和发展的愿望。在社会制度既定的条件下，人们往往会根据自身的条件追求利益的最大化，成为古典经济学家所说的"经济人"。因此，财产私有、自由竞争、优胜劣汰是植根于人的自然理性的自然法则，同时也是决定市场经济本性的基因。另一种是社会理性，人作为社会人与他人共处在同一发展系统中，任何人的发展都离不开这一共同系统，都要与他人发生联系。市场经济是由每个人自动在社会中互动形成的社会化经济。因此，人与人的相互合作、生产社会化、制度公共化是人类社会理性的体现。人的自然理性与社会理性构成市场经济的基因结构，形成市场经济自组织、自调节的运行机制并主导着市场经济的发展方向。

斯密所说的"看不见的手"，其实就是这种理性之手，他在《国富论》中经过一系列实证分析后，认为：

> 因此，当每一个人企图尽可能地使用他的资本去支持本国工业，从而引导那种工业使它的产品可能有最大的价值时，每一个人必然要为使社会的每年收入尽可能大而劳动。的确，他一般既无心要去促进公共利益，也不知道他对之正在促进多少。他宁愿支持本国工业而不支持外国工业，只是想要确保他自己的安全；他指导这种工业去使其产品能具有最大的价值，他这样做只是为了他自己的利益，也像在许多其他场合一样，他这样做只是被一只看不见的手引导着，去促进一个并不是出自他

本心的目的。①

在斯密看来，市场经济中，每个人的经济行为都是从自身利益出发的，但人人为自己的行为必然通过交换发生与他人的互动，互动的结果却不自觉地促成了别人的利益和公共利益。他所形容的"看不见的手"其实就是蕴含在当事人心中的自然理性与其他相关者的自然理性互动后形成的社会理性的体现。

钱德勒针对斯密"看不见的手"提出了"看得见的手"的概念。钱德勒通过对 18 世纪中后期到 20 世纪中期近 200 年的美国企业发展演变过程的实证分析，认识到：商业、金融和运输的专业化打破了传统企业的技术限制，使企业从内部分工向外部的专业化发展；运输和通信业的革命，提高了企业管理的复杂性、技术性和专业性，催生了管理的层级制，促使企业所有权与管理权分离，产生了专职管理阶层；企业纵向结合和横向联合，不断扩大企业规模和经营的范围，管理结构及其层级也随之变化，形成了初级、中级和高级的管理层次；现代（20 世纪中期）工商企业由于内部协调机制和专职管理阶层的形成，其结构和功能成为替代市场"看不见的手"的"看得见的手"。

我们从钱德勒的实证分析中看到，他所说的"看得见的手"其实就是微观经济中企业制度的理性化。这种理性化通过企业的生产科技化、经营专业化、管理专家化、组织协调化逐步实现。

马歇尔的均衡理论是通过价格弹性机制实现的。不管是供给价格还是需求价格，开始都是生产者或消费者凭自己的理性认定的价格，市场交换将这种价格展示给对方，就会出现对方认同的问题。对方可能认同也可能不认同，或讨价还价提出协商性价格，价格弹性就是当事人对市场反馈给他们的价格信号做出的反应。如果当事人的利益是弹性的，他就会根据市场价格信号做出相应的弹性反应，这种弹性调节机制就是有效的；如果当事人的利益

---

① 〔英〕亚当·斯密：《国富论》（第 4 卷），谢宗林、李华夏译，中央编译出版社，2013，第 495 页。

是刚性的，他就会无视这种信号，弹性调节机制就会失效。价格均衡的背后是利益的均衡，价格弹性引起当事人之间行为的互动，这种互动促使当事人之间利益的均衡。

马歇尔的均衡理论说明，在市场经济条件下，买卖双方通过行为互动形成社会理性（对我有利、对你也有利时才能成就双方的利益，双方才能在互动中实现互惠）的机制是均衡机制的社会基础，均衡体现市场经济的社会理性。

如果说斯密、钱德勒、马歇尔是从利益相关、企业制度、行为互动的微观经济角度认识市场经济理性机制的，那么，凯恩斯、罗斯福则是从总量平衡、国家调控的宏观经济视野把握这种机制的。

1936 年，英国经济学家凯恩斯的《就业、利息和货币通论》一书，引发经济学的革命。他的核心思想是国家通过增加财政支出和加强对货币发行的宏观干预，刺激有效需求的增长，解决总供给大于总需求的制度性矛盾，实现充分就业和经济增长。凯恩斯的国家干预思想突破了古典经济学经济自由主义的传统，引起了世界关注。同期，美国总统罗斯福实行新政，政府通过增加财政投入、增发货币、加强社会救济、提高社会福利等国家干预经济活动的一系列措施解决美国面临的危机，使美国经济走出了低谷，得以持续发展。二战后，美国主导世界经济秩序的建设，先后建立了以美元为中心和以国际货币基金组织、世界银行为平台的国际货币体系，建立了关税与贸易总协定，逐步形成了市场经济国家有序发展的国际平台、运作机制和制度环境。国家调控体现了国家范围内政府对经济总量和产业结构调控的必要性，这种必要性体现了国家的政府理性。国际经济秩序的建立，体现了国际范围内国际组织对国际贸易和国际金融进行规范、协调的必要性，这种必要性是国际理性的体现。

政府理性是市场经济发展到一定阶段后社会理性凸显的体现。市场经济最初是靠人的自然理性（人人为自己）向前推进的，自由竞争是其主要机制。这种机制不断激发人们的活力，促进市场经济快速发展，带来了经济繁荣。同时，人们之间利益的冲突、供求总量和结构的失衡、阶级关系的两极分化，带来了社会矛盾的激化、经济危机的频发。如何实现总量平衡，如何处理阶级矛盾，如何化解经济危机，成为市场经济运行中的宏观问题。

宏观问题的背后是市场经济发展所需要的社会理性，宏观问题的面前是国家所扮演的公共角色。因此，政府作为社会理性的体现者，行使宏观调控的职能。

政府宏观调控的必要性来自市场经济对社会理性的呼唤，如何行使宏观调控并使其切实有效，是现代资本主义制度下市场经济发展面临的制度性课题。

从制度的角度理解市场经济是制度学派的特点。在经济学领域，制度经济学最初是作为非主流学派登上历史舞台的，现在已成为与主流学派并重、并进的重要学派。制度经济学与主流学派最大的区别是从非市场因素入手研究经济问题，重视对非市场因素的系统分析，诸如制度因素、法律因素、历史因素、文化因素、社会和伦理因素等，强调这些非市场因素对社会经济生活的决定性影响，并以制度（广义的制度，泛指具有互动性、公共性的所有因素）作为视角，分析制度因素在社会经济发展中的作用。制度经济学之所以越来越受重视，与它注重制度所体现的社会理性有关。从 19 世纪中期的李斯特开始，制度经济学就主张运用具体的实证的历史主义方法，注重制度因素在经济发展演变中的决定作用。20 世纪初期，以凡勃伦、康芒斯为代表的美国经济学家受达尔文生物进化论的影响，从人的本性、习惯、文化等基础元素出发，探讨经济制度形成和演变的规律，提出根据技术进步的要求改变企业制度，进而适应经济发展新趋势的主张。20 世纪中期之后，美国的加尔布雷斯先后出版《美国资本主义：抗衡力量的概念》《丰裕社会》《经济学和公共目标》等著作，强调技术进步对制度变革的推动力量，宣扬"全民福利国家"，呼唤国家的"公共目标"。

洛克认为，天地间只有一个无尽的理性，一个无穷的因；人类通过运用理性，就有可能确认宇宙无尽仁慈的理性，以及为了达到这一理性需遵循的自然法则。①

---

① 〔美〕约翰·康芒斯：《制度经济学》，赵睿译，华夏出版社，2009。

西方经济学的主流学派认为，私有制和资源稀缺是自由竞争的基础和前提。在这个基础和前提下，人们为了各自的生存和发展，相互竞争，产生各种冲突。康芒斯认为，稀缺性不仅产生冲突，同时还产生由于相互依赖而建立秩序的集体行动；和谐不是经济学的假设前提，它是集体行动的后果，这种集体行动的目的就是维持秩序。

科斯提出交易成本的概念，他从交易各方的产权结构如何界定、如何变异的问题中分析各种制度因素存在的必要性和有效性，通过制度均衡的形成机制说明市场经济发展的有序性。诺斯和舒尔茨在科斯的基础上提出"外在性"（市场无法调节或调节无效之处）的概念，认为单靠市场机制无法解决制度结构不合理的"外在性"问题，只有通过制度创新才能弥补市场机制固有的缺陷。

德国经济学家艾哈德试图将市场经济与社会保障制度结合起来，提出了"社会市场经济"的概念，他说："社会市场经济是按市场经济规律办事，但辅之以社会保障的经济制度，它的意义是将市场自由的原则同社会公平结合在一起。"[①]

市场经济的基因结构是人的理性结构，由人的自然理性和社会理性构成。在这种结构中，个人的单独行为是自私的，每个人都在追求自身利益的最大化；个人的利益要得到实现，必须在市场交换中使别人的利益也能得到实现，经过人和人的互动实现利益的互惠；人们之间的互动可以是相互间的竞争，也可以是相互间的合作，竞争导致优胜劣汰的分化，合作导致交易成本的降低；竞争和合作的互动机制是识别和实现必要性和有效性的机制，竞争剔除成本费用上的不必要因素，合作剔除交易环节上的不必要因素；人们在互动中对必要性（包括成本费用和交易费用）和有效性的认同形成市场经济的社会理性；当人和人的互动形成的社会理性不足以解决宏观问题时，扮演公共法人角色的国家就要以集成式的社会理性干预市场机制，行使宏观调控职能；微观领域的自然理性与宏观领域的社会理性是互为条件、相辅相

---

① 转引自顾俊礼《德国社会市场经济的运行机制》，武汉出版社，1994，第18页。

成的，它们互为因果的结构和功能主导市场经济的发展。

市场经济越发展，越呼唤人们的社会理性。信息化时代的市场经济是社会全体成员广泛参与的经济，人们互动的范围越来越广，互动的程度越来越深，市场信息越来越多，产权结构越来越复杂，利益均衡的难度越来越大。国家宏观调控的市场经济是两种机制交错调节的经济，调控的宏观目标越来越复杂，越来越需要多层次、多主体的协调，宏观体制与微观基础的适应性越来越需要变革创新。国际化的市场经济呼唤国际理性，国际贸易、国际金融的制度体系和运行规则需要在新的国际形势下调整，重建国际经济新秩序；对世界范围内的能源竞争、反恐合作以及如何应对气候变化、保护人类生态环境等与国际性市场经济相关的重大课题的探讨，需要国际理性的新思维。

社会主义市场经济是社会主义制度与市场经济相结合的新型市场经济。社会主义制度的合理性和正当性建立在社会理性的基础上。通过改革创新，将社会主义的社会理性融入市场经济的机体，形成适应当今时代市场经济发展要求的新体制和新机制，是市场经济走出困境、获得新生的最佳途径。

4

从社会理性理解的社会主义

4.1 社会理性是社会主义最大的公约数

社会主义从 16 世纪的思想理论到当今的制度实践，有长达数百年的历史，是一个由理论到实践、由多元思想到多种制度形式、既有成功经验又有失败教训的长期历史审视过程。

中国选择社会主义道路，从 20 世纪中国共产党建立开始，已有近百年的历史。无论是从世界近 500 年说起，还是从中国近百年说起，社会主义的内涵和外延可谓错综复杂、不断变革创新。在莫尔、欧文、傅立叶、圣西门那里，有空想、浪漫、富有理想情愫的社会主义；在马克思、恩格斯那里，有以唯物史观和剩余价值理论为基础的科学社会主义；在列宁、布哈林那里，有经社会主义革命进入并由新经济政策过渡的社会主义；在北欧，有民主性、福利性的社会主义；在邓小平那里，有改革开放、"三个有利于"的有中国特色的社会主义。凡此种种，社会主义的思想元素可谓源远流长、百花齐放，其制度实践可谓千变万化、五颜六色。

迄今为止，我们理解社会主义，不仅从导师、领袖和思想家的经典著作中去寻找社会主义的原义，而且从已有的制度实践中去总结社会主义的经验和特点。不难发现，不同导师、领袖和思想家的论述是不同的，即便是同一位导师、领袖和思想家，他们在不同时期、不同著作中的说法也是不同的，难定一是；不同国家的社会主义制度是不同的，即便同一国家的制度也在不断发展变化，难定一格。

中国改革开放的总设计师邓小平强调"不争论"，就是因为争论起来很难达成共识。从理论上说，社会主义是一个内涵宽泛的概念，马克思、恩格斯、列宁、斯大林、毛泽东的思想理论只能在一定历史时期、一定社会条件、一定逻辑前提下形成一定的思想体系；历史时期不同、社会条件不同、逻辑前提不同，其思想理论就必然不同。从实践上说，社会主义革命和建设有多种选项，无论是苏东剧变的经验教训，还是中国改革开放前后的经验教训，都说明社会主义道路不是按图索骥就能达到目标的，社会主义的思想元素不是任何个人的思想所能包容的，社会主义的制度功能不是在既定的框架结构中都能实现的。社会主义作为思想体系需要不断融合创新，作为发展道路需要不断开拓前进，作为社会制度需要不断改革完善。如果把社会主义限定在传统的思想体系和制度框架内，它就会失去理论的活力和实践的动力，就会断送前程。

可见，社会主义不是单凭教条和经验就能说明的，它有比教条和经验更为深刻、更为坚实、更有生命力的社会基础。这个社会基础就是人类社会在不断发展过程中逐步形成的社会理性。

所谓"社会理性"，就是人类在社会发展过程中，以自然理性为基础，逐步形成和集成的社会化的且具有公正性、和谐性和发展进步性的文明人性。

社会化是社会理性的社会基础和形成机制。每一个社会群体都是一个相对独立的命运共同体。人类社会是在这种共同体中生存和发展的，先是同一个部落、同一个宗族、同一个家庭，后是同一个地区、同一个民族、同一个国家、同一个世界。每一个共同体的产生，都伴随共同思想、共同文化、共同利益的生成。人类个体之间从互不相关、互不来往到相互交往、相互关爱、相互合作，形成由共同组织、共同利益、共同文化结成的共同体，是亲情友情、伦理道德、风俗习惯、经济活动、法律制度、思想文化等一系列因素社会化的结果。共同体内部一系列的社会化直接生成的是具有同构性、共识性和凝聚力的社会理性,这种社会理性是社会主义的思想基础、文化基础和共同利益的基础。平等思想、共同体思想、自由人联合体思想、爱国主义思想等社会主义思想元素,都是这种社会理性的体现。从这个意义上说,社会主义不是从外部强加给国家的思想和制度,而是从国家内部通过一系列社会化而生成的思想元素和制度选项。

公正性是社会理性的本质特征。社会共同体的形成和维系需要共识性的价值观。公正是这种价值观的核心理念。所谓"公",一是指"天下为公"的至上理念,它否认任何个人(包括君主和领袖)具有超人的地位和特权;二是指站在公众立场处理人际关系和公共事务的"公德、公理、公道",它反对任何人损人利己、伤天害理的思想和行为。所谓"正",一是指不偏不倚、允执其中的立场,它反对任何结党营私、恃强凌弱的圈子政治和霸道行为;二是指光明正大、主持正义的社会风尚,反对任何人搞阴谋诡计、假公济私。以人为本、公平正义、按劳分配、共同发展、共同富裕,反对剥削、反对压迫、反对特权、反对腐败等社会主义的思想元素及其价值观,都是这种社会理性的体现。从这个意义上说,社会主义不仅反对资本主义私有制和私人利益至上的价值观,也反对任何制度下对社会公正的偏离和背弃。

和谐性是社会理性的内在要求。自私自利是人的自然属性,由这种自然属性导致的社会秩序必然是以我为主、相互争斗、无序发展,必然走向两极分化和社会紊乱。随着人类的社会化和公正价值观的确立,人与人之间,逐步形成相互尊重、相互理解、相互合作的互信、互利、互惠关系;人与社会之间,逐步形成关心别人、关心群体、自觉维护公众利益和公共秩序的整体意识和大局观念。人与人之间由相互减损的斗争关系逐步发展为相互增益的和谐关系,是人类文明进步的主要标志。人与社会之间由撕裂性的对抗关系逐步发展为共同发展的协调关系,是人类文明的基本趋势,无论是空想社会主义者的"新和谐公社",还是马克思设想的"自由人联合体",无论是社会主义经典思想中"有计划、按比例发展"的制度特征,还是科学发展观中"统筹、协调、可持续"的发展要求,都是以结构合理、社会和谐为主旨的理念。从这个意义上讲，社会主义不但强调革命时期的阶级斗争和革命胜利后的人民民主专政，更强调建设时期的社会和谐和共同发展。

发展进步性是社会理性的动态特征。不断发展进步是人类区别于其他动物的根本标志。发展进步一方面指人类自身思维素质、认知能力和文明程度的不断提高，另一方面指人类适应自然、改造自然的能力不断提高。这种发展进步是通过人们不断的思想解放、思维创新、知识创新、科技创新、制度创新实现的。这一系列的解放和创新不是个人的思想和行为，而是人们在社会互动中形成和集成的群体性智慧及实践，是社会理性的充分体现。从创新者提出的问题、坚持的原则，到评论者秉持的立场、依据的标准，再到实践者遵循的规范、程序和依靠的力量，无一不是社会理性的体现。推动人类社会发展进步的思想解放、科技革命、工业革命、制度变革，其深层原因和决定性机制不是别的，就是由人类的社会理性决定的发展进步性。无论是由无产阶级革命走向社会主义的道路，还是由民主改良走向社会主义的道路，无论是俄国的十月革命，还是中国的新民主主义革命，无论是独立自主、自力更生、自我完善的发展，还是改革开放、兼收并蓄、融合创新的发展，都是发展进步的体现，所追求的目标中都有社会主义的价值元素。从这个意义上讲，社会主义是不拘一格的社会制度。只要它具有社会主义的目标价值，体现了发展进步的社会理性，它就符合社会主义的本质规定，就在社会主义的制度范畴中。

从社会理性的角度理解的社会主义，其内涵更加宽泛，其外延具有更多的选项，其理论基础更加深厚，其实践道路更不拘一格。社会理性是社会主义的根系，凡是社会主义的思想理论，都以此为基础阐发观点和主张；凡是社会主义的制度实践，都以此为目标价值确定方向和路线。

中国四十年的改革开放通过不断的思想解放、体制改革和制度创新，将社会主义理论由导师和领袖的经典论述构成的理论体系发展为多元思想兼容的开放式理论，将社会主义制度由公有制、计划经济和按劳分配几个粗线条构成的传统体制发展为多种所有制形式并存、多种分配方式并存、多种调控手段兼用和多党合作的中国特色社会主义。由此说明，中国改革开放中形成的社会主义理论及其制度实践，已走出了原有的由经典著作及其制度框架构成的定义域，它以新的思想元素和制度元素向世人展示了社会主义的新境界。

这些新的思想元素和制度元素已突破了原有理论体系和制度框架的束缚，其合理性和正当性已不能完全从原有的理论体系及其制度框架中去寻找，只能从满足人民群众需要和适应社会发展要求的社会理性中去寻找。

邓小平时期党在"姓资姓社"问题上"三个有利于"的理念，江泽民时期党在党建问题上"三个代表"的理念，胡锦涛时期党在发展问题上"科学发展观"以及"和谐社会"的理念，习近平时期"人民对美好生活的向往，就是我们的奋斗目标"和"人类命运共同体"的理念，都充分体现了广大人民群众的愿望和社会发展的要求。这是具有共识性和趋势性的社会理性。这种社会理性，既是社会主义思想理论的源泉，也是社会主义制度实践的根据。

体现社会化、公正性、和谐性和发展进步性的社会理性是社会主义理论观点及其制度主张的根据所在，是社会主义的"最大公约数"。它既是马克思主义的源泉，也是中国传统文化的精髓；它既是毛泽东革命思想的底蕴，也是邓小平改革开放理论的依据。只有在坚持社会理性的基础上，才能将马克思主义、毛泽东思想、邓小平理论、习近平新时代中国特色社会主义思想与中国传统文化和世界文明潮流结合起来，才能将中国特色社会主义发扬光大。

4.2 社会理性决定的社会主义基本理念

尽管人们对社会主义众说纷纭，但还是能共衷一是。这"一是"就是：以人为本，自由平等，相互关爱，社会和谐；公平正义，反对剥削，反对压迫，民主法治；共同发展，共同富裕，文明幸福，世界和平。以人为本，自由平等，相互关爱，社会和谐，是人与人之间社会关系应有的理性，是社会主义应有的人文、人格和人道价值；公平正义，反对剥削，反对压迫，民主法治，是人与国家制度之间各种关系应有的理性，是社会主义应有的政治、经济和文化价值；共同发展，共同富裕，文明幸福，世界和平，是人类社会在发展方向和发展目标上应有的理性，是社会主义应有的整体、长远和理想价值。这三个方面的价值诉求、价值体现和价值实现，构成社会主义的基本理念。

欧洲文艺复兴后提出的人文主义、人本主义、人道主义是欧洲近代文明的基本理念，是社会主义与资本主义共同的思想基础。其核心是反对宗教神学，反对封建统治，主张人类社会从宗教神学和封建统治中解放出来，确立人的主体地位，实现人的自由平等。所不同的是，资本主义以人的自然理性为基础，强调个人利益至上，主张维护私有制；社会主义以人的社会理性为基础，主张维护代表公众利益和集体利益的公有制。不管是资本主义，还是社会主义，都强调以人为本。所不同的是强调的"本"有不同的偏重，资本主义偏重人的自然属性，社会主义偏重人的社会属性。

以人为本是社会主义思想和制度的基石，是马克思主义的立足点和着眼点。无论是从马克思主义的三个理论来源说起，还是从马克思本人的基本观点说起，将人从宗教的束缚和现实生活的经济剥削和政治压迫中解放出来，成为有独立人格、平等人权的自由人，都是其思想基础和理想目标。无论是空想社会主义者设想的"新和谐公社"，还是马克思设想的"自由人联合体"，无论是毛泽东倡导的"为人民服务"、邓小平强调的"三个有利于"，还是习近平提出的"以人民为主体的发展理念"，都充分体现了"以人为本"的制度要求。

自由平等是以人为本的体现，资本主义和社会主义都强调人的自由平等。所不同的是，资本主义所说的自由平等直接来自"天赋人权"，不需要社会前提，是"自然本位"的自由平等；社会主义所说的自由平等以社会全体成员都能自由平等为前提，是"社会本位"的自由平等。前者强调自由竞争的自然秩序下私人利益不受侵犯的人权，后者强调在谁也不能侵犯他人和公众权益的社会秩序中实现个人权益的人权。

相互关爱和社会和谐是社会主义与资本主义都认同的价值观念。所不同的是，社会主义主张通过反对进行经济剥削和政治压迫的社会制度建立相互关爱的人际关系，实现无经济剥削、无政治压迫的社会和谐；资本主义主张在现有社会制度中通过宗教信仰、慈善事业倡导相互关爱，通过社会救济和社会福利实现社会和谐。在社会主义的概念中，相互关爱和社会和谐是应有之义，是制度的本质要求；在资本主义的概念中，相互关爱和社会和谐是对制度缺陷的补充，制度本身缺乏必然的实现机制。

公平正义从抽象的意义上讲，是人们对社会制度在维护人们合理要求、合法权益和正当行为等功能上的要求及评价。但在具体内涵上，社会主义与资本主义有不同的内容，在现有的制度设计及其实践上二者有不同的指向。社会主义的公平正义主要是在反对经济剥削和政治压迫中解读的，是在公有制、按劳分配的制度框架中实现的；资本主义的公平正义是在维护"人权"和保障法治中解读的，是在私有制、按资分配的制度体系中实现的。

反对剥削、反对压迫是社会主义最鲜明的政治立场和制度主张，是社会主义价值观与资本主义价值观最根本的区别。马克思主义认为，要实现人的彻底解放，必须首先实现阶级解放、国家解放和民族解放。社会主义是在反对阶级剥削和政治压迫这种人被异化的制度中提出阶级斗争、无产阶级革命、无产阶级专政这一系列概念的。这些概念具有过程性、阶段性和手段性，不是最终目的。马克思主义的最终目的是建立没有剥削、没有压迫、具有自由人联合体性质的共产主义。按照马克思主义的逻辑，社会主义革命一旦成功，进入社会主义建设时期，阶级斗争、无产阶级革命、无产阶级专政的任务就要逐步被经济建设、社会和谐、共同发展、共同富裕的任务所取代。

民主法治是建立和维系文明秩序的现代社会制度。社会主义与资本主义都强调民主法治，但在已有的实践中，二者有所不同：社会主义的民主法治主要是通过人民代表大会制度实现的，资本主义的民主法治主要是通过三权分立制度实现的。民主法治的不同制度形式有不同的结构功能：社会主义强调权力结构的集体性、利益结构的合理性和发展方向的一致性，资本主义则强调权力结构的制衡性、利益结构的合法性和发展方向的自由性。

共同发展、共同富裕是社会主义在发展方向和发展目标上的基本主张，它反对阶级对抗和两极分化。在社会主义的价值观中，人的自由发展、充分发展和全面发展是全体性的、相互增益的、不以损害别人和整体利益为代价的发展，具有同向性和同步性。社会主义承认发展主体的差别、发展条件的差别和发展程度的差别，但制度的取向是逐步缩减和有效控制这些差别，将差别限定在不造成阶级对抗和两极分化的合理区间内。

文明幸福是动态性的价值指标，体现着社会主义不断追求的价值方向。文明是从反愚昧、反野蛮、不断创新、不断进步的历史进程中确立的具有科学性、创造性、共识性、共享性的价值，幸福是从人们所追求的价值目标得以实现的切身感受中确立的具有实在性、真切性的个性化的价值。二者结合起来，体现的是社会成员不断追求且能逐步实现的目标价值。

世界和平是国际性的价值目标，体现着社会主义对国际秩序的愿景。社会主义本身以实现人类社会的共同理想、共同利益为最高目标，具有不同国家、不同民族、不同文化、不同制度特色的包容性和融合性。在世界和平的定位中，社会主义反对种族歧视、反对霸权主义、反对恐怖主义、反对以战争的方式解决国家之间的矛盾和冲突。

社会主义基本理念是在人类社会长期文明进程中形成的一系列社会理性元素中所升华和集成的理念，它是社会主义制度设计及其实践的思想理论基础。

4.3 社会理性决定的社会主义制度

在社会理性的启迪和激励下，不同时代、不同国家、不同社会条件下的仁人志士提出多种思想观点，形成了具有社会主义性质的多元化思想元素；提出了多种制度主张，设计出多种具有社会主义特点的制度模式。在这种思想元素和制度主张中，消灭阶级、财产公有、民主管理、计划经济、按劳分配、按需供给、共同发展是其主体框架。然而，如何将社会主义从空想变成科学、从理想变成现实，如何将其理论设计付诸制度实践，如何在实践中检验这种设计的合理性和可行性，如何使其理论设计与制度功能相一致，在这一系列的问题上，历史出现了多种选择。

欧文、圣西门、傅立叶的各种具体实验①取得了微观经验和失败教训，实践证明这些实验无法成为国家通行的社会制度；马克思、恩格斯的唯物史观和剩余价值理论将社会主义从空想变成科学；列宁的"社会主义首先在一国或数国胜利"的理论使资本主义的俄国变成社会主义的苏联；毛泽东的新民主主义理论和社会主义改造思想将半殖民地半封建的中国先变成新民主主义国家，再变成社会主义国家；邓小平的改革开放理论将高度集中统一的社会主义计划经济变成多元融合的社会主义市场经济。这是社会主义从思想理论到制度实践的历史主线。

社会主义作为人类社会的理性选择，形成了可与欧美资本主义制度抗衡的历史潮流。但到 20 世纪的中后期，社会主义制度在苏联、东欧的实践出现了违背初衷的异常情况，一系列值得反思的问题日益突出。主要是：消灭了经济剥削和政治压迫，建立了社会主义国家，但人民群众自由平等的权益并没有完全实现，这是为什么？建立了以生产资料公有制、计划经济和按劳分配为特征的社会主义制度，社会生产力并未得到迅速发展，人民群众的生活水平虽有提高但仍不尽如人意，既不能提高应有的效率，也不能实现应有的公平，这是为什么？社会主义是为广大人民群众谋利益的理想制度，理应得到广大人民群众的拥护和支持，可是，苏联、东欧社会主义国家的人民在经过几十年实践后，先后放弃了社会主义，这是为什么？中国历经十年的"文化大革命"试图按无产阶级专政下继续革命的理论建设社会主义，却使国家政治体制日益僵化、经济几近崩溃，这又是为什么？

对这些问题的深刻反思，使人们对社会主义的思想理论和制度结构产生

---

① 指圣西门的"实业制度"、欧文的"新和谐公社"和傅立叶的"法郎吉"合作社。

了质疑。中国改革开放的序幕就是在这种反思和质疑中拉开的。20 世纪 70 年代末，关于真理标准问题的讨论将中国人民的思想路线聚焦到实事求是的轨道上。

"以阶级斗争为纲"、坚持无产阶级专政下的继续革命，能将现实社会变成理想的社会主义社会吗？贫穷是社会主义吗？不发展社会生产力，只对生产关系不断变革，能实现社会主义的应有目标吗？经典理论定义的公有制、计划经济、按劳分配的社会主义制度架构是不可改变的吗？人们经过实事求是的思考，对上述问题给出了否定的答案。

没有个人利益的社会不是真实的人类社会，更不是理想的人类社会。马克思本人虽然反对资本主义私有制，却郑重地主张"在生产资料的共同占有的基础上，重新建立个人所有制"。① 人们追求自身利益是人的自然属性，是人的本性和本能，无法想当然地否定。人们自愿放弃自身的利益乃至生命，是为了实现比自己的利益和生命更有价值的价值，这只能说个人自身的利益和生命价值在更高层次上得以实现。在"大公无私、狠斗私字一闪念"的教化中，个人追求自身利益的人生价值被所谓的"公"吞噬了、剥夺了。人们意识到，当每个人"私"的价值都被剥夺后，所谓的"公"就成了代表"公"的具有最高支配权力的那个人的"私"，这就很容易走向个人专制。这种逻辑与"普天之下，莫非王土；率土之滨，莫非王臣"的君主专制逻辑如出一辙。

因此，社会主义公有制不能建立在这种否定或"淹没"个人利益的"公"上。社会主义公有制是在以人为本的基础上，从社会化生产和社会公正两个角度提出的制度设计思想。不能保全和增益个人价值、不能促进社会化生产、不能实现社会公正的公有制既不符合人的自然理性，也不符合人的社会理性，也就不符合社会主义的本质。

我们坚持社会主义公有制，不能简单地按传统理论将其定义在坚持生产资料公有的占有方式上，而应该从深层本质上理解社会主义公有制应有的公

---

① 马克思：《资本论》（第一卷），人民出版社，2004，第 874 页。

平指向、效率机制和利益关系。改革开放后，有的国有企业化公为私，将国有资产变为私人垄断或为私人谋利的财产，这种现象说明，单是生产资料公有的形式不能保证"制度为公"；个体户、私人企业、民营企业、外资企业成为人民群众就业的重要途径和收入来源，为国家创造了大量的税收，成为发展社会生产力的重要力量，这种现象说明，生产资料私有的形式也能实现"制度为公"的目的。可见，无论是国有企业还是民营企业，无论是内资企业还是外资企业，无论是合伙人企业还是股份公司，只要它在社会主义制度框架内，依法生产经营，依法纳税，就具有解决人民群众就业、积累公共财富、发展社会生产力、推进生产社会化的"公有"性质，就具有创造社会公共财富、实现国民公共利益的制度功能，属于社会主义公有制的制度范畴。

社会主义公有制不仅体现在生产资料的占有方式上，还全方位地体现在"以人为本""天下为公""制度为公"的共同理念上。维护人人平等、人人自由、人人安全的国家共同体，优化全体国民都能自由发展、充分发展和全面发展的社会制度体系，实现社会全体成员共同追求的共同发展、共同富裕的社会发展目标，是公有制应有的本质内涵和制度功能。

计划经济的实质是实现经济的有序发展。它不是指把经济的全部内容纳入政府的直接管理，更不是指由政府的计划部门用行政手段将直接管理延伸到经济末梢。计划经济的应有内涵是指政府引导整个社会经济活动实现规律性、规范性的有序发展。

计划经济体现的是国家和国民的社会理性，强调的是在社会互动中实现的经济秩序，而不是单向的、指令性的、强制形成的秩序。计划的根据不是长官的主观意志，而是客观经济规律。计划的运行不是服从权威的层层指令，而是遵循科学的合理规划且合乎规律。遵循经济规律实现社会资源的最佳配置，通过国家宏观调控实现国民经济的总量平衡和结构优化，通过专项规划和政策引导解决公平和效率的各种矛盾，实现国家各地区、社会各阶层的共同发展、共同富裕，是社会主义计划经济的真正目的和实现方式。

按劳分配的实质是生产和占有的一致性。劳动产品归劳动者所有是理所当然的法则，是不必论证的天经地义的公正标准和逻辑前提。古今中外的思想家、政治家和经济学家对此没有原则上的分歧。所不同的是，以什么样的制度和方式实现这一法则。在自给自足的自然经济条件下，劳动者直接占有自己的产品；在商品经济条件下，劳动者通过等价交换的方式实现这一法则；在资本主义的雇佣劳动制度下，产生了马克思所说的异化现象，劳动者生产的剩余价值被资本家无偿占有，出现了经济剥削。社会主义的"按劳分配"是针对这一具有剥削性质的占有方式提出的公正原则。这一原则体现的正是生产和占有相一致的法则。这一原则既体现社会主义制度的合理性，也体现人类社会一直坚持的公平理念。

在社会主义的制度实践中，一度产生平均主义和"大锅饭"的问题。其原因是劳动产品不作为商品进行等价交换，直接进入分配程序。由此产生的问题是：①进行分配的产品没有经过自由竞争的价值形成过程，产品只有数量的概念，缺少价值的界定，致使社会经济发展只表现为劳动产品的数量增加和粗放的速度加快，质量和效益的提高缺乏内在机制；②按劳分配的"劳"只有劳动者的阶级属性概念和劳动时间的数量计算，缺少劳动者的经济属性（简单劳动和复杂劳动）和劳动时间必要性（两种含义的社会必要劳动时间）的认定机制，致使按劳分配流于干好干坏一个样的"大锅饭"；③传统体制下，按劳分配的制度设计是以生产社会化提高到社会一体化的程度、劳动者思想觉悟提高到不计较个人得失的境界为两大前提的，现实中这两大前提都不存在，却存在社会经济发展不平衡、劳动者要求贡献与报酬相一致这两大现实问题，致使按劳分配存在城乡反差很大，同时在城乡内部又存在压抑性平均主义的双重弊端。传统体制下，按劳分配在消除"雇佣劳动"异化现象的同时，又走入"平均主义"和"特权垄断"的双重误区。

社会主义是从人类的社会理性发展而成的思想理论和制度主张，以人为本是其根本，反对经济剥削和政治压迫是其基本理念，公平和效率相互促进是其主张的内在发展机制，共同发展、共同富裕是其追求的发展目标，社会和谐、世界和平是其信守的社会理想。公有制、计划经济、按劳分配等已有的制度实践只是社会主义在特定历史条件下的尝试，其内涵和外延还需进一步的实践检验，它提供给我们的是具有经验和教训正反两方面意义的制度参照系，而不能将其视为一成不变的制度原则。

社会主义与资本主义都是近代形成的社会发展潮流，后来，人们根据不同价值观念、不同制度主张的选择形成两种不同取向：一是从人的社会理性出发，着眼于社会整体的和谐一致，强调社会公平，根据社会发展的应然性提出社会主义公有制的理论主张并进行制度实践；二是从人的自然理性出发，着眼于个性解放和自由发展，强调竞争效率，根据社会发展的本然性坚持资本主义私有制。经过一个多世纪的实践检验之后，人们发现：无论是社会主义公有制，还是资本主义私有制，都不能背离市场经济发展的内在要求任意发展；社会主义不可能超越市场经济发展阶段建立自身的物质基础，资本主义不可能在生产社会化的大趋势中永远保全生产资料占有的私有制。市场经济作为人本化、社会化的经济形态，就其本性来说，不但需要私有制为其提供自由竞争的条件，而且需要公有制为其提供有序发展的条件。没有自由竞争，市场经济就没有活力和效率；没有有序发展，市场经济就陷入混乱和危机。市场经济在前期，更多的是依赖资本主义私有制推进自由竞争，在后期更需要社会主义公有制为其持续有序发展创造条件。

进入 21 世纪后，人们发现，现实中的中国特色社会主义不再是以前高度集中统一的社会主义，现实中的欧美资本主义也不再是以前自由放任的资本主义。中国特色社会主义的公有制经不断改革变成以公有制为主体、多种所有制形式并存的所有制结构；欧美资本主义的私有制经二战后的不断调整变成国家所有、公司所有、私人所有并存的混合所有制结构。这种现象说明，社会主义与市场经济的结合是社会历史发展的必然趋势。

2012 年 7 月 10 日，《人民日报》发表署名任仲平的文章《社会主义市场经济改变中国命运》，强调社会主义市场经济的历史使命。其实，"社会主义市场经济"这一命题及其实践，不但会改变中国的命运，也将改变世界政治经济的格局及其走向。

从社会理性角度理解的社会主义，是社会主体一致的社会主义，是在广泛共识基础上实现人民共和的社会主义。

5

社会主义与市场经济的结合

5.1 历史性课题

社会主义市场经济是中国改革开放后应运而生的历史性课题，是东西方思想文明和制度文明交汇融合的结果。社会主义的基本理念及其制度体系与市场经济的价值观及其运作机制能否实现有机结合，能否通过改革开放形成既能体现社会主义本质又能实现市场经济功能的经济形态，是破解这个课题的关键，也是改革开放是否成功的判断标准。

在 20 世纪的大部分时期内，世界的政治经济格局在社会主义与资本主义两大制度体系之间保持基本平衡。其间，社会主义制度体系发生分化，东欧剧变，苏联解体，中国则走上改革开放的道路，改革开放中形成的中国特色社会主义在坚持社会主义制度原则的同时积极引进和发展市场经济；资本主义制度体系发生一系列变革，在价值观念、政治理念和市场经济运作机制等诸多方面引入国家所有、宏观调控、社会福利等手段，使其经济元素和制度结构具有多元混合的制度特征。

在传统理论及其制度实践中，社会主义与市场经济是相互否定的概念。中国的改革开放正本清源，从相互否定的逻辑错乱中将二者关系纠正过来，在水火不容的现实中将二者结合起来，经过四十年的理论探索和改革实践，走出了一条具有中国特色的道路。

1978 年底，党的十一届三中全会启动了改革开放进程，关于真理标准的讨论破除了"两个凡是"的禁区，解放思想的浪潮推进了实事求是的思想路线，通过放开农贸市场，打开了改革开放的突破口。1984 年 10 月，党的十二届三中全会进一步将社会主义经济定义为公有制基础上有计划的商品经济，进行改革开放的"磨合"。1992 年初，邓小平在"南方谈话"中指出：市场经济不等于资本主义，社会主义也有市场；计划经济不等于社会主义，资本主义也有计划。他用"三个有利于"①的新思维而不是用"计划经济"的传统思想说明社会主义的本质，彻底摒弃了社会主义与市场经济相互否定的思维定式，为社会主义与市场经济的结合排除了障碍。在此基础上，党的十四大明确提出社会主义经济体制改革的目标是建立社会主义市场经济体制，为改革开放设定了方向标。2003 年 10 月，党的十六届三中全会发布了《中共中央关于完善社会主义市场经济体制若干问题的决定》，对建立和完善社会主义市场经济体制涉及的重大问题作出了原则性和方向性的规定。2013 年 11 月，党的十八届三中全会发布了《中共中央关于全面深化改革若干重大问题的决定》，进一步明确了坚持社会主义市场经济的改革方向，强调了市场在资源配置中的决定性作用，在政府职能、产权制度、土地制度、财税制度、金融制度、分配制度、利益格局调整等方面对发展社会主义市场经济提出了全面深化的改革攻坚任务。党的十八大以来，改革开放进入了全面深入、制度创新的新时期。

中国四十年的改革开放，从农村到城市，从中央到地方，从微观到宏观，打破了原有的体制格局、权力格局和利益格局，形成了多种经济成分、多种所有制结构、多种分配方式、多种发展方式并存的局面。同时，在这种并存局面中，由于体制的偏好、政策的倾斜、资源配置的不合理、发展机会的不均等，出现了既偏离社会主义共同富裕方向也违背市场经济公平竞争机

---

① 指邓小平 1992 年提出的"是否有利于发展社会主义社会的生产力、是否有利于增强社会主义国家的综合国力、是否有利于提高人民的生活水平"的标准。

制的双重制度性困境。政府和市场、城市和乡村、国企和民企、沿海和内地、东部和西部、平民和富豪等各种主体之间出现了立场各异、观点相反、利益冲突的深层矛盾和尖锐对立。可喜的是，中国共产党站在了最广大人民群众的立场上，作出了"全面深化改革"的决定，在紧要关头，为实现改革的最终目标把握了正确方向。

社会主义与市场经济的结合是划时代的历史课题。能否破解这个课题，使中华民族伟大复兴的"中国梦"通过实现社会主义市场经济的改革目标梦想成真，关键在于如何将改革开放中形成的各个利益主体凝聚在一起，使其由相互撕扯的对立关系变为相互增益的命运共同体。

5.2 社会主义与市场经济的基因组合

社会主义与市场经济最本质、最深层的结合是在"以人为本"基础上人的自然理性和社会理性的结合，这是最深层的基因组合。市场经济的原发性基因是人的自然理性，社会主义的制度性基因是人的社会理性。社会主义与市场经济的结合本质上是人的自然理性与社会理性的结合。

自然理性是人的自然属性，是以自我为中心生存和发展的自然而然的具有自然人格的属性。人源于自然，是自然界的一个物种。人的自然理性是由自然规律定义的人性。追求自我价值和自我实现，自私自利、自由自主、自立自强、自为自卫的思想意识及其行为都是自然理性的体现。

社会理性是人的社会属性，是以"群体"为中心生存和发展的具有社会人格的人性。人在社会群体中生存和发展，任何人都是各种社会关系的一个节点。因此，人的社会理性是由社会关系和社会规律定义的人性。为相关的他人和所在的群体负责，集体主义、爱国主义、团结友爱、相互理解、相互合作、互惠互利、共同发展的思想意识及其行为，都是社会理性的体现。

自私自利是人的自然本性，也是市场经济发展的原动力。私有制基础上的商品生产和商品交换，追求利益最大化的自由竞争，维护自身利益的产权制度和分配制度，对市场参与者的行为和市场信号的预期，都建立在利己的经济理性上。市场经济自组织、自调节的运作机制和价值规律的贯彻，都以这种自然而然的理性为基础。

然而，市场经济不是单个人独立运作的经济，而是人们竞争性互动的经济。互动的结果是生产的社会化和生产力的提高。人人为自己是主观的动机，人人为社会、为他人却是客观的结果。自己生产的产品被别人消费，自己的发明创造最终为别人造福，自由竞争的结果是效率的提高和价格的降低。这种"主观为自己，客观为他人"的市场经济逻辑是人们竞争性互动的结果。没有自私自利的动机，就没有人们主动性、积极性和创造性的全面启动和充分发挥；没有自由竞争，就没有你追我赶、争先恐后的互动；没有竞争性的互动，就没有优胜劣汰的发展进步。因此可以说，市场经济的活力、动力和运作机制，都源于人们追求自身利益最大化的自然理性。

有趣的是，这种竞争性互动产生了人们不得不为别人利益着想的必然性。要想卖出自己的产品，实现自身的价值，不得不考虑别人喜欢什么、需要什么；要想在竞争中不被淘汰，不得不学习别人的先进经验，采用别人的先进技术；要想与别人合作，不得不考虑对方的利益，让别人相信自己在获得利益的同时，别人也能获得相应的利益。自私自利的动机经过竞争性互动产生互惠互利的结果，这是市场经济的内在逻辑。在这个逻辑中，人们为了自身的利益，不得不在自己和他人之间寻求一个互惠互利的利益均衡点。这个利益均衡点，成为人们自然理性和社会理性在微观层次上的结合点。

市场经济中蕴含着由"私"到"公"的必然路径。尽管参与市场活动的人最初都想实现自身利益的最大化，但从利己的动机出发，相互交换的竞争性互动行为，却将各自利益的实现规律性地限定在互惠互利的轨道上。谁偏离了这个轨道，谁就失去了市场、失去了合作者、失去了法律的保护。欺行霸市、为富不仁、坑蒙拐骗的行为虽可能一夜之间暴富，但不是市场经济的正道，最终不是受到法律制裁就是被市场淘汰。

然而，市场经济自身逻辑中自然理性和社会理性的结合主要发生在微观经济领域，这种必然性体现在人们具体的互动性的经济行为中。在宏观经济领域，市场经济按自身的逻辑，无法避免贫富两极分化的趋势，很难自觉地实现总量平衡和结构均衡，很难消除无序竞争的混乱状态。两极分化的趋势、无序竞争的状态、短缺或过剩引发的危机，根源在于资源占有制度、利益分配制度和宏观调控制度。这三种制度不是直接取决于微观上人们个人的理性，而是取决于宏观上社会整体的理性，即制度理性。

所谓"制度理性"，是指代表国家和社会制定和执行制度的国家政府的理性。制度理性是人们社会理性的集合，是人们在社会经济发展中达成的共识，表现为公德、公理，体现在国家意志、政治制度、法律法规、政府政策及其行为上。

社会主义的基本理念及其制度主张，正是这种制度理性的体现。追求整个社会资源的合理配置，追求全体社会成员都能自由发展、充分发展和全面发展的利益格局，追求全社会范围内既提高效率又实现公平的制度功能，追求共同发展、共同富裕的理想目标，是社会主义制度的本质要求。这种本质要求的实现条件一方面来自微观上人们生产和交换的个人行为，另一方面来自宏观上货币发行、税收征管、财政支出等政府行为。

社会主义制度和资本主义制度是两种不同性质的制度，具有不同的社会理性。从根本上说，社会主义制度是立足于人们的整体利益，着眼于全体社会成员利益都能实现，具有整体性和主体一致性的社会理性；资本主义制度是立足于人们的个人利益，着眼于私人财产、私人利益的维护，具有约合性和调和性的社会理性。二者比较来看，资本主义的制度理性与市场经济"利己"的自然理性相吻合，具有微观上的优势。社会主义制度具有的社会理性，恰恰是市场经济缺少的宏观上的理性，具有宏观上的优势。

社会主义的思想理论和制度实践，都强调社会整体利益和共同发展、共同富裕。但迄今为止的社会主义制度实践说明，如果否定市场经济的运作机制，实在找不到更好的途径能从根本上激发人们持久的主动性、积极性和创造性，无法离开人们"利己"的动机设计出一套比"竞争性互动"更有效率的发展机制。我们曾设想，一旦进入社会主义社会，人们的思想觉悟就会大大提高，人人都会"大公无私"，大家都自觉地"各尽所能""无私奉献"。实践证明，不管是通过社会主义的思想教育，还是通过无产阶级专政的阶级斗争，都无法改变广大人民群众对自身利益的追求。若采取高压手段，人们可以说假话、说大话、说空话，但没有应有的效率，创造不了应有的价值。即使思想觉悟较高的领导干部，也难免广大人民群众对他们"假大空"的指责。公有制下的"消极怠工、相互攀比"问题，计划经济中的"一统就死、一放就乱"问题，按劳分配中的"大锅饭、平均主义"问题，都说明社会主义制度单凭思想教育的"教化"、领导干部的"号召"、无产阶级专政的"强制"，既不能形成广大人民群众自觉自愿、各尽所能的动力机制，也不能形成竞争创新、优胜劣汰的效率机制。

改革开放的成功之处正是在于引入了市场经济竞争性互动的发展机制，解放了人们"利己"的本性，人们从"利己"的动机中找到了竞相发展的活力、动力和创造力。农村的家庭联产承包责任制也好，城市的承包制、租赁制、股份制和资产经营责任制也好，说到底均是解放了人们追求自身利益的自然理性。

"公"与"私"的意识是人的社会理性与自然理性的体现，它们是交织在一起，相辅相成、相互促进的，是在同一过程中实现的，无法截然分开。人们所说的"私"，本质是利己，是从人的个性化要求和自然理性中引申出来的概念，其现实含义是利己的选择。人们所说的"公"，本质是利人，是从人的社会化要求和社会理性中引申出来的概念，其现实含义是利人的选择。绝对的利己选择，必然与别人发生冲突，路会越走越窄；绝对的利人选择，自己会失去根本而无立足之地，不是陷入虚无就是沦为虚假。要想为别人和社会谋利益，自身必须有相应的能力；要有这种能力，就必须自强。因此，只有在公中有私、私中有公、公私融为一体的状态下，利己与利人的目标才能同时地、长远地实现。

其实，"公"与"私"是相互包含、相对而言的。就一个家庭而言，单个成员为"私"，整个家庭为"公"；就一个城市而言，单个家庭为"私"，整个城市为"公"；就一个国家而言，单个城市为"私"，整个国家为"公"；就同一个世界而言，单个国家为"私"，整个世界为"公"。世界上的每个事物都有微观和宏观两种不同角度，"私"是微观的角度，"公"是宏观的角度，我们看问题应从微观和宏观两种不同的角度入手。同一件事情，从微观的角度看是"私"，从宏观的角度看是"公"，我们不能偏执于任何一个角度而走向极端。

自然理性和社会理性是人性中互为依托、相辅相成的两个方面。它们在人性的发展完善过程中相互影响，缺少任何一个方面，都会使人性扭曲失据。没有自然理性，人们生存和发展的自然天性就会泯灭，人的主动性、积极性和创造性就会失去内在的动力，人类源于自然、认识自然和改造自然的本然性的发展机制就会失效。没有社会理性，人和人的社会关系就会沦为动物界的丛林关系，人类的生存和发展就会陷入无序纷争的混乱状态，人类就会在相互冲突、两极分化、你死我活的失控争斗中自我毁灭。人类社会越发展，人的自然理性越需要社会理性予以约束与规范，人的社会理性越需要自然理性予以激活与充实。

因此，市场经济的"私"与社会主义的"公"体现了人性中两方面的理性，它们在个性化和社会化的文明进程中互为前提、互相促进，在相互融合中实现人性和社会制度的双重完善。

市场经济在"公"与"私"的问题上具有两重性。产权独立、自由竞争立足于"私"，契约合同、信用机制、法律法规着眼于"公"；价值形成环节是各个生产者和经营者创造价值的"私自"的活动，价值实现环节是生产者之间、经营者之间、生产者和经营者与消费者之间互动的"公化"的过程。

不难看到，社会主义与市场经济在"公"与"私"的问题上有共存且互补的趋势。社会主义制度注重共同占有、共同发展的公有制，市场经济注重契约合同的公道信用和公平交换。社会主义倡导集体主义、共同富裕的价值观，市场经济倡导自由竞争、优胜劣汰的价值观。如果将社会主义的"公"定义为宏观目标及其调控机制，将市场经济的"私"定义为微观基础及其运行机制，市场经济会通过微观机制形成自然约合的"公"，与社会主义制度体现的"公"相一致，社会主义则能通过宏观调控维护产权独立、自由竞争的经济秩序，与市场经济所要求的社会基础与运行机制相一致，那么，社会主义与市场经济在"公"与"私"的问题上就具有内在的一致性。

社会主义的制度理性不是凭空产生的，而是在生产和再生产的社会化过程中逐步形成的。供给和需求的总量平衡及结构均衡、国家的整体利益和总体方向、人们的共同利益和共同目标，这些超越任何个人理性的认识不可能在一个人或少数人的头脑中产生，而只能产生于社会全体成员的共识中。这种共识性的社会理性是制度理性的基础。

社会主义制度的发展完善呼唤其制度理性。这种制度理性一方面需要政治层面的民主机制，另一方面需要经济层面的市场竞争。只有通过政治上的民主机制，才能从广大人民群众的政治智慧中识别出真知灼见，形成大多数人认同的制度理性。只有通过经济上的市场竞争，才能在人们的互动中识别出共同的利益关系、条件系统，形成共识性的宏观目标。因此，单就经济层面而言，社会主义宏观经济目标的实现，离不开市场经济在竞争性互动中形成的对制度需求的识别及认同机制。

可见，从"自私自利"的自动到"互惠互利"的互动，再到"共同发展"的共同行动，其背后体现的是社会主义与市场经济基因组合后形成的既有本然性又有应然性的运作机制。

历史发展的实践证明，不管是社会主义还是市场经济，都不是内涵固定、外延单一、一成不变的制度模式与发展道路，都是不同国家在不同时代、不同条件下与时俱进、各取所需、各自组合、各有特色的可多项选择的制度取向和发展方式。你中有我、我中有你的融合式发展逐步取代你死我活、不共戴天的"战争"或"冷战"，这是当今世界政治经济新秩序的基本走向。

市场经济和社会主义都是人类社会发展路径的理性选择。市场经济从人的自然理性出发，强调个性自由、平等竞争，主张等价交换、自由贸易，认为只有通过人人追求利益最大化的自由竞争才能实现社会的资源最佳配置和充分就业。社会主义从人的社会理性出发，强调集体合作、财产公有，反对阶级剥削和政治压迫，认为只有国家集中管理才能实现共同发展和共同富裕。

社会主义和市场经济的关系，归根到底是人的社会理性与自然理性的关系。迄今为止的社会主义之所以与公有制、计划经济、按劳分配联系在一起，是因为它们都是社会理性的体现，强调整体利益的一致、社会关系的和谐、发展目标的统一。迄今为止的市场经济之所以与资本主义私有制、自由竞争、按资分配联系在一起，是因为它们都是自然理性的体现，强调个人财产的私有、自由竞争的秩序、优胜劣汰的发展。抛开社会主义和资本主义两大制度体系的外壳，社会主义和市场经济犹如人类历史精华凝结而成的父本和母本，在经历了几个世纪的各自发育之后，最终走到了一起。它们不同的基因、元素结合在一起，将形成新的社会制度和新的历史走向。分析研究这种基因组合及其在改革中的磨合，在基因组合中实现本质层次的结合，在改革实践中实现功能互补的融合，是这个课题的突破口和研究路径。

5.3 社会主义与市场经济在改革开放中的磨合

中国四十年改革开放的过程，其实就是社会主义与市场经济不断磨合的过程。这种磨合由理论到实践、由浅入深、由点到面。

最初，是关于真理标准问题的讨论。中国社会主义传统体制深受苏联模式的影响，对中国的发展产生束缚，而"两个凡是"的信条严禁人们对这种体制及其思想理论说"不"。关于真理标准问题的讨论打破了这个禁区，确立了"实事求是"的思想路线。思想解放，体制放开后，实施了"家庭联产承包责任制"，在"交够国家的，留足集体的，剩下全是自己的"政策鼓励下，农民种粮的积极性迅速提高，产量大幅度上升，温饱问题很快解决。农村初期的改革经验其实很简单，就是"承包"两个字。

农村"承包"的经验扩散到城市后，"家庭联产承包责任制"发展为城市企业的承包制、租赁制、资产经营责任制以及后来的股份制。承包制等一系列新体制，将职工个人的利益同企业的利益捆绑在一起，企业的活力、动力和潜力迅速释放，原来不少亏损企业很快扭亏为盈，企业的利润、上缴的税收和工人的工资都得到了大幅度提高。

20世纪80年代，以"放权让利"为基调的改革开放在搞活经济的同时也带来了不少"乱象"。主要表现为：社会主义传统理论与市场经济价值规律的原则冲突所导致的思想混乱，计划价格与市场价格的双轨制造成的市场混乱，乡镇企业发展、农民进城务工对城乡二元结构的冲击造成的社会管理混乱，多种所有制结构、多种经济形式、多种分配方式的并存带来的体制混乱。这种"乱象"触及了体制的底线，引发"改革向何处去"的方向性问题。党中央一方面强调四项基本原则，坚守社会主义的底线；另一方面强调改革开放，坚持发展市场经济的方向。社会主义与市场经济在底线与方向的框架内磨合。党的十二届三中全会通过的《关于经济体制改革的决定》，党的十三大提出的"一个中心，两个基本点"的基本路线，就是这种磨合的结果。

20世纪80年代末90年代初，出现了以四项基本原则否定改革开放、以改革开放质疑四项基本原则的两种倾向。如何认识四项基本原则的正确内涵，为发展市场经济释放空间？如何把握市场经济的发展方向，将改革开放定义在四项基本原则的合理框架内？这两个问题成为事关道路选择的关键问题。1992年初，邓小平"南方谈话"引发了新一轮思想解放。一方面，"资本主义有计划，社会主义有市场，不能以是不是市场经济来判定社会制度"的论断为市场经济正名；另一方面，"三个有利于"的论断为社会主义制度的本质正名。在此基础上，党的十四大明确将建立"社会主义市场经济体制"作为经济体制改革的目标。

20世纪90年代，是社会主义制度与市场经济全面碰撞和深度磨合的关键时期。社会主义的制度底线遇到了市场经济发展要求的强烈冲击，什么是社会主义、怎样发展社会主义的质疑和拷问迫使人们反思四项基本原则的合理内涵和正确定位。市场经济发展的要求遇到了传统体制、经典理论及既得利益者顽强的抵抗，市场经济所要求的"自由化""民主化""民营化""公开化""法治化""国际化"等趋势，引发人们对市场经济可能带来的后果的深切担忧。

21世纪伊始，中国的改革开放已进入"深水区"。市场经济需要"中国特色"的选择。2002年，党的十六大召开，在"开创中国特色社会主义事业新局面"的主题下，进一步强调建立和完善社会主义市场经济体制的目标和任务。2003年，十六届三中全会出台了《中共中央关于建立社会主义市场经济体制若干问题的决定》，对如何建立和完善社会主义市场经济体制做出了具体规定。

21世纪初的10年，中国的改革开放在科学发展观的指导下，步入了以人为本的更加理性的轨道，强调坚持四项基本原则和发展市场经济都要以人为本，从而为社会主义和市场经济的结合找到了基本点。在这个基本点上，社会主义及其四项基本原则需要"以人为本"的解读，需要"人民满意"的检验；市场经济需要"中国特色"的解读，需要"共同富裕"的检验。这10年，"以人为本""统筹协调""可持续发展""和谐社会"成为发展主旋律的主要音符。如果说此前20多年的改革开放重在"放开"与"管控"，那么此后的改革开放则重在"创新"与"完善"。

2012年党的十八大召开，提出了"解放思想，改革开放，凝聚力量，攻坚克难，坚定不移沿着中国特色社会主义道路前进，为全面建成小康社会而奋斗"的奋斗目标。2013年党的十八届三中全会出台了《中共中央关于全面深化改革若干重大问题的决定》，提出了数十项具体的改革任务，涉及经济、政治、文化、社会、生态多个领域，并要求到2020年，在重要领域和关键环节改革上取得决定性成果，完成改革任务，形成系统完备、科学规范、运行有效的制度体系，使各方面制度更加成熟、更加定型。

全面深化改革的成功取决于改革开放的三个决定性战役。其一，彻底破除既不符合社会主义民主原则也不符合市场经济竞争原则的制度性障碍，清除寄生在官僚体制和垄断体制上的既得利益堡垒；其二，彻底打破城乡二元结构，实现全体人民政治、经济和文化权益的同质化、均等化和一体化；其三，政治体制、经济体制、文化体制、社会体制、生态系统全面创新，健全和完善社会主义制度与市场经济运作机制融为一体的制度结构，实现社会主义市场经济应有的制度功能。

习近平同志用实现中华民族伟大复兴的"中国梦"来表述我们的目标。这里既有中华民族几千年来追求的理想，也有几百年来中华民族对饱受欺凌和屈辱历史的反思后的奋起；有近百年来中国共产党对党纲和宗旨的坚持，更有改革开放以来我们对国内人民和国际社会承诺的兑现。

习近平所说的"中国梦"是爱好和平，期盼发展，追求自由民主、公平正义和富裕幸福的中国人民的共同愿景，有广泛的共识基础，是人民意志的"最大公约数"。社会主义的基本理念及其制度原则，市场经济的价值规律及其运作机制，在"中国梦"的共同愿景中有望实现其内涵的真正统一。

6

实现制度目标的改革创新

6.1 改革的继往开来和成功的标志

社会主义制度与市场经济的结合，不是"AA 制"的约合、"两张皮"的凑合，也不是拼盘式的组合，而是水乳交融式的融合。这种融合是在二者磨合过程中生成的可一体化的同质元素的集成。这个过程的关键环节是"排异手术"式的改革和"提纯"后的整合创新。改革是同时消除社会主义和市场经济中相互否定的异质因素，创新是在二者相辅相成的基因组合中建立既可实现社会主义制度功能又能实现市场经济机制效能的新制度、新体制和新运行机制。

改革创新是双重的。一方面是对传统的和现实的社会主义理论和制度进行改革创新，从根本上消除压抑和贬损人的个性的观念和制度，消除官僚主义和"人治社会"的政治基础，建立以人为本的现代化社会治理结构，使每个人的自然理性都得到承认、尊重和保护，为发展市场经济创造社会条件。另一方面是对传统和现实的市场经济进行改革创新，从根本上消除极端个人主义和放任的自由主义，培育、凝聚和强化人的社会理性，消除经济剥削、政治压迫和两极分化的社会基础，使社会经济持续有序地朝共同发展、共同富裕的方向前进。这两个方面是相辅相成的，前者是在社会主义制度下消除违反人的自然理性的异化因素，确立人的主体地位，使其与市场经济的

运行机制相适应；后者是在市场经济的组织形态和运行机制上消除违反社会
理性的异化因素，确立人的社会责任，使其与社会主义的本质属性相适应。

经过四十年的改革开放，中国特色社会主义越来越贴近实际、贴近民
生，社会的开放性和包容性越来越强；市场经济从产品市场的繁荣到要素市
场的发育，从第二产业的快速发展到第三产业的拓展延伸，从微观领域的自
由竞争到宏观领域的有序调控，其结构不断健全，其功能不断完善。

但是，深层的问题越来越尖锐复杂，"排异手术"的难度越来越大。社
会主义传统体制与市场经济应有的社会基础相互冲突的问题到了非解决不可
的地步。要实现建立社会主义市场经济的改革目标，就必须通过进一步的深
化改革造就适应市场经济发展的微观基础和制度环境。

这就需要彻底铲除既阻碍社会主义民主政治道路又扰乱市场经济竞争秩
序的各种权力壁垒、利益壁垒和资源垄断壁垒，为各个发展主体创造自由、
平等、公正的制度环境、法治秩序和发展条件。

改革开放四十年来，我们一方面打破了传统体制的束缚，解放了生产
力；另一方面也形成了新的不正当的利益堡垒，束缚了生产力。既不符合社
会主义的公平原则也不符合市场经济效率机制的现象仍然存在。如城乡二元
结构、不公平竞争、不合理分配造成的贫富两极分化和地区及行业发展不平
衡等，这些现象会侵吞改革成果，恶化改革环境，制约改革的深入。改革事
业不能半途而废，不能到此为止。改革要成功，需要明确几个标志。排在首
位的是人民满意。我们的改革是从"人民不满意"的呼声中启动的，政治
僵化、经济贫穷、文化滞后、社会混乱，这才有了改革。改革开放以来，政
治逐步走向民主，经济逐步走向富裕，文化逐步走向繁荣，社会逐步走向法
治，人民满意的程度逐步提高。但这与人民对改革的期望相比相差尚远。人
民不满意的地方还有很多，特别是逆改革方向而动的暗潮不断涌动。如果到
此为止，人民对改革的希望就会破灭，不满意的情绪因失望或绝望就会变成
日益激烈的社会冲突和官民对抗。因此，我们必须在继往开来中坚定改革方
向，加大改革力度，攻坚克难，将改革进行到底，直至人民满意的目标完全
实现。

人民怎样才能满意，涉及的问题很多，难以尽述。但从经济学上来说，主要是三个问题需要圆满解决。一是通过产权制度的改革创新，实现生产和占有的一致，消除经济剥削；二是通过分配制度的改革创新，实现公平和效率的统一，遏制两极分化，走向共同发展、共同富裕；三是通过运行机制的改革创新，建立必要性和有效性得以实现的运行机制，确保经济可持续地有序发展，确保国泰民安。这是从经济学上理解的改革成功的标志。

6.2　产权制度的改革创新

产权制度是决定生产和占有关系的基本经济制度。它是以生产要素的拥有者或生产经营者为主体，界定各生产要素及其生产成果的归属权，确定产权组合方式和权益实现方式的制度。劳动产权、资本产权、知识产权、经营权、管理权、企业产权、土地产权、房屋产权等产权形式是产权制度的具体化。生产与占有相一致是产权制度的基本要求和内在机制。

最初，生产资料占有制度是产权制度的基本形态，譬如，土地是谁的，土地上生产的农产品就归谁所有；企业是谁的，企业生产的产品就归谁所有；资本是谁的，资本产生的利润或利息就归谁所有。后来，随着社会分工和生产的社会化、个性化，知识、管理、经营、信息、技术等生产要素具有了独立的产权地位（凭这些生产要素的投入可独立获取收益），产权的内容向多元化发展，除了传统意义上的生产资料之外，知识、技术、信息、经营、管理等主体性的生产要素也具有了产权资格。一个现代化的企业包含了资本产权、劳动产权、知识产权、经营产权、管理产权等多种产权，企业产权的权属结构和权益结构呈现多元组合的特点。

传统意义上的公有制和私有制是以生产资料占有方式为标准划分的所有制形式。这两种所有制形式都是以生产资料占有关系为主体的产权制度，适用于工业化早期的经济形态。随着生产的社会化和生产分工的个性化，产权逐步多元化。在现代市场经济的价值生产和价值实现中，物性意义的生产资料所起的决定性作用日益被人本意义（以人的体能和智能为本）的生产要素所取代，单凭生产资料的所有权已不能决定社会的生产和占有关系。产权制度的核心和重心不再是物性的生产资料，而是转向具有创造力、有价值增值能力的人本生产要素，如知识、技术、信息、经营、管理等智能性要素。

因此，按传统观点理解的所有制概念，用公有制和私有制来说明生产关系已不合时宜。传统意义上的公有制是社会主义的基本制度，私有制是资本主义的基本制度。长期以来，两种社会制度呈现南辕北辙、水火不容的对立状态。在此基础上形成的价值观念、意识形态、利益格局、发展走向势不两立。实际上公有制的"公"与私有制的"私"是不可能绝对分开的，都不可能绝对化地向极端发展，正如人的自然理性与社会理性不能绝对分开的道理一样，这是人性的规律。

公有制与私有制在理论上可分开而论，但在现实中无法截然分开。我们不能说农村的集体所有制中无"私"，人民公社下各村的利益、村中各户的利益，都是相对的"私"。我们也不能说城市的全民所有制中无"私"，各省的利益、各市的利益、各厂的利益、各车间的利益、各人的利益，都是不同层次的"私"。公有制概念下无法实现绝对的无私。同样，在实行私有制的企业，我们也不能说资本家和工人之间没有基于共同利益的"公"，股份制公司各股东没有基于共同利益的"公"，生产者和消费者之间没有公道和公信意义上的"公"。我们也不能说资本主义国家的法律没有公信力意义上的"公"，政府没有公权力意义上的"公"。私有制概念下无法排斥"公"的元素。

社会主义市场经济的成功标志之一，是建立能够实现生产与占有相一致的产权制度。要建立这样的产权制度，就必须进行产权制度的改革创新。

产权制度的改革创新主要是：以人为本确立劳动产权关系（不同于以物为本的资本产权关系），将劳动的内涵定义在人的体能和智能的有效付出上，将劳动的外延涵盖到所有产业的活动上；将产权关系定义在人对自己所创造价值的占有关系上，将产权制度定义在生产与占有相一致的法则上；根据新的产权概念和产权制度完善现有企业制度、分配制度。

只有通过产权制度的改革创新，才能为实现生产与占有相一致建立有法理基础的企业制度。

6.3　分配制度的改革创新

产权权益的真正实现主要靠分配制度。社会主义的分配原则是按劳分配。在社会主义排斥市场经济的传统制度中，按劳分配由官方的经济核算单位组织实施。其具体程序是：国家公职人员（机关、事业单位的人员）由各级政府的经济核算单位按财政预算核定可以分配的工资总额和社会福利，然后按各级各类人员的级别以工资的形式进行分配；国有企业由企业财务部门核定可以分配的工资总额和企业福利，然后根据企业干部职工的级别以工资的形式进行分配；农村集体所有制下的人民公社，以生产队为基本核算单位，由生产队核定可以分配的钱和物，按社员全年的工分和家庭人口进行分配。

传统的按劳分配制度在理论上的最大问题是对"劳"的界定的合理性问题。首先是对劳动者的界定。马克思认为工人、农民是生产领域的劳动者且是价值的创造者，干部、教师、医生等是非生产领域的非生产劳动者且不创造价值。那么，这些非生产劳动者凭什么参与分配？其次是参与分配的"劳"如何计量。是按劳动能力还是按劳动时间或劳动贡献？劳动能力和劳动贡献的差别如何确定？

按劳分配在实践中的最大问题是存在体制性的等级壁垒。主要是：①名义上的全民所有制是不包括占人口80%以上的广大农民和城市中非全民性质的职工在内的体制，全民中的大多数人没有资格参与体制内的"按劳分配"，城乡二元结构的壁垒使按劳分配无法在全民中通行；②全民所有制企业之间存在诸多等级差别，国家级、省级、地市级、县级等不同级别的企业存在资源占有、政策扶持、融资条件、税收制度等多方面的差别，不同级别的企业无法平等竞争，不同企业中的等量劳动无法获得等量报酬；③同一企业内的等级工资制并不完全与每个人的实际劳动（劳动能力、劳动时间、劳动贡献）挂钩，其级别的确定依据主要是主观的行政意志，而不是客观的经济规律；④机关干部、教师、医生等服务性行业的人员，其报酬主要是根据行政级别或参照行政级别的等级标准确定，与每个人的实际劳动贡献和社会整体经济效益没有必然的联系。在这种体制性的等级壁垒和刚性利益结构中，无法实现"各尽所能，多劳多得，各得其所"，无法将按劳分配原则名副其实地贯彻到底。

传统体制的按劳分配无法实现应有的公平和效率，无法将公平与效率统一起来，不可避免地同时出现平均主义与无效率的双重负面现象。一方面，它缺乏客观的经济规律认定机制，无法准确地确定劳动者的劳动能力和劳动贡献，必然出现"大锅饭"和平均主义的现象。另一方面，它缺乏自由竞争和优胜劣汰的效率机制，必然产生墨守成规、消极怠工、因循守旧的无效率现象。

市场经济与按劳分配具有内在的一致性。劳动价值论建立在市场经济的基础上，其实质是按劳动创造的价值分配。在现代化的市场经济中，创造价值的劳动不是单指生产制造环节劳动者的劳动，而是指参与价值生产和价值实现的一切创造性活动，是经过价值规律认定效率和效益的劳动。劳动者取得的收益不仅仅是劳动者从企业领取的工资，还包括劳动者以自己的体力、智能、技能参与价值创造，以不同方式、不同途径所取得的一切合法收入。因此，如果从劳动价值论理解按劳分配，一切劳动者都能从自己创造的价值中得到应有的报酬，生产与占有相一致的法则也就能得到体现和实现，进而实现社会主义与市场经济的统一。因为，生产与占有相一致，既是市场经济价值规律的要求，也是社会主义按劳分配的要求。

市场经济具有将按劳分配原则贯彻到底的内在机制。一方面，市场经济理论将创造价值的生产劳动从第一产业（农业）、第二产业（制造业和建筑业）扩展到第三产业（广义的服务业），将符合社会必要性（马克思所说的第二种含义的社会必要劳动时间）的国家机关、事业单位、商业、金融业等广义的服务业纳入生产劳动体系，使其工作人员都成为创造价值的生产劳动者，都具有参与分配和分享价值成果的资格。另一方面，市场经济通过自由竞争机制将劳动者的能力分出优劣并定位在不同的职位和岗位上，通过价值实现机制将每个生产单位的劳动成果分出价值量高低并可根据职位和岗位确定每个人的劳动贡献。这样，市场经济的价值生产和占有相一致的公平原则与社会主义的多劳多得的公平原则就趋向一致。同时，市场经济自由竞争、优胜劣汰的运行机制既能在公平原则下提高效率，又能在效率不断提高的前提下实现更高层次的公平。

唯一的问题是市场经济可能产生一部分人无偿占有另一部分人所创造的价值——剩余价值的剥削现象。其实，马克思所说的这种剥削现象并非市场经济的必然现象，而是市场经济在资本垄断产权、劳动力成为商品的特殊条件下产生的异化现象。

这种异化现象的制度根源是产权制度。在资本垄断产权的制度中，劳动者不能占有自己所创造的全部价值，一部分归资本所有者无偿占有，这才产生了经济剥削。如果确立为劳动产权制度，参与社会经济活动的所有人都成为劳动者，资本所有者的劳动体现在他们对资本的投资、监督、管理等职位或岗位上，其他劳动者的劳动体现在他们各自的职位和岗位上，劳动就有了共同的属性，都是劳动者体能和智能的有效付出，劳动创造的价值就能按生产与占有相一致的法则进行分解，就不存在谁剥削谁的问题了。

其实，劳动力成为商品的雇佣劳动制度并不是市场经济必然的基本制度。初期的市场经济是劳动者自产自销的商品生产和商品交换，不存在雇佣劳动制度，在等价交换中尚能实现价值生产和占有的一致。根据马克思的理论，只有在一部分劳动者被完全剥夺了生产资料，变得一无所有，不得不出卖劳动力才能生存的社会条件下，劳动力才成为商品，劳动者才成为雇佣劳动者，才会发生雇佣劳动者所创造的价值被资本家无偿占有的剥削现象。这说明，资本主义制度的实质是资本垄断产权，劳动产权的权益无法完全实现。在社会主义制度下，只要完成由资本垄断产权的制度向劳动产权（广义的劳动产权）制度的转变，就能消除马克思所说的剥削现象。

产权制度的改革创新为实现生产与占有相一致提供了制度上的可能性。要将这种可能性变为现实，还需要分配制度的改革创新。

分配制度的改革创新主要是：将社会主义的按劳分配原则与价值规律结合起来，形成按劳动价值分配的新制度；凡是靠自己体能和智能的付出参与产业活动（包括第三产业）的社会成员统称为劳动者，都按生产与占有相一致的产权规则获得收益；通过自由、充分和有序的竞争，劳动者实现能利权责结构对称合理，并获得相应的职位或岗位；微观领域按价值形成和价值实现的规律进行初次分配，宏观领域按必要性和有效性的原则进行再分配；以公平和效率相统一的标准调整劳动者之间的级差结构。

6.4　运行机制的改革创新

生产与占有相一致是公平的要求，必要性和有效性的实现是效率的要求。前者通过产权制度和分配制度的改革创新实现，后者通过运行机制的改革创新实现。

所谓"运行机制"是指在既定的制度框架内实现制度功能的动态结构、条件系统和程序规则。在有限资源的约束下，如何使每份资源都能得到充分利用，如何实现资源配置的合理与优化，如何使投入产出的效率和效益持续提高，如何形成共同发展、共同富裕的社会利益格局，都是实现制度目标要考虑的。在实现制度目标的动态结构、条件系统和程序规则中，每个元素的必要性和有效性的实现是根本要求。

社会主义是在生产社会化和有计划、按比例发展的要求中提出计划经济原则的。这个原则在经典理论和传统体制中由高度集中统一的国家管理体制贯彻实行。实践证明，这种计划经济管理体制既无法实现应有的公平，更无法实现应有的效率，不具有实现社会主义制度功能的内在机制。问题在于，生产社会化和有计划、按比例发展的目标是在经济互动过程中实现的，只能由各个发展主体根据相关参数做出自主的弹性反应，随机地选择发展方向以及投入产出的数量，然后由竞争性的互动形成必然性的选择，任何权威性的主观意志都无法代替这种客观经济规律决定的内在运作机制，也无法持续有效地发挥资源配置、利益调节和优胜劣汰的规律性作用。

"生产什么，生产多少，为谁生产"在计划经济中是通过行政性计划体制安排的。这种体制有几个特点：①在目标选择上政治目标优先，民生目标靠后，无法满足人民群众日益增长的个性化的各种需要；②在指标体系中，以主要产品为纲（工业以钢为纲，农业以粮为纲），形成内容独立的指标体系，无法形成互生性、互动性的产业生态体系；③在经济运行中主要靠自上而下的行政性指令实现目标，由于目标本身缺乏系统性、互动性的条件保障，必然产生短缺的"瓶颈"，这种瓶颈一方面造成产品短缺，另一方面造成资源浪费，无法形成总量和结构的平衡机制。显然，传统的计划经济运行机制无法形成自组织、自调节、互动性的资源配置机制和供求平衡机制。

市场经济则具有自组织、自调节、在互动中实现平衡的内在机制。市场经济条件下，每个参与经济活动的人或法人，其行为都具有竞争性。生产者和消费者之间的竞争，生产同类商品的不同生产者之间的竞争，生产不同商品的行业和部门之间的竞争，消费同一商品的不同消费者之间的竞争，社会有限购买力在不同商品之间选择性的竞争，是市场经济条件下人们普遍的行为方式。同类商品有很多生产者，众多生产者只有独立核算、公平竞争、比较优劣，才能确定第一种含义的社会必要劳动时间，从而在平均成本的意义上确定商品的价值量；只有通过生产要素的自由流动、部门之间的相互竞争，才能确定第二种含义的社会必要劳动时间，从而在平均利润的意义上确定商品的价值量。第一种含义的社会必要劳动时间的形成过程反映的是价值规律的微观机制，第二种含义的社会必要劳动时间的形成过程反映的是价值规律的宏观机制。这两种机制既是市场经济的公平机制，也是其效率机制。

这种市场机制建立在民主法治、产权独立、自由竞争、信用文化、市场体系健全的制度基础上。没有这种基础，市场机制就难以发挥作用。

产权独立是市场经济的制度基础。任何商品都是一个独立的价值产品，要确定它的价值，生产者需要逐一核算它的各项成本，消费者需要以同类商品的价格同它进行比较、讨价还价，这就要求生产者和消费者都必须是独立自主的经济人，生产者拥有所生产商品的产权，消费者拥有所购买商品的产权，二者在协商一致的基础上成交，完成价值实现的过程。在产权独立基础上可以有多种产权组织形式和产权结构，独资经营、合资经营、合作经营、股份制等不同的生产经营方式，代表了市场经济在发展的不同阶段和不同条件下的产权组织形式。在这种产权组织形式中,相应的产权制度也在发展变化,传统的、简单的公有制和私有制两分法已不能说明现实产权组织形式是属于社会主义公有制,还是属于资本主义私有制。只有立足于这种产权组织形式的价值生产和占有关系及其所形成的利益格局,我们才能判断它的制度属性。

明晰的产权关系是市场经济的微观基础。只有明晰产权,才能展开竞争,才能通过竞争确定价值,价值规律才能发挥作用;只有产权明晰,才能确定价值的生产和占有关系,才能实现价值生产和占有相一致的公平。

自由竞争是市场经济的行为机制,价值规律是市场经济的基本规律。价值由生产商品的社会必要劳动时间决定,这一规律被称为价值规律。价值是商品生产和交换的抽象实体和计量标准。作为抽象实体,它将人类的所有劳动成果抽象为可相互比较的价值单位(用人民币、美元、法郎、马克、日元等各种货币表示的价值单位)。作为计量标准,它将所有进入市场交换的商品或劳务标出可计量、可核算的价格。所有参与市场活动的人都根据价值规律决定自己的经济行为。商品价格的高低、生产要素的流向流量和各种资源的配置都受价值规律的支配。不同的社会制度和产权结构,可改变价值的内部构成和占有关系,但不改变价值量由社会必要劳动量决定的基本法则。

在产权独立的基础上,通过自由竞争贯彻价值规律,是市场经济的运行机制。社会主义制度可将这种运行机制纳入自身的制度结构,形成可实现制度目标的具有市场经济效能的运行机制。

要建立这种运行机制,就必须进行一系列的改革创新。这种改革创新主要是:彻底打破垄断性、分割性、等级性的资源占有制度和刚性利益格局,建立和完善统一、开放、规范的市场体系,将各种要素全方位地纳入市场经济范围,价值规律在资源配置中起基础性和决定性作用;在民主法治的基础上还权于民,各个市场主体产权独立,通过自由、平等、充分和有序的竞争实现优胜劣汰;根据市场需求和宏观经济目标建立弹性化的金融管理体制,货币投放、银行信贷、债券市场在总量和结构上与微观经济的持续发展相适应;根据共同发展、共同富裕的发展方向建立调节性的财政税收体制,形成合理公正的利益格局。

　　在这种改革创新中，政府职能彻底转变是运行机制改革创新的关键。我们现有的政府职能是从计划经济体制演变过来的，虽然经过了简政放权、政企分开、减少行政审批环节等政府职能转变的改革，但实质性问题尚未彻底解决。要彻底解决问题，就必须完成政府职能的彻底转变，就必须将政府的应有职能具体地、逐项地限定在必要和有效的要求上，要借鉴历史上和国际上可比的先进经验，并经得起必要性和有效性的比较和检验。

7

集合劳动与集合价值

7.1 创造价值的劳动属性

劳动是人在创造性活动中体能和智能的有效付出。劳动的概念中包含了几个关键词。一是人的创造性活动。所谓"创造性活动"，是指人类在生存和发展过程中所从事的能够满足某种需要的活动，具有从无到有、从少到多、从低到高、从旧到新、从弱到强的正向性发展意义，它是人的本质的体现。二是体能和智能。体能和智能是人创造力的能量来源，它决定劳动量的构成。劳动量指劳动者劳动时所付出的体能和智能的数量和质量，体能的付出可以用劳动强度和劳动时间来衡量，智能的付出可以用其成果或成效来衡量。三是有效付出。体能和智能的付出必须体现在有用、有效和有益的活动效能上，即付出的是正能量。无用、无效或无益的付出不能体现劳动的本质，不被视为劳动。

劳动体现了人的本质，是人类实现生存和发展目的的根本性和主导性活动。无论人类使用了多少自然资源和多么先进的机器设备，无论生产活动的自动化达到何种程度，人的劳动始终是人类社会及其所处的世界中唯一的创造性元素。世界上除了人类从未染指过的原生态自然物外，一切经人改造的世界万物都是人类劳动的成果（包括人们赋予自然界各种事物的概念名称）。从这个意义上说，人的劳动创造了属于人的世界。

在这个概念上，我们可以将人们所有具有正向意义的创造性活动都视为劳动。劳动者是有劳动能力且从事劳动的人的统称，有别于生物学意义上的人，是具有创造力的人。

劳动者的价值在于创造价值。劳动者自己耕种土地，生产自己食用的粮食和蔬菜，制作自己穿戴的衣服鞋帽，这是创造有效用的使用价值。劳动者拿自己种的粮食与别人饲养的牛羊交换，使粮食和牛羊的使用价值有了可等价交换的交换价值。不管是自产自用的产品，还是用以交换的商品，凡是劳动创造的物品都有内在的劳动凝结的价值。所不同的是，前者以物品的效用表现为使用价值或者说效能价值，后者以物品的等价交换表现为交换价值，二者都是劳动的成果。在商品经济中，生产者关注的是商品的交换价值，消费者关注的是一定量交换价值所体现的商品的效能价值。

劳动创造价值的属性并不局限于商品经济，非商品经济中劳动同样创造价值。所不同的是，商品经济中，价值通过交换价值体现；非商品经济中，价值通过内部成本核算的"值得"体现（同一块地，是种玉米合算，还是种棉花合算；同一劳动时间，是纺棉织布还是绣花做鞋合算）。这里所说的价值，不是用货币形式表现的价值，而是用"值得"的机会成本衡量的价值，是在自我比较中确认的价值。指出这一点，是想说明：必要性和有效性既是体现劳动本质的属性，也是体现价值本质的属性，劳动创造价值的理念适用于人类一切社会。只要劳动者的劳动是基于有用性和有效性，其成果就是价值的体现。否则，"劳动"一词就失去了创造性的本质意义，就会流于庸俗，劳动与价值就失去了内在的必然联系。

西方古典经济学的劳动价值论和马克思的劳动价值论都将创造价值的劳动定义在生产用来交换的商品的劳动上。这种定义无法说明非商品生产的劳动过程中劳动同样创造价值的属性。农民自己种的粮食一部分自用，另一部分用来交换布匹，我们不能说一部分粮食有价值，另一部分粮食无价值。其实这两部分粮食有同样的价值，不同的是，一部分通过交换所得的货币体现，另一部分通过直接消费的效能体现，它们在劳动的凝结上、在满足人们需求的效用上具有同样的价值。

价值体现于生产和消费的全过程，不能只定义在交换环节上。如果交换的物品是假冒伪劣产品，价值就无法实现。现实中出现泡沫经济，就是因为产品的价值不能在最终环节实现，在中间环节成为虚假的价值。只有产品中凝结的劳动最终变成满足消费需求的实际效用，劳动创造的价值才能最终实现。交换所得的货币只是价值的中介、价值的表现形式，不能说是价值的最终实现。商品售出后的维修服务、保修退换，说明商品交换完成后商品的价值还没有完全实现，生产者或销售者还要对商品的质量、功能和实际效用负责到底，直至消费者满意。

现代市场经济中有很多公共性和公益性的活动，参加这种活动的劳动者所付出的同样是有效的体能和智能，同样创造出可以满足人们需要的产品。所不同的是，这种产品不是用于市场交换，不进入商品市场，而是服务于公众的公共产品。这种公共产品中凝结的同样是社会劳动，同样具有价值。因此，创造价值的劳动不限于生产商品的劳动，它包括生产所有可以满足人们需要的各种产品（商品、劳务、自产自用物品、公共产品）的劳动。这种宽口径的劳动价值论与现在通用的国民生产总值的统计口径基本一致。

在马克思的劳动价值论和剩余价值论中，生产劳动与非生产劳动有明确的界限，并认为生产劳动创造价值，非生产劳动不创造价值。马克思将生产劳动严格定义为直接生产过程中生产工人的劳动，资本家对生产过程的管理不属于生产劳动且不创造价值，商业、金融业等第三产业的全部收益（包括员工的工资）都是第一、二产业资本利润的转让所得。之所以做出这种理论分析，一是无产阶级的阶级立场使然，二是从抽象到具体的分析方法需要，三是因为当时所处的确实属于以实体经济为主的商品经济社会，社会财富由以工业为主的实体产业创造是当时的主流观点。

现在看来，由于受制于所处历史发展阶段，马克思关于生产劳动与非生产劳动的划分有三个局限性。一是阶级立场的局限性，现代市场经济早已突破了原来的无产阶级和资产阶级的两大阶级格局，随着生产的社会化、产业的细分化、产权的多元化，劳动者的收入来源有多种渠道。劳动者遍布各行各业，原来的两大阶级变为现在错综复杂的多层次的社会阶层，凭借非生产资料的生产要素（知识、技术、信息、管理等）获取收益的中产阶层比比皆是，以是否占有生产资料划分阶级的方法已不能说明现实社会状况。二是分析方法的局限性，从抽象到具体是演绎性的分析方法，这种方法假设的前提条件在不断变化，一旦这种前提条件被不断发展的现实否定（如劳动力成为商品、劳动力商品价格由劳动者及其家属所必需的生活资料价格决定），其逻辑结果就失去真实的意义。三是作为服务业的第三产业在价值生产中的地位越来越高，作用也越来越大，发达国家的第三产业早已超越第二产业成为创造价值最多的产业，认为该产业的劳动者的劳动不创造价值的观点实在没有道理。

创造价值的劳动如何计量是个复杂的问题。同一个人从事不同行业的劳动，单位时间所创造的价值是不同的，同一行业中不同的人单位时间所创造的价值也是不同的，同一企业同样的人在不同的管理体制、不同人的领导下所创造的价值也会不同。因此，决定单位劳动时间创造价值量大小的因素由多方面构成。主要是：①劳动者劳动的复杂程度和劳动强度；②劳动组织的团结协作程度；③劳动组织经营管理的效率机制；④劳动组织生产的产品在市场竞争中的竞争力；⑤劳动组织生产的产品在总量和结构上对满足社会需求的必要性和有效性。这些因素中，有劳动者个人的素质，有劳动组织的团队素质，有经营管理水平，有市场竞争能力，还有宏观层次的结构性要求。可见，要准确地计量单位劳动时间所创造的价值量，必须逐一考量这些因素，并通过一定的分析方法和运行机制使其趋于合理。

私人劳动转化为社会劳动是层次递进的过程，先是个人劳动通过劳动组织变为集体劳动，后是集体劳动生产的产品通过市场交换转化为创造交换价值的社会劳动，最后是该产品的效用最终被消费者消费的可满足人们实际需要的社会劳动。相应地，劳动所创造的价值也有层次性，先是在劳动组织内部，如企业，在某个岗位或职位上，如车间，体现的是"零部件"性质的价值，后是劳动组织生产的产品以成本核算方式体现的生产价值，然后是该产品在市场交换中表现的交换价值，最后是该产品在终端消费者那里以其效用实现的消费价值。如果该产品在国内市场交换或消费，它具有的是国内价值；如果在国际市场交换或消费，它具有的就是国际价值。

在多人经过多个环节共同生产同一产品的情况下，单位劳动时间所创造的价值只能是这一产品价值中的组成部分。如何确定这个份额的大小，如何将这个份额从产品价值中分解出来，是此前的劳动价值论没有解决的问题。要解决这个问题，就必须在劳动价值论的基础上拓展思路，建立新的理论范畴。

7.2　创造集合价值的集合劳动

我们先从一个具体的劳动者说起。假设张三的劳动能力取决于他的体能和智能，这种体能和智能的形成取决于他的个人天赋、努力程度和受教育程度以及家庭条件、社会背景等。他要使这种能力最大化，就必须一方面养好或锻炼好身体，另一方面好好读书学习，增长知识、提高智能、培育技能。学习哪方面的知识，培养哪方面的能力，这是他的第一选择。有了这种能力后，他需要的是劳动的机会，如果有自己创业的条件，他可自己创业；如果没有自己创业的条件，他就需要在社会上通过就业选择劳动的机会。就业是在具体岗位或职位上的劳动。就业的选择，一方面取决于他自己的能力，另一方面取决于该岗位或职位上与其他人的竞争。如果他竞争胜出，得到了这个职位或岗位，他的能力素质就必须与这个职位或岗位的要求相匹配。他的能力发挥到何种程度，又取决于所在团队的人事结构以及他在该岗位或职位上主动性、积极性和创造性的发挥程度。假设他的能力得到了充分发挥，他的劳动成果体现在他生产的可以单独核算的产品上，这个产品因他的劳动新增的价值就是他的劳动创造的价值。如果是他与别人合作生产的共同产品，这个产品新增的价值需要在相关劳动者的共同劳动中进行分解才能确认他本人的劳动所创造的价值。

可见，张三的劳动所创造的价值不但取决于他自己的劳动能力和劳动贡献，还取决于他取得岗位或职位的机会、与别人竞争的能力、与别人合作的团队素质、所在团队的效率机制、团队产品的市场竞争能力、团队产品共同价值的分解方法等一系列因素。这些因素构成一个很长的链条和复杂的系统。在这个链条和系统上，有他劳动能力形成的机制，有他劳动能力发挥的机会和条件；有他自己选择的主观意愿，有社会选择的客观标准；有他主动的选择机制，有竞争的互动机制；有岗位或职位对他能力的要求，有市场对他所在的团队生产的产品的要求；有他个人能力发挥的条件和效率机制，有共同生产产品的团队的合作机制和相互影响的效率机制。

显然，张三的劳动是社会劳动系统中的一个有机元素。这个社会劳动系统是由各个环节和各种条件构成的多层次的共同劳动组织，张三创造的价值融合在他所在劳动组织创造的共同价值中。我们将这种在群体性劳动组织中创造共同价值的劳动称为集合劳动，将集合劳动创造的价值称为集合价值。

市场经济越发展，生产社会化程度越高，创造价值的劳动越具有广泛的集成性。商品经济早期，价值生成主要是在田间、作坊、工厂内部完成的。随着商品经济的发展，价值的生产要素越来越多，科技、信息、智能等新的生产要素从工厂外部不断进来，参与价值的创造，价值生成的过程延伸到工厂之外的领域，使价值生成的过程越来越具有社会化的性质。同时，随着生产企业化、企业集团化、集团跨国化，价值生产和实现的链条越来越长，链条上的环节越来越多，价值所体现的社会劳动关系越来越复杂。商品经济高度发达的市场经济中，商品价值所凝结的社会劳动不但超出直接生产它的企业的范围，也超出了它所在行业甚至所在国家的范围。市场经济的发展，需要社会为它提供资源保障、安全保障、法律保障、交通条件和其他一系列基础设施，需要政府的宏观管理，为此服务的各种社会组织所付出的劳动也成为价值实体中的社会必要劳动。因此，创造价值的社会劳动不再单指工人、农民的劳动，而是扩展到参与价值生产和价值实现的各个领域，成为多种劳动元素集成的集合劳动。

集合价值是由不同劳动元素构成的集合劳动创造的。价值生产过程的各个环节是相互关联的网络系统，这个系统将提供不同生产要素的劳动者、不同部门和不同行业的劳动者组织在一起，形成社会生产力，生产出不同种类的价值产品。价值是不同行业、不同部门的劳动者共同创造的。任何一种商品或劳务的生产部门，都不可能独立完成价值生产和实现的全过程。价值的生产和实现在前后衔接、左右协同的网络系统中完成，任何一个环节的短缺或错误，都会中断或改变价值生产和实现的流程。我们可以把社会生产分成三次产业，可以按产业性质分出信息、电子、生物制药、家用电器等不同行业，但是我们不能将它们的内在联系截然分开。因为它们在价值生产和实现上具有互为条件、相互渗透、相互依存、相辅相成的共生关系。在社会生产力系统中，任何劳动只要符合"必要"和"有效"的要求，它就是集合劳动中的一个有机元素。

集合劳动是创造集合价值的集成性生产劳动，具有系统性和整体性。它将社会共同体内所有劳动者的劳动社会化为劳动元素的集合，通过每个劳动者的自主选择、竞争性互动、可调控的共同行动，在每个人都得到发展的同时实现全社会的共同发展。

集合劳动是按必要、有效的结构组合法则集成的共同创造价值的劳动，它的每个元素都是生产价值产品的必要成分。如果不符合必要、有效的结构组合法则，就不符合集合劳动的定义。因此，集合劳动按其定义不存在与创造价值无关的劳动，是整体性的生产劳动。

集合劳动与社会生产资源（劳动时所必需的生产资料和生产条件）的合理优化组合，形成由各个生产单元构成的社会生产力系统。这个系统包括个体生产经营者、企业组织、政府机构、事业单位和其他必要的社会组织。在进入这个系统之前，无论人们是什么身份（是大学生还是研究生，是城里人还是乡村人，是中国人还是外国人），无论社会生产资源来自何处、处于什么状态（是自有的还是租借的，钱存在银行还是放在家里，地是农田还是荒地，厂房是闲置的还是在使用中），只要二者的元素合理地结合起来，形成现实生产力，经营者依法生产经营，依法纳税，就成为社会生产力系统的一个单元。

集合劳动与社会生产资源的组合形成现实生产力，其组合的结构和方式一方面取决于生产流程或工艺流程的技术要求，即技术构成；另一方面取决于产出效益最大化的市场要求。

社会生产力系统是生产满足人们需要的价值产品的集成性生产系统。这个系统可生产满足人们各方面需要的各种产品，包括吃、穿、住、行等方面的各种商品，研究开发领域的各种项目，餐饮、旅游、娱乐等方面的各种劳务，行政、安全、教育、卫生等方面的各种服务。只要这些产品对满足人们的需求是必要的、有效的，就具有价值，就是价值产品。

我们所说的生产资源与马克思所说的生产资料概念有所不同，后者仅指物质生产领域用于生产的各种物质性生产要素（劳动资料和劳动工具）；前者除此之外，还包含第三产业劳动者（如国家公职人员）所需要的各种物质资源和条件配置（权力和责任的配属），是除人的活劳动以外的所有其他可以交换或调配的生产要素，包括可以用资金计量的物质性硬件要素，也包括体制政策支持或约束的条件性软件要素。①

集合劳动的核算单位是每个生产价值产品（商品或劳务）的个人或法人组织（包括个体劳动者、企事业单位、政府机关等）。每个核算单位都可按一定的公式计算它的劳动量。如果我们将这个核算单位的劳动结构按其必要性、有效性合理设置若干职位或岗位，每个岗位或职位按技术构成的合理要求确定人数，按能级对应的原则确定劳动能力系数，那么，每个岗位或职位的必要劳动量就是 $m = p \times j \times h$，这里 m 指岗位或职位的必要劳动量，p 指该岗位或职位的劳动人数，j 指该岗位或职位的劳动能力系数，h 指该岗位或职位的年工作时间（以小时计算）；如果用 k 代表该核算单位总的劳动量，那么，$k = m_1 + m_2 + m_3, \cdots, + m_n$，或 $k = \{m_1, m_2, m_3, \cdots, m_n\}$。

集合劳动的每个核算单位都是独立或相对独立的价值生产和占有单位。它们形成共同生产价值、合理分享价值的劳动共同体。

如果以 SK 代表某一行业、某一地区或全社会的集合劳动量，那么，$SK = k_1 + k_2 + k_3, \cdots, + k_n$，或 $SK = \{k_1, k_2, k_3, \cdots, k_n\}$。

劳动能力系数是集合劳动有机构成的关键概念。劳动能力系数的确定取决于三方面的因素：一是劳动者个人的资格条件，包括学历、职称、经历、

---

① 人们常说的管理是生产力、政策是生产力、关系是生产力、权力是生产力，均指这种非物质的生产要素。

业绩等相关条件；二是用人单位设置的岗位或职位对能力素质的要求；三是劳动者与用人单位的双向选择，通常是用人单位根据公开、公平、公正原则进行招聘或选拔的竞争。劳动能力系数与具体的岗位或职位相匹配。用人单位设置何种岗位或职位，取决于该单位的目标要求。每一个岗位或职位要求具有何种能力，取决于该岗位或职位的实际需要。谁来占有具体的岗位或职位，通常决定于就业市场的竞争。可见，集合劳动的结构合理及功能优化取决于三方面的因素：一是岗位与职位设置的合理性，二是人才素质要求与岗位或职位的适配性，三是选用人才的竞争性。

劳动能力系数与复杂劳动是既相联系又有区别的两个概念。后者通常指劳动者达到一定的受教育程度和劳动熟练程度并与没有这些资格的简单劳动相区别；前者除强调这些能力资格外，还要求与特定岗位或职位的能力要求相适配，并强调双向选择和自由竞争。

由国家各级财政统一支付薪酬的公务人员和所有社会公职人员的岗位或职位设置及其劳动能力系数由各级政府逐一核定并报同级人民代表大会审定。自主生产经营、自收自支的企业和其他服务性组织的岗位或职位设置及其劳动能力系数由各类企业和服务性组织自行确定。

集合劳动是由个人劳动能力系数加权计算后确定的标准劳动时间的集成性社会劳动，它要求将每个劳动者实际投入的具体劳动通过结构优化机制将其变成可统一计算的标准劳动单位，劳动能力系数是其关键变量。劳动能力系数主要是由各劳动组织按所设劳动岗位或职位所要求的劳动能力等级而设定的。如某个企业设定的一线生产工人岗位劳动能力系数为 1，要求必须有高中以上学历、身体健康、具有操作设备的基本技能，符合这些条件的劳动者可竞争这个岗位，经竞争获得这个岗位的工人，其劳动能力系数确认为 1。如果该企业规定，在这个岗位上每工作一年，劳动能力系数增加 0.1，那么，连续在这个岗位工作 5 年的工人，其劳动能力系数就是 1.5。如果负责质量管理的经理职位其劳动能力系数为 6，他在此岗位上一年工作 2000 小时，他向社会提供的标准劳动单位就是 12000 标准时。

创造集合价值的集合劳动体现了社会主义市场经济的本质属性。第一，集合劳动中的劳动者是人格独立和法权地位平等的劳动者。社会主义制度下的劳动者理应是具有独立人格和平等人权的劳动者，这种独立和平等一方面体现为无人身依附、无阶级压迫、无身份歧视的政治地位平等和法律地位平等，另一方面体现为任何人都可以凭借自己的劳动实现生产和占有相一致的劳动产权平等。

第二，集合劳动中的劳动者是在自主选择、自由竞争中实现充分发展的自由人。劳动者的自由一方面体现为可以自由选择发展方向和发展机会，另一方面体现为可以通过自由竞争实现自己的社会定位，成为"自由人联合体"中的自由人。

第三，在竞争性互动中实现生产劳动和生产资源的最佳配置。市场经济的互动性竞争机制在资源配置中（劳动者和生产资源的配置）起基础性和决定性作用。在这种配置中，通过劳动者之间的互动性竞争，实现人本化的劳动元素与物质性或条件性生产元素的最佳结合，为经济过程中必要性和有效性的实现奠定基础。

第四，劳动者之间相互增益的利益关系。集合劳动的结构体现了劳动者之间相互适应、相互渗透、相辅相成、共享劳动成果的必然性。生产与占有相一致的要求排除了一部分人侵占另一部分人劳动成果的可能性，公平与效率相统一的要求将消极、内耗、对抗的因素减少到最低限度，必要性和有效性的要求将无用、无益、无效的劳动剔除。在这种条件下，劳动者之间易形成正相关的相互增益的利益关系。

第五，微观与宏观相协调的运行机制。集合劳动是全体性的生产劳动，它包括所有产业劳动者的有效劳动；集合价值的体现和实现贯穿于生产、流通、分配和消费的社会再生产全过程；微观领域的各自生产和初次分配与宏观领域的共同发展和国民收入再分配是一体化的运作机制，都处在一个相互关联的条件系统中，从而为社会总量平衡和结构平衡以及国民经济的可持续发展奠定了基础。

7.3 集合价值的本质及其构成

集合劳动创造的集合价值是各个劳动者创造的元素性价值和共同劳动创造的整体性价值的有机统一。集合价值是以劳动价值论为基础，吸收并借鉴剩余价值论、效用价值论、均衡价值论等价值理论的科学方法与合理元素，说明社会主义市场经济的经济关系、价值实体和运行机制的基本理论范畴。

商品或劳务的价值实体是生产商品或劳务所投入的社会必要劳动，这种社会必要劳动生产出一定量的能够满足人们需要的价值产品。这种价值产品的价值量一方面取决于生产者生产产品所耗费的必要物化劳动（相当于马克思所说的价格构成中的"C"）的既定价值和必要活劳动创造的新价值（相当于马克思所说的价格构成中的"$V+M$"），二者之和构成出售产品时的预期价格；另一方面取决于消费者对这种产品满足自身需要的性能的评价以及购买这种产品的支付能力，购买欲望与支付能力的结合形成市场购买力。两方面的因素通过市场上讨价还价的竞争最终形成均衡价格。在这个过程中，社会必要劳动是生产价值的实体，形成价值产品的必要供给，以价值单位（货币）计量；价值产品的功能是满足人们的实际需要，它通过人们的购买力形成有效需求，同样以价值单位计量；有效需求与必要供给的均衡决定商品或劳务的价值量，形成以货币为价值计量单位的市场均衡价格。

生产商品或劳务所必需的社会必要劳动通过部门内和部门外的两种竞争机制形成。一方面，它通过同行内部各生产者之间的竞争形成平均费用，低于同行平均费用的那部分形成较高收益，高于同行平均费用的那部分形成较低收益；另一方面，它通过各行各业之间投资方向的竞争形成社会平均收益，高于和低于社会平均收益的那部分分别形成较高收益和较低收益。

价值产品的实际效用是指有购买力的需求者对该商品或劳务能够满足自身需求所具有的效用的评价，以及根据这种评价愿意支付的购买力（值得用多少钱去购买这种效用）。之所以用实际效用替代边际效用的概念，是因为边际效用仅指消费最后一个单位商品或劳务所形成的效用，现实中很难确定；实际效用是购买者为得到满足自身需要的商品或劳务的效用愿意付出的以货币为价值计量单位的价格（实际效用量的界定包含了边际效用的考量），容易掌握（如用 50 元购买 10 斤苹果，就等于说 10 斤苹果对购买者来说具有价值 50 元的实际效用）。

必要供给指生产者提供的符合社会必要劳动定义的价值产品（商品和劳务），有效需求指消费者愿意支付且能够购买满足自身需求的商品或劳务的购买力。二者的均衡，形成商品或劳务的市场价格。市场价格是商品或劳务在市场上以货币为价值单位表现出来的价值量。

例如，一家生产电动汽车的企业，它用 1000 万个标准劳动单位和价值 3 亿元的生产资源生产出 3000 辆电动汽车，它预期每个标准劳动单位创造的价值为 30 元，那么每辆电动汽车的预期价格就是 20 万元。其计算公式为：预期价格（用 EP 表示）等于实际资源要素费用成本（用 PV 表示，指转移到产品中的旧价值）与预期增加值（用 NV 表示，指创造的新价值）之和除以产品数量（用 Q 表示），即

$$EP = (PV + NV)/Q = (30 \text{元} \times 10000000 + 300000000 \text{元})/3000 = 200000 \text{元}$$

这个预期价格仅是企业希望的出售价格，如果购买者群体根据这款车的性能和自己的支付能力愿意支付的购买力总量为 4.5 亿元，那么最终这款车只能以每辆 15 万元的价格卖出。

可见，决定商品或劳务价值量的因素不单单是企业一方根据实际耗费成本和预期创造的新价值确认的社会必要劳动，还取决于购买者的购买力，并通过双方或多方的市场竞争才能最终确定。在这个价值或价格决定的机制中，生产商品或劳务的社会必要劳动以必要供给的形成机制从供给方面决定其生产价值，商品或劳务的实际效用以有效需求的形成机制从需求方面决定其消费价值，必要供给与有效需求的均衡机制以市场价格的方式决定其市场价值。

集合价值由两部分构成，一部分表现为保值的价值，一部分表现为增值的价值。保值的价值是劳动过程中生产资料价值转移到新产品价值中的价

值，包括机器设备、厂房等固定资产的折旧，原料、材料、能源以及消耗品的消耗价值，资本金的利息、银行贷款的利息等资金的保值性收益。增值的价值是产品价值中扣除保值价值后所得的价值，它是参与产品生产的所有劳动者的劳动所创造的新价值。

如果用 SV 表示集合价值，用 PV 表示保值的价值，用 NV 表示创造的新价值，那么 $SV = PV + NV$。

集合价值的构成公式不同于马克思分析剩余价值时所说的价值构成公式。马克思将雇佣劳动生产的商品价值分成三个部分：一是生产资料转移的价值，称不变资本，表示为 C；二是劳动力商品的价值，称可变资本，表示为 V；三是剩余价值，表示为 M。公式为：$W = C + V + M$。

集合价值论与剩余价值论的相同之处在于，二者都认为商品的价值是劳动创造的，社会必要劳动决定商品的价值量，因此 $SV = W$。二者有如下不同。①决定商品价值量的社会必要劳动，在马克思的剩余价值论中主要是生产过程的社会必要劳动，在集合价值理论中除生产过程中的社会必要劳动外，还包括所有与价值生产相关的社会必要劳动。②在价值或价格形成机制上，马克思的剩余价值论主要强调的是由生产过程决定的必要供给，强调的是生产决定论；集合价值论是在生产、交换、消费相统一的社会再生产全过程中考察价值或价格形成机制，除生产过程决定的必要供给外，还包括消费者对商品和劳务实际效用的有效需求，以及必要供给与有效需求在市场交换中的总量及结构的均衡，强调的是社会再生产的全过程决定论。③在剩余价值论中，V 作为创造新价值的可变资本，以工资的形式进入成本，与只转移旧价值的不变资本 C 合在一起，构成成本价格，新增价值以 M 表示的剩余价值表示，虽创造新价值但只领工资的劳动者没有占有 M 的资格。在集合价值论中，价值由保值的价值 PV 和新增价值 NV 两部分构成，创造新价值的所有劳动者对新增价值 NV 都有占有资格。

集合价值体现了生产与占有相一致的根本法则，体现了劳动者共同创造价值、共同分享价值的主体一致性，从根本上消除了阶级对立和经济剥削的制度基础。

　　集合价值体现了公平与效率的统一性，它将劳动者自由、平等的社会公正与互动性竞争的发展机制结合起来，强调相互增益的共生关系，将公平与效率的统一定义在既能体现公平又能实现效率的合理区间内，可确保社会主义的制度要求与市场经济的运行机制实现有机结合。

　　集合价值从生产、消费、交换相统一的社会再生产的全过程以及微观与宏观相统一的视野考察价值或价格形成机制，将必要性与有效性的实现机制贯穿其中，可将"劳动创造价值"的理念贯彻到底。

8

集合价值的分解

8.1 集合价值分解的原则和方法

集合价值是由集合劳动创造的多种价值元素构成的共同价值，它既包含了既定价值元素转移到产品中的原价值，也包含了各个环节上不同劳动者创造的新价值。根据生产与占有相一致的要求，将转移到产品中的原价值元素根据保值的原则分解到各要素提供者的手中，将新创造的价值根据生产与占有相一致的法则分解到各个劳动者手中，这个过程就是集合价值的分解。

集合价值的分解既是微观层次上生产成果的分配过程，也是宏观层次上再生产条件的形成和实现过程。从微观层次上讲，凡直接提供生产要素、直接参与产品生产的劳动者都可从生产成果的分配中获得相应收益，实现生产与占有的一致。从宏观层次上讲，凡为价值生产提供基础设施、安全保障、社会服务等的所有社会组织及其劳动者都可根据必要性和有效性的原则获得补偿和收益，为社会再生产创造条件。

集合价值是由多种生产要素共同生产出来的价值成果。我们以生产服装的一家企业为例。这家企业当年生产了 10 万套男士西装，每套以 1000 元的平均价格售出，形成了 1 亿元的销售收入。在生产这 1 亿元价值产品的过程中，粗略地说，包含了 8 种生产要素生产的价值元素：①原材料价值（包括布匹、缝线、纽扣等用品）；②厂房、机器设备等固定资产的折旧价值；

③电、水、燃油等能耗类的耗费品价值；④经营管理等办公类用品的产品价值；⑤银行贷款的利息；⑥知识产权价值（产品品牌、商标及产品设计）；⑦政府和社会的公共性服务创造的价值；⑧企业内各个职位和岗位上劳动者创造的价值。在这8种价值元素中，前6种属于生产前就已有的既定价值，它们通过生产服装的具体劳动过程，将必要的、有效的价值元素转移到新产品中，成为新产品中价值构成的一部分。价值分解的第一步就是根据保值的原则将这部分价值分解出来，分别形成这6种生产要素提供者的价值补偿。假如原材料价值为3000万元，折旧价值为500万元，能耗价值为250万元，办公用品价值为200万元，银行贷款利息为50万元，知识产权价值为500万元，那么这4500万元就是分解出来的用以补偿6种生产要素提供者的保值价值，在会计科目中属成本范畴。

从1亿元的销售收入中扣除这4500万元的保值价值，剩下的5500万元就是该企业当年创造的新价值。在这5500万元新价值中，有政府和社会的公共性服务创造的价值，有企业内部各个职位和岗位上劳动者创造的价值。前者以税收的形式上缴国库，由国家根据必要性和有效性的原则分解为各项财政支出，形成各个提供公共性服务的相关部门的收益；后者则直接根据按劳分配的原则分解为各个职位和岗位上的劳动者的收益。假如上缴的税收为700万元，余下的4800万元就是企业可直接分配给劳动者的价值。

我们再假定该企业共有600名员工，分布在各个职位和岗位上。全年集合劳动的总量共计300万标准时，那么，每标准时的应得收益就是16元。假如李某是企业的负责人，劳动能力系数为6，全年标准劳动量为12000标准时，他的全年收益就是19.2万元。假如王某是普通车工，劳动能力系数为1.5，全年标准劳动量为3000标准时，他的全年收益就是4.8万元。

在企业层次上，集合价值的分解步骤主要是：第一步根据保值的原则将各种生产要素转移到产品中的原有价值分解出来，形成对各种生产要素提供者的价值补偿，这一步是成本形式的分解；第二步是对企业外部的公共服务劳动创造价值的分解，这一步是税收形式的分解；第三步是对企业内部劳动创造价值的分解，这一步是薪酬形式的分解。

　　这三步分解以不同的方式体现了生产与占有相一致的法则。在成本形式分解的步骤上，体现的是保值原则。在我们的成本概念中，各要素都是有既定价值量的价值元素，它们在产品价值的形成中，只是将既定价值转移到新产品中，各要素提供者的利益在于获得等值的补偿，这种补偿不低于所使用要素的原有价值。钱放在家中不用可能会因通货膨胀而贬值，厂房、机器设备不用会遭受自然损坏的损失，知识产权不用会遭受过时无效的损失。保值除保有原值外，还包括补偿通货膨胀的损失、自然损耗和重置价格的损失，是积极意义的保值。这种成本是刚性利益，其要素提供者不承担经营风险。因此，成本要素提供者可获得投入价值与补偿价值相一致的保值利益（因法律认可的不可抗力因素而损失的情况除外）。

　　税收形式的分解是企业内部劳动者和外部劳动者在新创造价值上的分解。这一步骤体现的是必要性和有效性原则。税收多少取决于企业外部劳动者为企业提供的公共服务对企业生产的贡献，这种贡献的大小又取决于所提供的公共服务的必要性和有效性。在这个意义上，政府税收的税种设置和税率确定取决于公共服务的必要性和有效性。因此，只有必要和有效的公共服务才是社会必要劳动，才能创造价值并通过税收分解实现价值，无用、无效、无益的公共服务不创造价值，也不能分享价值。

　　薪酬形式的分解是企业内部劳动者根据各自的标准劳动量对税后新价值的分解。这一步分解最直接地体现了按劳取酬、多劳多得的按劳分配原则。与传统体制下的按劳分配不同，这种按劳分配的"劳"不是自然劳动时间、模糊的劳动能力和难以估量的劳动业绩，而是经双向选择、竞争机制确定的职位或岗位劳动折算后形成的标准劳动量；分配的额度不是在成本项目中核算的工资总额，而是扣除成本和税收后剩下的企业劳动者当年创造的新价值；最终形成的不是体现劳动者身价的工资，而是劳动者从共同价值中分解出来的自己所创造的价值，即薪酬。

　　可见，在集合价值分解的三个步骤上，都体现了生产与占有相一致的根本法则。成本形式的分解体现保值原则，从物权占有方面说明谁的财富最终还归谁占有，财富投入生产过程只改变财富的物质形式，不减少财富的实际价值，不减少物质财富投入者的实际利益。税收形式分解体现必要性和有效性原则，从必要性和有效性上说明了公共服务劳动在创造价值中的地位和作用，以及从事公共服务的劳动者从创造的价值中分解出自己应占有的价值的公平性和合理性。薪酬形式分解体现按劳分配原则，直接从劳动产权上实现了劳动者在价值生产中投入多少标准劳动量就占有多少劳动成果的权益。

8.2　成本的解析

成本是为生产新价值而耗费的旧价值。在传统理论的成本概念中，企业的成本除包含前述 6 种要素外，还包括工人的工资。在我们的新概念中，工资从成本范畴中脱离出来，变为收益范畴中的"薪酬"。这个变化是集合价值的核心理念。在马克思的理论中，工资是劳动力商品的价值或价格，劳动力的价值与劳动者创造的价值是两个不同的量，其差额是剩余价值，劳动者不能占有他自己创造的这部分价值，形成剥削关系。在传统社会主义理论中，工资是劳动者的劳动报酬，但在实际的占有关系上，劳动者的工资是一个产前就确定的常量，列入成本项目，与原材料等生产资料价值一样，是被动的耗费，对企业的生产经营成果不具有主动的占有关系，生产与占有相一致的法则得不到真正的体现。在我们的新概念中，劳动者投入的劳动量与他创造的价值量是因果一致的变量，与只转移旧价值不创造新价值的物性生产资料分属于成本与收益的不同范畴；作为新价值的创造者，劳动者理所当然地具有收益的占有资格，从而为生产与占有的一致奠定了制度性基础。

相关的问题是，劳动者的收益分配是在生产过程之后，比如说，是在年终，劳动者年初时参加劳动，他全年的生活费用从哪里来？我们可以这样理解，如果劳动者是上年就已参加工作的人，他可以用上年的薪酬支付他当年的生活费用；假如是新参加工作的劳动者，他可以从企业、银行或其他渠道借支，年终分配时从其收益中扣除和偿还。从劳动者的角度，他也可以把当年耗费上年的钱或当年借支的钱视为本人的劳动成本。但这种个人成本的概念与企业成本的概念是不同的，前者是个人收益的成本，后者是集合价值的成本。

原材料价值、能耗品价值、办公用品价值等属于购买得来的产品价值，属于当年投入、当年补偿的成本项目。企业从产品销售收入中按这些项目的实际耗费扣除等值的成本，为下年再生产时购买这些产品准备了资金。这部分成本项目的分解，一方面是本企业再生产的必要条件，另一方面是相关企业（提供这些产品的企业）产品价值得以实现的条件。

厂房、机器设备等固定资产有一定的使用年限，其价值是逐年转移到产品中的。在成本分解中，是以提取折旧费用的方式补偿其转移价值的。在前述的例子中，假定这家服装厂是从银行贷款购置这些资产的，购置费用为5000万元，使用年限平均为10年，企业按15%、14%、13%、12%、11%、10%、9%、7%、5%、3%逐年提取折旧费用。那么第1年提取的折旧费用就是750万元，第6年提取的就是500万元。企业可用提取的折旧费逐年偿还银行贷款。如果这家服装厂的固定资产是由厂长的自有资金购置的，厂长可从逐年提取的折旧费用中获得等值的补偿。如果这些资产因市场价格变动引起重置价格的升高，其折旧费用也应相应提高，使资产得以保值。

假如上述服装厂使用的厂房、机器设备是租用别人的，那么该厂提取的折旧费就会以租金的形式交给厂房和机器设备的拥有者。租金在租用者看来是成本，在出租者看来则是收益。租金的多少主要取决于为保值而提取的折旧补偿，此外还取决于租赁双方在机会成本等方面的考量及选择。

企业使用银行的贷款，需要偿还本金和利息。本金按贷款时的数额偿还，不计货币价值变化因素。利息一方面是对币值变化可能造成的本金贬值的补偿，另一方面是银行职员提供金融服务的应有收益。因此，利息具有两重性，一是保值意义的成本性，二是劳动报酬的收益性。

知识产权是劳动产权的一种形式，它是劳动者以知识和智能为基础进行创造性劳动，生产具有发现、发明、创新意义的专属性产品，通过专利权、著作权、商标权等产权形式体现的劳动产权。知识产权不同于生产资料等物质性生产要素的产权，它的价值不是由其物质载体的价值所决定，而是由它提供的价值增值能力所决定。上述服装厂购买的知识产权，是服装的品牌、商标及其设计制作工艺。购买时所花费的 500 万元，可能采取一次性买断的方式，也可能是每件服装售出时提取一定金额的方式。不管怎样，企业所支付的 500 万元都是对知识产权具有保值意义的价值补偿。

成本概念体现的是过去劳动与当年劳动、物化劳动与活劳动、他人劳动与本我劳动的价值关系。从时间序列上讲，上年投入的固定资产和流动资金都是过去劳动的成果，它们以转移价值的保值形式进入当年生产过程，为当年劳动创造新价值提供条件。过去劳动的保有价值与当年劳动的新增价值都包含在当年产品的价值中。在价值分解中，过去劳动转移到产品中的价值根据保值的原则以成本的形式提取出来，作为过去劳动成果的拥有者的价值补偿；当年劳动新创造的价值根据按劳分配的原则以收益的形式分配给各个劳动者。在这里，过去劳动成果的拥有者（不管是拥有流动性的资金，还是拥有土地、厂房、机器设备等固定资产）是既有利益者，将自己的资金或资产投入生产过程，得到相应的保值回报，维护了自身的既有利益。如果他们在企业中进行某一职位的当年劳动，还可从收益分解中获得相应薪酬；从他们当年获得的两种收入来看，一部分属于过去劳动成果保值的收入，另一部分属于当年劳动的薪酬收入；二者都体现了生产与占有相一致的法则，没有丝毫的剥削性质。

从劳动的形态上看，物化劳动是在物质产品中凝结的过去劳动，活劳动是人本身正在付出的体能和智能。前者有既定价值存在于物质产品中，后者处于新增价值的形成过程中。物质作为价值的载体，它可以连续地接受劳动的加工，承载多次劳动成果，体现多次价值增值（一块电路板和一张芯片从最初的原材料到最后的成品经历了无数次劳动）。物化劳动承载着前次劳动创造的价值，活劳动在前次劳动的基础上追加本次劳动创造的新价值。因此，物化劳动和活劳动是前后继承的创造价值的劳动。只有使前次的物化劳动保值，才能使后续的活劳动增值。

从企业生产经营的角度看，企业内部各个职位或岗位上的劳动是本我劳动，企业外部为企业提供生产资料、知识产权和公共服务的劳动都是他人劳动。现代市场经济中，任何企业的劳动成果都是他人劳动与本我劳动的共同成果。他人劳动的成果以不同的方式和形态进入企业的生产过程，将其价值体现在同一产品中。企业在价值分解时，将他人劳动成果或根据保值的原则以成本的方式分解出来，或根据必要性和有效性原则以税收的形式上缴政府，由国民收入的再分配形成从事公共服务的劳动者的收益，这是他人劳动所创造的价值得以最终占有的价值分解过程。

在我们的概念中，成本属必须支付的保值价值，是成本各要素拥有者的刚性利益。因为：①成本各要素产前已有既定价值，在创造新价值的过程中，不改变原有的价值量；②产品价值的增加和减少取决于现实生产过程中劳动者的生产效益，与不在生产过程中的成本要素拥有者无关，劳动者不承担价值减损的责任和风险；③只有将成本视为刚性利益，不折不扣地从产品价值中分解出来，补偿各要素拥有者的既有利益，企业劳动者才能理所当然地占有他们创造的全部价值。

8.3　国民收入初次分配中的收益分解

国民收入有初次分配和再分配两种途径。初次分配指微观领域由市场机制决定的各个国民的收入，再分配指宏观领域由财政机制决定的各个国民的收入。

初次分配的主要特点如下。①其主体一是自主创业或通过市场就业的劳动者，包括城乡个体劳动者、以企业为单位的城乡劳动者、以家庭为单位的农村劳动者以及以独立劳动或合作劳动等其他形式为业的劳动者；二是除劳动之外各类其他生产要素（资金和各种形式的资产）的提供者。②可分配的成果为可独立核算成本和收益的商品和劳务等，其价值由市场机制决定。③初次分配形成的个人收入直接表现为劳动者劳动所得或其他社会成员提供的生产要素所得。

　　从初次分配的主体来看，其构成不但包括了城乡二元结构不同体制下的劳动者，也包括了个体、企业、家庭等不同组织形式的劳动者；不但包括了从业的劳动者，也包括了劳动之外各类生产要素的提供者。这是除公职人员之外的所有国民的主要收入来源。在这个主体结构中，其收入来源有两大类：一类是当年的劳动者，劳动收益是其主要收入；另一类是生产要素的提供者，利息、租金是其主要收入。这两类收入一是靠产品中新价值的增值，二是靠产品中原价值的保值。保值性收入基本上是一个常量，只会有补偿性的微小增加；增值性收入是一个变量，增加的幅度往往会超过保值性收入。因此，即使在起点上两类人员收入的差距很大，但发展的趋势不是扩大这种差别，而是逐步缩小这种差别。只有在生产要素的提供者也是高水平的劳动者，可以同时获取两类收入的情况下，才有可能拉大原有的差距。只要将生产与占有相一致的法则贯彻到底，任何人不得凭借生产资料的占有权占有别人劳动所创造的新价值，将收入及财富的差距限定在劳动贡献的大小上，剥削性质的两极分化就会得到遏制，直至完全消除。

　　靠当年劳动获得收入的劳动者之间存在各种形式的收入差别。造成这种差别的原因主要是：①劳动者的素质和能力存在差别，劳动能力系数也就不同，同一企业中不同岗位或职位上的不同劳动者也就有高低不等的薪酬；②同一行业不同企业的产品性能不同、经营管理水平不同、劳动生产率不同，等量劳动所创造的价值也就不同，导致单位劳动时间可分配的价值量不同；③不同行业所需要的劳动素质和劳动能力不同，智能性产业的劳动者比传统产业的劳动者在单位劳动时间内创造更多的价值，因此智能性产业的劳动者收入更高；④因市场变化，供求总量及结构的平衡出现偏差，形成供不应求的卖方市场或供过于求的买方市场，造成不同市场条件下产品价值涨跌的情况；⑤不同产品的成本要素受不同因素影响，出现不同趋势的变化（如某种成本要素价格猛涨，造成这种要素成本比重大的产品成本升高，引起增值部分的相对较少）；⑥体制或政策的倾斜，造成不同地区、不同行业的收入差别；⑦垄断因素的存在，造成竞争的不平等、不充分，使不同企业之间产生不合理的效益差别。

上述因素有劳动者自身能力的差别，有劳动组织生产效率的差别，有行业内的差别，有行业外的差别。这些因素，有些是公平合理的，有些是不公平合理的。劳动者自身能力的差别，劳动组织生产效率的差别，经营管理水平的差别，产业或行业性质特点的差别，市场变化的不同影响，这些因素都属市场经济条件下的常态性因素，由此造成的劳动者收入的差别虽然不尽公平合理，但也在正常范围以内。体制和政策的过度倾斜，破坏平等竞争的垄断，是有违市场经济机制的因素，由此造成的地区性、行业性发展的不平衡，以及导致的劳动者收入水平差距则是不正常、不公平、不合理的。

初次分配中，市场机制起基础性和决定性作用。生产与占有相一致的要求，公平与效率相统一的要求，必要性和有效性得以实现的要求，都必须通过市场机制实现。各类市场的健全完善程度，竞争的自由、公平、充分和有序程度，生产要素进出市场的通畅程度，体制政策的公平合理程度，都是决定市场机制能否发挥应有作用的重要因素，同时也是影响劳动者收入差别公平合理的因素。

8.4 国民收入再分配中的收益分解

集合价值的构成中，一部分是提供公共服务的劳动者创造的价值。这部分价值的分解有两个步骤，一是微观领域初次分配中以税收的形式上缴国库，形成财政收入；二是以财政支出的形式分解到各个公共服务部门，由各个部门再分解到各个劳动者或国民。第二个步骤统称为国民收入的再分配。

财政收入的多少主要取决于税收的多少，税收的多少又取决于公共服务的需要。公共服务是国家以政府为主体和主导，向全社会提供的诸如行政服务、基础教育、社会保障、公共福利、灾难求助等管理性、保障性、公益性、共享性的服务。从创造价值的劳动属性上看，公共服务是根据必要性和有效性的原则形成的社会必要劳动，是全社会集合劳动的一部分，它创造的效用价值体现在它提供的公共服务中，它创造的交换价值体现在服务对象所生产的产品价值中。以税收的形式将它创造的价值从服务对象的产品价值中分解出来，体现了生产与占有相一致的法则。

从微观领域各个纳税人来看，税收是本我劳动与他人劳动的分解，是其为创造属于自己的价值而向社会支付的公共服务成本。因此，税收的多少直接关系到微观领域的劳动者与宏观领域提供公共服务的劳动者之间的利益分成。

税收在总量和结构上的必要性和有效性取决于其支撑的公共服务的必要性和有效性。如何界定和实现这种必要性和有效性，既是理论问题也是实践问题。

从理论上说，以政府为主体和主导的公共服务是惠及全民的服务，应有利于国家主权的维护、社会稳定和发展，是防范外敌侵略、消除内患、维护公平正义、保障公民基本权益的服务，是随着社会发展，不断提高社会保障水平、基础教育水平、医疗保障水平、公共福利水平的服务，是在国际竞争中不断提高国家政治、经济和文化的竞争力，不断提高国民素质和国民地位的服务。这种服务最终都体现在国民利益上。因此，国民的满意度是衡量其必要性和有效性的主要指标。公共服务的法定范围、每项服务的具体内容和效能指标、国民对每项服务的满意程度，这些方面的确认主要靠民主选择、民主评价的政治民主机制。

微观领域生产各种产品的社会必要劳动，其形成和确认主要靠市场的竞争机制；宏观领域提供各种公共服务的社会必要劳动，其形成和确认主要靠政治的民主机制。前者所需要的基础和条件主要通过经济体制改革来造就，后者所需要的基础和条件主要通过政治体制改革来造就。通过政治体制改革，形成名副其实的民主选择、民主评价的政治民主机制，是确认公共服务必要性和有效性的必然路径。

从实践上说，公共服务是通过每个服务品种和项目实施的，每个品种和项目都有成本预算和效能指标。成本预算是指为实现服务项目的效能指标需要多少费用（包括人力、物力和财力），效能指标是指为使服务对象满意应达到何种服务效果。在提供的公共服务项目既定的条件下如何使各个服务项目成本最低、效能最好，在成本预算既定的条件下如何提供更多更好的服务，这不仅是政治上的民主机制问题，也是从事公共服务的劳动者的素质和能力问题。

税收是财政收入的主要来源，财政收入又按必要性原则分解为各项财政支出，形成提供公共服务的各部门或单位的财政性经费。在各部门或单位的财政性经费中，一部分是物品消耗性费用，一部分是服务人员的薪酬。属于物品消耗性费用的经费是国有资源、国有资产的保值价值，通过资源税和财产税等税收补偿。属于人员薪酬的费用是提供公共服务的劳动者所创造的新价值，在增值税和所得税等税种形成的财政收入中分解。

例如，当年征收的增值税和所得税总额为 5 万亿元，提供行政服务的人员占全部公共服务人员的比例为 20%，行政服务人员的全部薪酬占增值税和所得税的比例也为 20%，那么行政服务人员的全部薪酬就是 1 万亿元。假如行政服务人员共 800 万人，人均薪酬就是 12.5 万元。再假如从事行政服务的劳动者当年付出的标准劳动量共 500 亿标准时，每标准时的薪酬则为 20 元。一位劳动能力系数为 5 的处长当年付出的标准劳动量假定为 1 万标准时，他当年的薪酬则为 20 万元。当然，这是最简化的假定，实际情况要复杂得多。

在国民收入再分配的收益分解中，有几个关键变量需要把握。一是税收总额、税种设置和税率确定。税收总额是财政收入的主体，取决于全社会公共服务的需要；税种设置取决于具体税种的税源基础和税收的用途；税率的确定取决于当年的经济状况以及宏观调控的需要。它们都需要通过人大的民主立法程序确定和政府的民主决策程序实施。

二是财政支出的结构比例。哪些公共服务项目列入财政支出，各类服务项目在财政支出中应占的比例，其合理性取决于它们的必要性和有效性。必要性是人民需要原则，有效性是人民满意原则。前者需要民主选择，后者需要民主评价。只有通过民主选择和民主评价，才能将那些只花钱不办事或不办好事、办不成事的名为服务实为欺民的项目从财政支出结构中剔除，让腐败性和寄生性的既得利益者无法生存。

三是公共服务人员的编制及劳动能力系数。公共服务体系内各个独立核算的部门或单位应根据必要性和有效性的原则确定人员编制，各个职位或岗位上的工作人员都有明确的职责和任务，人和事合理匹配，杜绝人浮于事、无事找事、内耗生事的现象。每个职位或岗位上的工作人员都对应着一定的劳动能力系数，做到人尽其力、力副其事、事尽其效。

集合价值体现着各个层次、各个行业、各个企业劳动者之间相互增益的利益关系。只有通过集合价值的合理分解，这种利益关系才能真正实现。在企业层次上，任何岗位或职位上的劳动都关系到共同成果的数量和质量，每个人都要通过尽心尽力的劳动向集体和他人负责；任何不合理的成本开支都会影响每个人的收益，任何不公正的分配都会影响人们的积极性，只有全部劳动者的利益关系公平合理，才能使劳动者之间的利益关系成为相互增益的正相关关系，每个人的利益才能最大化。行业之间的利益关系建立在信用基础上，只有相互守信提供合格产品才能使各自的产品价值得以实现，从中获得再生产的条件。宏观上提供公共服务的劳动者所创造的价值以及所得的薪酬取决于微观层次各行各业上缴税收的多少，上缴税收的多少又取决于产品中新增价值的多少，而新增价值的多少则与宏观上提供的公共服务的效能直接相关。

集合价值的分解过程自始至终贯穿着生产与占有相一致、公平与效率相统一、必要性与有效性得以实现三个基本原则。劳动者之间相互增益的利益关系通过三个原则的贯彻得以实现。

9

劳动者权益与劳动就业

9.1 劳动者的权益

劳动是人的本质属性，是人类生存和发展的基本活动。无论是个人的生存和发展，还是社会的存在和发展，都必须通过人的劳动来实现。有劳动能力且从事劳动职业的人都是劳动者。

理论概念和现实语境中，劳动有广义和狭义之分。广义的劳动指人们从事的各种有意义的活动，包括不同阶层、不同职业、不同岗位上创造物质财富和精神财富的人们的各类活动。狭义的劳动仅指直接生产领域的工人、农民和以体力劳动为主的劳动，政府劳动部门管理的劳动者的劳动属于狭义劳动。广义的劳动除此之外，还包括脑力劳动者的劳动和各种服务业的劳动，政府人事部门管理的各类公务人员和专业技术人员的劳动则属于广义的劳动。我们所说的劳动是包括所有职业的劳动者的广义劳动。

从自然人到劳动者，有一个质的转变和形式的规定。主要是：①具有劳动能力；②达到法定的劳动年龄；③从事一定的职业。只有同时具备这三个条件，才能成为一个真正的劳动者。在家帮助父母洗衣做饭的学生，不到法定劳动年龄的少年儿童，没有职业的闲散流浪者，失去劳动能力的老弱病残者，都不是严格意义上的劳动者。

具有劳动能力是劳动者的基本条件。劳动能力是随社会发展不断变化的相对概念。擦桌扫地、洗衣做饭是儿童就有的劳动能力，这种能力的形成不需要学校培养和专业训练，在家中受父母的言传身教、耳濡目染就可以形成，这是本能性的简单劳动。机器操作、工业设计、工艺制作、项目规划、经营管理是专业性的劳动能力，需要专业知识的学历教育和专业技能的专门培训，这是专业性的复杂劳动。在自然经济的农耕时代，儿童就可以参加家庭劳动。到市场经济的信息化时代，只有受过正规教育、具有专业知识和专业技能的人才可以成为相关职业的劳动者。我们现在说的劳动能力是指符合职业需要的劳动能力。

法定劳动年龄是指法律规定的可以从事职业劳动的年龄限定，包括最低年龄（如法定的 16 周岁以上）和最高年龄（如退休年龄）的限定。最低年龄限定是为了保护少年儿童身体发育和接受教育的合法权益，避免他们未成年时就承担只有成年人才承担的责任。最高年龄限定一方面是保护老年人的合法权益，为老年人提供保养身体、颐养天年的时间，另一方面是为了将劳动机会更多地让给年富力强的中青年。

从事一定职业是劳动的具体标志。无论是在政府任职，还是在企业就业，或者自谋职业、合伙创业，劳动者的劳动都体现在具体的职业上。职业是创造具体财富（无论是物质财富还是精神财富）的有具体目的、具体活动、具体成果的职能性劳动，是劳动的具体形式。没有一定职业的人，不在劳动的职能范围内，不属于统计意义上的劳动者。

自然人只有成为劳动者，才能自食其力并为社会创造和积累财富。一个正常的劳动者，他创造的价值和财富总是大于他消费的价值和财富，这是社会发展进步的根本原因。

人的价值是创造价值。创造并占有属于自己的价值是社会公正的根本。劳动者权益指人成为劳动者并创造和占有自己劳动成果的权益，它包括人们受教育的权利、选择职业的权利、占有自己劳动成果的权利以及靠既定劳动成果取得收益的权利。

自然人成为劳动者的必要条件是具有劳动能力。现代社会中，形成劳动能力的主要途径是接受教育。通常情况下，受教育的程度决定劳动能力的大小。受教育的权利属于基本人权，它既是自然的天赋人权也是社会的继承权。从自然理性上讲，人生而平等，具有自我生存和发展的天赋人权。教育资源是人类的公共资源，如同空气和阳光一样，人人具有得以呼吸、沐浴的权利。从社会理性上讲，人人享有继承前辈创造的社会财富的权利。当然，这种社会继承权存在客观上的差别，如地域的差别、行业的差别、民族的差别、家庭的差别等。这种客观性的差别是人们受教育的权利差异化的主要原因，是由社会历史发展的不平衡和现实社会生态结构的多元化造成的。

对劳动者来说，受教育的权利是劳动者重要的权利，体现着人生起点上的社会公正。他出生在哪个家庭、哪个地区，处于何种社会环境，就读于什么幼儿园、中小学，对他的人格素质、道德修养、知识结构的形成具有奠基性和决定性的影响，从而在不同地区、不同家庭、不同社会环境和不同学校培养的劳动者之间存在非个人因素决定的先天性和环境性的能力差别。

尽可能地缩小和消除这种客体性差别是社会不断进步的趋势。改革开放以来，国家正在采取一系列措施，逐步缩小由历史和现实的各种原因造成的这种差别。主要是：不断提高基础教育均等化的水平，将9年义务教育逐步向12年义务教育推进；逐步改变高等教育布局的不平衡状态，不断加大对中西部地区、农村地区和边远落后地区的教育投入；高考制度面向全社会，考生公开公平竞争，在成绩面前人人平等。国家通过这些措施，为人们创造均衡发展的条件和平等竞争的机会。

职业是劳动者的志向所在，追求的利益所在，决定着劳动者的发展方向和利益来源。对劳动者来说，选择何种职业犹如选择何种命运。在不同的社会制度和社会条件下，劳动者选择职业有不同的权利。在自然经济条件下，人们主要靠"子承父业"的继承性方式就业，父辈们干啥，下一代干啥；在过去牢固的城乡二元户籍制度下，农村户口的人很少能从事只有城市居民才能从事的职业；在全民所有制、集体所有制下，人们被限定在不同所有制的藩篱中；在垄断性的行业中，多数人被各种潜规则排除在外，只有少数人凭借特权才能进入这些行业。这些由社会发展条件、社会制度、经济体制等多种原因造成的职业选择上的限制和权利的不平等，使劳动者从业的积极性和劳动能力的发挥受到各种限制，造成非个人因素决定的社会身份及职业种类的差别。

我们的社会制度、经济体制和运行机制要求人格平等、自由竞争、共同发展，反对制度分化、体制隔离、身份歧视、行业垄断，实现人人都能自由、充分和全面发展的目标。劳动者自由选择职业是实现这一要求的先决条件。

劳动者自由选择职业的权利通过自由竞争和双向选择实现。能否参与自由平等的竞争，一方面取决于社会造就的劳动者人格平等的制度条件，另一方面取决于市场经济发育程度。前者主要靠政治体制改革消除阶层分化、城乡隔离、身份歧视等制度性障碍来造就，后者主要靠经济体制改革消除条块分割、政策倾斜、行业垄断等体制性障碍来实现。

自由竞争是劳动者之间在选择职业和工作岗位上的竞争。用人单位通过劳动者自由平等的竞争，确定谁才是某职位或岗位的最佳人选，从而实现人和事在具体岗位和职位上的最佳配置。

双向选择是求职者与用人单位的双向选择。对求职者来说，他的选择取决于他的志愿、能力和追求的具体利益；对用人单位来说，其选择取决于谁符合职位或岗位对能力和素质的具体要求，谁最有资格履行具体职位或岗位的各种责任。

通过自由竞争和双向选择，一方面实现劳动者能利权责结构的对称合理，另一方面实现各用人单位岗位或职位上的能利权责结构的对称合理。这既是实现公平的基础，也是提高效率的条件。

生产与占有相一致是劳动产权的基本要求，是劳动者的根本权益。在生产环节上，劳动者的劳动是自主劳动，他从事的职业，他投入的体能和智能，他从事的生产过程和追求的生产目的，都具有自我一致性。在占有环节上，劳动者占有的成果份额与他在生产这种成果中的贡献大小成正比例关系，确定占有份额的根据及其价值分解程序与劳动者在生产中的地位和作用及其实际投入的劳动量直接相关。

劳动产权不但体现在劳动者当年占有自己所生产的劳动成果上,还体现在他凭借这种成果来年获得收益的权利上。他当年取得的收入除当年消费外,所余部分还可以存入银行获得利息,可以购买股票获得股息,可以购置物业用来出租获得租金。这种凭过去劳动成果获得现在和将来其他收益的权利是劳动产权的延伸,通过物权法等保护私人财产的有关法律得到体现。

9.2　劳动就业的途径和方式

就业是劳动者在具体职业上与生产资料以及生产条件相结合,形成现实生产力的过程和态势。劳动者是否就业,有三个主要标志。一是看他是否有具体的职业,无论是政府部门、公共事业单位,还是国有企业、民营企业、外资企业,抑或自主创业、合伙创业,他必须在具体职业的职位或岗位上工作才是就业。二是看他在具体职业上为履行职能所必需的生产资料(生产的硬件要素)和生产条件(生产的软件要素)是否具备。三是看他从事的工作是否处在进行状态中。没有具体职业,不具备生产(工作)条件,不处于生产(工作)状态的人员,不属于真正的就业者。

不同体制下劳动者有不同的就业途径和方式。计划经济的传统体制下,就业的途径和方式主要是制度安排和组织分配。农村的劳动者在户籍所在地就业,生产队的劳动者由生产队长分派农活。城市的劳动者通过各行各业的劳动人事部门安排就业。大中专毕业生由学校和各级政府商定后进行工作分配。各级领导干部由党的组织部门选拔任命。按照当时流行的说法,"人人都是螺丝钉,哪里需要就在哪里拧;人人都是一块砖,哪里需要就往哪里搬"。在这种体制下,遵循的是制度安排和组织分配原则,劳动者只是制度的"零件"和组织的"工具",没有个人选择的自由。

改革开放逐步打破了这种包办性和垄断性的就业方式,具有市场经济性质的就业方式开始出现并逐渐成为主流。农村劳动力从人民公社制度中解放出来，通过家庭联产承包的方式自由支配自己的劳动时间，剩余劳动力可以从事其他职业，也可以到城镇就业。国有企业打破了"铁饭碗"，竞争上岗的同时出现了下岗工人。民营企业面向社会招工，打破了户籍限制和地区限制。大中专毕业生除少量由学校推荐、组织选拔外，大部分走向市场，通过自由竞争和双向选择就业。

自由竞争和双向选择是市场经济的主流就业方式。这种就业方式适合竞争性行业，其特点如下。用人单位根据发展的需要，将拟招聘的各职位和岗位的职责、应聘者的资格条件以及本单位可提供的就业条件以招聘的方式向社会公开；应聘者根据本人的志愿和资格条件选择应聘单位以及具体的职位和岗位。如果多个招聘单位需要同一类人才，则招聘单位之间展开竞争，以吸引最优秀的人才；如果多个应聘者应聘同一类职位和岗位，则应聘者之间展开竞争，以选择最适合自己的职业。通过自由竞争和双向选择，确定各类人才与各个职位或岗位的匹配情况，实现具体的就业。

从现实情况来看，劳动者就业的范围包括公共服务部门、各类企业和自由职业三大领域。这三大领域中，就业的途径和方式各有特点。

公共服务部门包括党和国家机关等公务部门以及由国家财政支撑的学校、医院、科研机构等公共事业单位。这些部门的共同特点是由国家财政负责经费来源，提供面向全社会的公共服务，有相对固定的职位和岗位编制，有法定的职责和行为规范。在这些部门就业的人员都属公职人员，他们从不同角度不同程度地代表着国家和人民的公共意志，行使着公共权力，维护着公共秩序，履行着公共责任，体现着公共利益。他们的职责、素质和能力，决定着国家、政府的效能和各类公共服务的品位和质量。因此，在这些部门就业，有较高的素质和能力要求。除自由竞争和双向选择的一般特点外，更突出的特点是采用具有选拔性质的招录方式。采取招录方式有严格的具体规定，程序也比较复杂，实招人员占报名人员的比例相对较低。

企业是生产具体产品或劳务的经济组织，包括国有企业、民营企业、外资企业等不同属性的企业，其组织结构有股份制、合伙制、集团制等多种形态。它们遍布三次产业的各行各业，是国民经济的微观基础。在企业就业的劳动者是就业队伍的主力军。企业就业主要是竞争性就业，自由竞争、双向选择的特点最为突出。这个领域内，每个企业都有自己的产品、自己的技术、自己的经营管理方式，对劳动者的素质和能力有具体的要求。企业主要通过招聘的方式选择符合各种需要的劳动者，求职者则根据自己的志愿、知识、技能和特长选择适合自己的职位或岗位。这种就业方式，充分体现了市场机制选择人才和配置资源的特点。

在我国，目前最复杂的就业领域是不属于前两个领域的自由职业。这个领域中，包括农村以家庭为单位的劳动者和城市自主创业、合伙创业的劳动者。前者被称为自由职业者，是因为他们的就业方式、劳动时间、劳动岗位、劳动产品不受限制，有充分的职业"自由"。后者被称为自由职业者，是因为他们选择的职业既不在财政负担的体制内，也不在现有企业的体制内，完全是一种自由自主的自选职业。我国农村有8亿多人口，假设达到法定劳动年龄的人口占60%，就有约4.8亿的应就业人员。以"农民工"身份到外地和在本地企业就业的人员大约有2.6亿人，剩余的2.2亿人就是农村的"自由职业者"。这2.2亿农村的"自由职业者"，农忙时从事以家庭为单位的农业劳动，农闲时干些零活，没有零活可干时处于闲置状态。这种就业状态，是为生存而就业，具有无奈性。因为他们的人员总量远远超过了农业生产的必要劳动量，大部分时间处于闲置状态，所以被称为"农村剩余劳动力"或"富余劳动力"。如果按50%计算他们的闲置率，有1亿多的劳动力处于绝对剩余状态。

城市中自主创业、合伙创业的劳动者是具有创业和创新意义的开拓性就业人口。他们或不满足于政府机关按部就班的工作，也不满足于企业的待遇和提供的舞台，或为了实现自己的理想、证明自己的价值，凭借自己的知识、智能和技能独立或合伙创业，开创从无到有的新天地。这是最有生机和活力的就业队伍。在社会生产力系统中，他们犹如单核细胞和微量元素，不断根据新的社会需求寻找新的发展空间和功能定位。一旦成功，他们就会迅速裂变，形成新的企业组织和产业形态。国家创新活力、新兴产业的萌芽、新的经济增长点和社会发展的新趋势，很大程度上取决于这支队伍的生成和发展机制。

上述三个领域中，公共服务部门的就业主要通过公职人员的选拔机制实现，各类企业的就业主要通过自由竞争和双向选择的市场机制实现。这两个领域都属规范性和再生产性的就业，其规模空间和人员编制都有既定性和有限性。自由职业领域是问题最多、潜力最大的领域。就业规模的扩大、经济增量的形成和结构的优化主要靠这个领域。国家需要通过资金投入、产业开拓和城镇化建设形成新的劳动力需求，为农村和农业的劳动力转移到城镇和新的产业创造条件，逐步缩减"剩余"劳动力的数量，优化农业劳动力的就业条件。城市中自主创业或合伙创业的劳动者需要政府给予更多的金融支持，市场给予更大的发展空间，社会给予更多的人文关怀，不断增强他们的创新创业能力、自由聚合能力、风险承受能力和持续发展能力。

9.3 集合劳动的劳动就业规律

集合劳动是在资源约束系统中通过劳动就业实现人人都能自由发展、充分发展和全面发展的集成性劳动。总量平衡法则和结构优化法则构成劳动就业的一般规律。

总量平衡法则是指在人口资源和可用的经济资源既定的条件下，劳动就业的总供给与为生产满足社会需要的总产品所必需的劳动总需求之间的平衡。这种平衡意味着每个具有就业资格的劳动者都能就业，每份经济资源都得到了利用，人们所需要的产品和劳务都能生产出来。这种总量平衡状态就是"人人有事干，事事有人干"的充分就业状态。

决定总量平衡的因素包括就业总供给、就业总需求以及二者的平衡机制三方面的相关因素。决定就业总供给的首要因素是人口规模。在法定劳动年龄既定的条件下，人口总量越大，适合就业的劳动量就越大。其次是可用的经济资源。在就业者人均占有生产资料和生产条件既定的条件下，可用的经济资源越多，越能使更多的人就业。最后是人均就业时间。在社会总就业时间既定的条件下，人均就业时间越短，所需要的就业者人数越多。因此，人口总量、法定就业年龄、可用的经济资源总量、人均使用的经济资源、人均就业时间这5个因素构成就业总供给的函数关系。

就业总供给和总需求的平衡通过一系列的变量调控机制实现。一是人口总量。在我国，通过计划生育政策调节。当"人口红利"减少和人口老龄化趋势凸显时，不失时机地调整计划生育政策是明智的必要举措。二是人均工作时间。通过增加受教育时间、休假时间和缩短工作日的具体措施减少人均工作时间，是为更多的人创造就业机会的必要措施。三是社会总产品的总需求。当就业不足时，通过货币和财政政策增加投入，扩大产业规模，增加就业需求，是必要措施。当然，还有很多变量调控措施，这里不一一列举。

劳动就业的结构优化法则是指在既定的就业总量条件下，由人才结构、劳动组织结构、产业技术构成、产业结构、经营管理体制决定的劳动效能法则。结构优化法则的实质是通过结构的优化实现效能最大化。它意味着，每个就业者、单位的劳动时间、每个岗位设置、每项工作安排都是必要的和有效的。这种结构状态下的就业称为优化就业。

人才结构指劳动者群体所具有的可胜任各种职业、各种工作岗位的能力对应结构。不同的天赋，不同的家庭和社会背景，不同的志趣和追求，不同的学历和专业知识，不同的体能、技能和智能，造就具有不同能力的人才。每种职业以及每个工作岗位需要不同才能的人才。只有当每个人才与每个工作岗位对特定人才的能力需求相互适应时，才能充分发挥人才的作用，才能实现每个工作岗位的效能最大化。否则，就会出现人才找不到合适工作或工作岗位找不到合适人才的状况，不是人才浪费就是人才短缺。要实现人才与工作岗位的相互适应，就必须一方面通过人才培养机制实现人才结构的合理化，另一方面通过就业机制实现各类人才与各个工作岗位相匹配的合理化。

劳动组织结构指劳动者工作单位的体制建制和组织管理，它包括公务类服务组织、企业类生产经营组织和各种形式的劳动集体单位的组织架构、人员编制、岗位设置和行为管理。任何劳动组织要实现其效能最大化，都必须一方面使其活力最大化，另一方面使其内耗最小化。活力最大化取决于每个劳动者的主动性、积极性和创造性都能得到充分发挥。内耗最小化取决于劳动者之间能相互服气、互不推诿、互不扯皮、互不拆台。要做到这一点，就必须通过各种有效的组织管理实现每个劳动者能利权责结构的对称合理。

产业技术构成体现为具体工作岗位上的技术构成，由具体职业及其工作岗位发挥正常职能作用所需要的硬件性设备和软件性条件所决定（如每个岗位应有的资金投入、生产设备和办公条件）。产业技术构成决定了岗位效能。配备不足会使人的作用得不到充分发挥，导致效能低下。配备过剩会造成设备闲置，导致资源浪费。要在工作效能优化的同时又不出现资源浪费的现象，就必须精确、合理地配置每个工作岗位上应有的硬件设施和运作条件。

产业结构指产业之间由各种关联机制形成的相互支撑、相互制约的结构体系。上下游产业之间有从原材料到中间产品再到最终产品的产业链；存在替代关系的产业之间有你多我少、优胜劣汰的竞争机制；存在互补关系的产业之间有相辅相成、共兴共衰的共生机制；能源产业、重工业、轻工业之间有比例协调的制约机制。这些关联机制的正向趋势是实现产业结构组合和运作的必要性和有效性。只有在这种必要性和有效性得以实现的条件下，各产业的效能才能充分实现。否则，就会出现产业断层、比例失调、瓶颈制约、产品过剩、产品短缺、供求失衡、无序发展的病态现象，必然出现结构性失业、无效就业或不稳定就业的状况。要保持就业状态的稳定和工作效能的整体和持续提高，就必须通过产业之间的协调机制实现产业结构的相互适应和有序发展，通过竞争机制实现产业结构的动态平衡和优胜劣汰。

经营管理体制是人才结构、劳动组织结构、产业技术构成和产业结构必要性和有效性得以实现的调控体制和运行机制。作为调控体制，它通过体制架构、人员编制、岗位设置、资源配置等组织管理性措施将各种结构比例控制在合理的范围内。作为运行机制，它根据发展过程中各种变量、各种参数的不断变化随时进行动态调整，以保证各项职能运作的正常和各项效能的完全实现。经营管理体制如果出现问题，就会导致一系列连锁反应，出现各个环节上的结构性紊乱和各个岗位上的效能低下。因此，要提高整体性和持续性的就业效能，就必须首先优化经营管理体制。

9.4 实现充分－优化就业

我们将总量上的充分就业和结构上的优化就业合称为"充分－优化就业"。充分－优化就业是一种理想状态，与现实有很大的距离。虽然如此，我们也不能说这种理想状态无法实现。只要合理地解析现实与理想之间存在的各种问题并找到解决这些问题的方法，满足实现充分－优化就业的一系列条件，就有可能逐步将理想变为现实。

我国现实的就业状态与理想的充分－优化就业目标存在很大的差距。主要存在如下问题。①农村中存在过亿的剩余劳动力，城市中存在大量待就业人员，显性失业和隐性失业并存。②就业结构不合理，经济效能差，人才浪费与资源闲置现象并存；人未尽其才、物未尽其用、事未尽其效的现象普遍存在；在劳动力大量过剩的同时出现"民工荒、技工荒"现象。③经济增长对就业增长的拉动作用小，就业弹性系数低，每年毕业的几百万高校毕业生就业难的问题日益突出。

上述三个问题，分别是就业的总量问题、结构问题和发展机制问题。总量问题主要表现为现有自然资源和经济资源尚未得到充分利用，可用资源未能转化为现实产业。例如，大量荒漠土地有待开发治理，大量海洋资源有待开发利用，黄河、长江、珠江、松花江、淮河等大江大河有待进行生态治理，大量的丘陵荒山有待绿化利用，无穷无尽的风能、光能等自然资源有待产业化开发，大量货币资金沉滞在过剩产业，有待激活或盘活。如果将这些自然资源和经济资源充分利用起来，形成造福于当代和后代的生态产业、能源产业或各种实体产业，为中华民族提供源源不断的耕地储备、能源储备，为子孙后代提供新鲜空气、洁净水源、美丽环境，不但能满足人民群众对生态环境的需要，解决国民经济可持续发展问题，更能为数亿劳动者提供新的就业机会。

　　这不是天方夜谭的空想，而是迫在眉睫的选项。日益严峻的国家粮食安全问题，越来越严重的水患、水污染问题，各地近年来出现的雾霾天气，经济可持续发展所遇到的能源瓶颈，都给我们提出了严重警告：如果不及时地解决这些问题，就会造成灾难性的后果。

　　这些问题真的无法解决吗？绝对不是！荒漠开发治理、江河生态治理、丘陵山地绿化利用都需要大量劳动人手，如果将我国农村剩余的1亿多劳动力组织到这些领域，不但可以解决这些劳动力的就业问题，而且能拉动相关产业，创造纯增长性的经济增长点。解决这些问题的难点不在资源约束和技术障碍上，而在体制政策上。我们可以借鉴以色列治理荒漠的经验，国家从法律、政策、资金上给予支持，在荒漠地区循序渐进地规划设计宜居宜业的开发区和居民点，先由政府投资解决交通、水源等基础设施问题，然后以"亩"为单位公开招标选择开发治理者；通过种草、种树改良土壤，达到农、牧、林业基本要求的，开发者或继续经营，或由政府回购改良后的土地；政府回购土地后，再以招标的方式租给经营者。这样，若干年后，就有可能将200多万平方公里的荒漠变成宜农、宜牧、益林、宜居的可产业化的土地和容纳上亿人口的居民点。假设每30亩土地从开发到经营可吸纳1个劳动力，单此一项，就可为1亿名劳动者提供就业机会。此外，大江大河治理，丘陵荒山绿化利用，海洋资源的开发利用，光能、风能的产业化利用等新的产业领域，都会为劳动者提供大量的就业机会。

　　要开发这些新的产业领域，需要大量的资金投入。这些领域的投资是对国计民生有长期效应的战略性投资，不但不会产生泡沫，而且具有衍生性和增殖性的产业母体效应。

　　就业的结构问题一方面需要通过产业优化升级来解决，另一方面需要通过全面深化改革来解决。我国的三次产业吸纳劳动力的类型是不同的，第一产业基本上属劳动密集型产业，吸纳的劳动力最多。随着农业现代化，18亿亩耕地吸纳的劳动力会越来越少。只有不断加强生态治理，开发新领域，才能为第一产业创造新的大量的就业机会。第二产业的发展趋势是从劳动密集型到资金密集型再到智能、技术密集型，总的趋势是机器、技术对人力的替代性越来越强，总量经济资源吸纳的劳动力越来越少。第三产业是服务性产业，这个产业提供的实际上是人和人相互之间非物质消费型的组织性、关爱性、便利性服务。这个产业是人人都能参与的交互式产业（你为我服务，我为你服务），不需要像第一、第二产业那样，投入太多的生产资料。随着社会进步和经济发展，这个产业有更加广阔的发展前景，除了公共服务、商业、金融业、旅游业等领域外，还有更多、更大、更精细化的服务领域。特别是个性化服务领域，它不像第二产业那样，需要固定岗位、固定职能的"刚性就业"，相反，根据服务需求可因人、因地、因时、因事实现"弹性就业"。因此，每个劳动者只要具备为别人服务所需要的知识和能力，有关爱别人的善心，就能找到在该产业就业或自主创业的机会。

城镇化是既能增加就业总量又能优化就业结构的发展领域，它不但能改变城乡的二元结构，也能改变三次产业的结构；不但能改变就业者的职业结构，也能改变就业者的收入和消费结构。如果城镇化率达到80%，将有4亿多农村人口转变成城镇人口。假定这4亿人口在居住条件、消费结构、消费水平上达到现有城镇水平，那就意味着，现有城镇规模和消费水平呈倍数增加趋势。同时意味着，将新增2.5亿左右在城镇就业的人员，这些新增就业人员的工作岗位要适应城镇发展要求，他们的收入水平也要达到城镇就业人员的水平。在这个过程中，城镇建设、社会保障、公共服务等都是吸纳就业的新领域，它所引发的总量扩张和结构演变都具有变革意义。

总体来说，就业结构优化目标的实现有三个主要标志：一是每个人的才能都对应相应的工作岗位，在该岗位上实现能利权责结构的对称合理；二是每份经济资源都得到了有效利用，资源不被沉滞或闲置；三是每个单位劳动时间（每小时）都实现了产出效能最大化。要达到这个目标，需要满足三个条件：一是社会的人才结构与可提供的工作岗位的职能要求相适应；二是体制内有足够有效的运作机制，能激活并推动人才与经济资源的全面且合理的流动，通过自由竞争实现最佳配置；三是体制内有足够的激励机制和有效的调节机制，能促使每个岗位上的劳动效能持续提高。要满足这三个条件，只有通过全面深化改革，在宏观和微观各个层次和各个环节上实现必要性和有效性的具体要求。

必要性和有效性的全面实现有赖于发展机制的根本转变。此前的发展机制建立在计划经济自上而下的垂直管理上，政府指挥、调动一切是主要的调控机制。这种发展机制因缺乏主动性的活力机制、互动性的互补机制、竞争性的优化机制、选择性的弹性机制和利益驱动的激励机制，逐步演化为烦琐、低效的僵化运作机制。要从根本上转变这种机制，就必须全面深化改革，造就我们所需要的一系列条件，形成具有活力、动力、弹性和优化功能的新发展机制。

实现充分 - 优化就业，将引发就业管理体制和薪酬制度的一系列变化。如：就业的目标管理将由提高就业率的单向管理变为同时提高就业率和就业效能的双向管理；社会就业总量的统计指标将由社会就业总人数的单项指标变为就业总人数和就业总时间两项指标；年薪制、月薪制为主的工资制度将变为以小时薪酬为核算单位的薪酬制度。

10

人力资源的开发和利用

10.1　人力资源的社会经济属性

从 20 世纪中期开始，人类社会逐步由工业化进入信息化，以物质价值为主体的经济形态逐步走向以知识价值为主体的经济形态。在社会总产品的价值构成中，物质要素（传统意义的生产资料）价值所占的比例越来越小，知识要素（知识、技术、智能等）价值所占的比例越来越大；在人们的消费结构中，物质产品所占的比重越来越小，文化、娱乐、旅游、服务等非物质产品所占的比重越来越大；在对经济增长的贡献中，技术进步的贡献越来越大；在决定核心竞争力的因素中，人才作为首要因素其重要性越来越明显。这一趋势说明，人类社会进入了由人的知识、技术、智能要素决定社会经济发展速度和水平的知识经济时代。于是，人力资源的概念应运而生。20世纪 60 年代，美国经济学家舒尔茨、贝克尔等人相继提出了人力资源理论。该理论以战后德国和日本迅速崛起的史实说明，决定经济发展速度和水平的主要因素不是自然资源、实物资本和货币资本，而是人力资源。他们以实证的方法证明，教育投资在人身上形成的知识、技术、智能等能力对经济发展的贡献率超过了其他投资的贡献率。他们认为，以提高人口素质和能力为目的的教育投资在很大程度上决定了人类未来的前景。

此后，半个多世纪的发展说明，人力资源的开发和利用不但对企业发展、企业竞争力提高有决定意义，而且对国家发展和社会进步具有决定性的战略意义。美国、欧洲、日本、以色列等发达国家和地区的快速发展充分证明了这一理论的正确性。这些国家和地区之所以在二战后迅速抢占领跑世界经济，无一不是得益于它们的人力资源开发战略。

劳动创造抽象的价值和具体的财富。人作为劳动者，当然是价值和财富的创造者。当价值和财富主要体现在物质形态的产品上时，人们只是将自身看成开发和利用诸如土地、矿山、能源的主人，制造所有物质产品的生产者，还没有将自身也看成可深度开发的资源，没有看到自身潜在的能力和凭借这种能力创造以几何级数增长的价值。一旦人们解决了温饱问题，需求就会向更高的层次发展，满足需求的产业逐步向智能、精神、服务层面发展。先是第二产业的信息化、智能化和高新技术的产业化，后是直接以知识传播、技术开发、项目设计、智能服务、人文关怀为主的第三产业蓬勃兴起。人们创造价值和财富的能力突破了生产物质产品的局限，进入创造知识性、智能性和服务性产品的新领域。发达国家中，第三产业在国内生产总值中所占的比重超过了第二产业，第二产业中知识、技术、智能等生产要素对经济增长的贡献超过了原材料、机器设备、能源等物质性生产要素的贡献，一张小小的芯片中凝结的价值超过了上百吨钢材的价值。

长期以来，我们对人口和人力的认识停留在人口和人手的关系上。对人口问题，先是"人多，热情高、干劲大"的认识，后是"人口多，包袱重"的认识。对人力问题，先是"人人都有一双手，吃饭穿衣靠自己"的认识，后是"资源少，人手多，就业难"的认识。这种认识，不是强调"人口"，就是强调"人手"，没有从"人脑"上认识问题。

20世纪70年代末推行的计划生育政策充分体现了该时期对人口问题的认识。在耕地有限、能源有限、资金有限的国情下，为了尽快解决十多亿人的温饱问题，推行计划生育政策势在必行。这种政策的理论根据和现实依据是，我国的资源条件承载不了越来越多的人口压力，要早日实现现代化，使人均国民收入尽快赶上发达国家，就必须限制人口增长。现在看来，这种理论根据建立在资源条件不变、劳动生产率不变的认识基础上，它与资源新领域不断开发、劳动生产率不断提高的现实发展趋势并不相符。目前，国家逐步调整生育政策，推行"全面二孩"，正是适应了这种新的趋势。

理解国家的人口政策，关键是认识人力资源的社会经济属性。在古今中外的历史上，尽管破坏性的战争和自然灾害不断毁灭和消耗了大量社会财富，但人类社会仍然不断发展进步。社会不断发展进步，是因为人们创造的财富总是大于消耗和毁坏的财富。这是人类的本性和本能使然。将人口增长看成社会发展进步的包袱的看法，不符合人类社会发展进步的基本规律。人口增长有自身的规律，那就是当每个人创造的财富大于他消耗的财富时，人口会自然增长；当每个人创造的财富不足以抵偿他消耗的财富时，人口会自然减少。

我们看到，凡是社会经济发展快、发展好的地方，都是人口比较密集且人力资源得到开发和利用的地区，人口稀少的地区反而发展比较缓慢和落后。世界上人口密集但社会经济发展比较落后的地区，恰恰是人力资源没有得到充分开发和利用的地区。这种现实同样说明一个道理：人口是包袱还是财富，关键在于人的能力是否得到充分开发和有效利用。

人口增长究竟是阻碍社会发展的包袱，还是促进社会发展的动力，关键要看人们消耗的财富是多于还是少于其创造的财富：如果人们创造的财富少于消耗的财富，就会阻碍社会财富增长，从而成为包袱；如果人们创造的财富多于消耗的财富，就会促进社会财富增长，从而成为促进社会发展的动力。是动力还是包袱，最终取决于人们创造财富能力的提高速度是快于还是慢于因人口增长所消耗财富的增加速度。

满足人们吃、穿、住、用、行基本需要的物品，有一个可计算的常量。为生产这个常量所必需的资源和生产资料随着科技进步在不断减少。也就是说，在科技不断进步的条件下，一定资源和生产资料可生产越来越多的物质产品以满足更多人的基本需要。满足生活基本需要之后的更高层次的产品，层次越高，对自然资源和生产资料的依赖性越低。这些产品层次的提高，有的是靠新技术使用后产品质量的提高实现，有的是靠加工工艺的提升实现，有的是靠中间环节（如生产服务）的增值实现，有的直接就是很少依赖物质资料的精神产品或者是精心的人力服务。在这些满足人们高层次需要的产品价值中，凝结更多的是人们投入的知识性、技术性、智能性和服务性的劳动。

这些生产高层次产品的劳动能力既不是来自以土地、矿产形式存在的自然资源，也不是来自以资金、机器、厂房形式存在的经济资源，而是来自人体本身。然而，人体本身并不是先天具备这些现成的劳动能力，必须通过人力资源开发才能形成。因此，人口资源并不直接就是人力资源。人口资源强调"人口"和"人手"，人力资源强调"人手"和"人脑"。每人两只手，不可增加手的数量，但可提高手的技能；每人一个脑，不可增加脑的数量，但可提高脑的知识容量、智能和创造能力。人脑与人手相比，人脑的功能和效率会呈几何级数增长，所以更为重要。

知识经济时代，人力资源的开发程度和利用效果决定国家的潜力和实力。改革开放以后，我们逐步认识到经济发展主要是依靠科技进步和提高劳动力素质，先后提出"科技是第一生产力"的指导思想和科教兴国战略、创新驱动战略，大力推进教育体制和科技体制改革。通过办"经济技术开发区"和"高新技术产业开发区"由点到面地发展技术密集型产业，大力发展以知识创造、知识传播、知识利用、人性化服务为主的第三产业，我国从温饱型社会逐步进入经济总量位居世界第二、人均国内生产总值超过9000 美元的小康社会。

然而，中国内在的潜力还没有变成应有的实力。中国近 14 亿人口中人力资源还没有得到全面、充分的开发和合理、有效的利用。一旦这种潜力通过开发和利用变成真正的实力，中华民族伟大复兴的"中国梦"的实现指日可待。

10.2　人力资源的全面充分开发

人力资源开发是指在人的本能基础上通过教育培训等途径使人具有适应各种职业需要的专业化和高级化能力的过程。在这个过程中，人自身当然是自主的开发主体，家庭、学校、社会、政府、企业是负有不同责任的开发主体，开发的客体无疑是人的素质和能力，开发的途径和方式主要指基础教育、专业教育、职业培训等以提高人的知识水平、创造性智能和实际操作技能为目的的教育、培训、学习、实践等活动，开发的目标则是将人培育成适应各种职业需要的具有专业化和高级化能力的人才。

任何人，如果不接受教育和培训，他只具有本能性的劳动能力，难以从事专业性、技术性和智能性的高层次劳动，其创造能力是低层次的。如果他接受了专业教育和专职培训，他的劳动能力就会提高到较高层次。他接受的教育和培训层次越高，他的劳动能力和创造力越有可能达到新的量级。如果我们将接受 1 年的教育培训定为 1 个劳动能力的量级，那么，初中毕业者为 9 个量级，高中毕业者为 12 个量级，大专毕业者为 15 个量级，本科毕业者为 16 个量级，硕士毕业者为 19 个量级，博士毕业者为 22 个量级。正常情况下，量级为 22 的博士所具有的创造能力会成倍地高于量级为 9 的初中学历的劳动者。假定我国现有人口中有 8 亿劳动力，每个劳动力年均工作时间为 2000 小时，如果每个劳动力的平均量级为 9，那么，全国总劳动能量为 144000 亿小时（2000 小时 ×8 亿 ×9）；如果平均量级为 12，则总劳动能量为 192000 亿小时（2000 小时 ×8 亿 ×12）。在每单位劳动能量创造的价值既定时，后者创造的总价值比前者增加 33%。当然，要从 9 年教育提高到 12 年教育，教育投资要大幅度增加。但无论如何，教育经费增加的数量远远小于由此形成的新增劳动能量所创造的价值量。关于教育投资的经济效益，美国的舒尔茨等人已有实证研究。

人力资源的全面开发，是指开发范围的"普及性"、能力培养的多维度和人才结构的齐全性。所谓"普及性"，是指人力资源开发要惠及每个人，教育资源要不分城乡、不分地区、不分阶层地均衡布局，使每个人受教育的权益都能均衡地实现。所谓"多维度"，是指家庭、学校、社会、政府、企业等负有开发责任的主体都要尽到自己的职责，从不同角度、不同层面培养人的志趣、知识、技能、智能、作风、道德、情操、品格，使人们能够得到体能、智能、生理、心理等多方面的培育。所谓"齐全性"，是指各种职业所需要的各类人才要全方位、精细化地开发，形成人人精于专业、个个专业有精干人才的人才结构。

人力资源的充分开发，是指开发的深度、力度和培养人才的高度要尽可能地加深、加大和提高。所谓"深度"，是指根据人们能力形成的规律进行由浅入深、由易到难的开发，从"是什么"的教育到"为什么"的教育，从感性教育到理性教育，从知识的积累性教育到知识的运用性教育，从普适性的教育到个性化的教育，从仿效能力的培养到创新能力的培养，在知识不断厚积的同时不断锐化人们的思维锋芒，增强思维的穿透力。所谓"力度"，是指负有开发责任的主体不断增加开发投入、不断提高开发目标、不断拓展开发途径、不断改进开发方式，使人们能力提高的速度持续性地走在社会经济发展速度的前面。所谓"高度"，是指根据人才成长的规律由基础性开发到专业性开发，由普通人才培养到精英人才选拔，既整体推进，又层层选拔，使每个人的潜在能力都能得到充分发掘，使各方面的人才都有机会脱颖而出，使每个专业的前沿领域都有杰出人才占领。

显然，我们对人力资源的开发还没有达到全面和充分的要求。突出问题是：①我国的教育资源分布不均衡、不合理，人们受教育的权利实现程度存在很大差别，城乡差别尤为突出；②普及性的义务教育层次较低，总体上是9年义务教育，与发达国家10～12年的义务教育还存在差距；③受过高等教育的人在总人口中占比较低，根据第六次人口普查，2010年该比例约为9%，远低于发达国家的水平；④各级学校"应试教育"的问题突出，知识结构与能力结构脱节，专业设置与人才结构脱节，学历中的能力含量低，能力中的创新含量低；⑤政府教育投资占国内生产总值的比例偏低，有待提高；⑥人力资源的供需矛盾突出，不但有总体水平低的问题，更有结构不合理的问题，存在大量过剩劳动力的同时，又存在"技工荒"和"人才荒"的问题。

上述问题说明，我国的人力资源开发任重道远。要从根本上解决这些问题，必须深化改革与快速发展并举，多管齐下，标本兼治。可采取如下举措。①尽快尽力地改变教育资源分布不均衡的问题，按人均数量配置均等的城乡和区域性教育资源，特别是普及性的义务教育资源。②将义务教育逐步由 9 年制提高到 12 年制。③优化整体推进、层层选拔的教育机制，中小学以整体推进为主，注重基础教育，夯实学生的基础知识，奠定学生的基本素质；高等教育以层层选拔为主，注重专业教育，从学士到硕士再到博士，要不断地进行专业细化的选拔，力求专业人才的精细化；职业教育以职位和岗位的教育培训为主，注重实际能力的培养。④高等教育实行开放式办学，一方面，邀请政府在职或退休的官员、企业高管、社会名流到校授课，将各种现实问题带到课堂研讨，增强学生认识、分析和解决现实问题的能力；另一方面，学生要经常到企业、社会、农村调研、实习，实地了解社会需求，随时调整自己的专业方向，充实更新自己的专业知识。⑤政府要将教育投入列为优先保证的财政支出项目，将其比重尽快提高到发达国家水平。⑥在高等教育和职业教育阶段，推行学校及各类培训机构和政府、企业、社会联合培养专业人才的制度，各用人单位根据自己的人才需求提出专业设置方案及专业知识、专业技能培养计划并给予资金支持，学校根据用人单位的培养计划实行精细化和个性化的人才培养。

10.3 人力资源的合理有效利用

在人力资源总量和结构既定的条件下，其总体效能的大小取决于对其利用的合理性和有效性。所谓"合理性"，是指每个人都能找到适合自己专业特长的工作岗位，实现各类人才（凡是经过教育培训具有专业能力的人都是人才）与各个工作岗位的最佳配置。所谓"有效性"，是指每个人才在既定的职位或岗位上都能发挥出应有作用，实现人尽其才、事尽其效。

要做到人力资源的合理有效利用，必须满足以下几个必要条件。一是要在人才自由流动、岗位自由竞争的条件下进行人才与工作岗位的配置，排除流动障碍和造成岗位垄断的各种因素。二是岗位设置和条件配备符合必要性原则，排除岗位虚置、滥置和条件配备不到位的各种因素。三是人才的能利权责结构对称合理，排除大材小用、小材大用与权大责小、权小责大的不对称因素。四是有规范合理的绩效考核机制和行之有效的激励机制，排除多劳少得、少劳多得、"大锅饭"和"平均主义"的各种因素。五是有和谐的人际关系和激发正能量的团队文化，上下左右之间精诚团结、相互协调，排除钩心斗角、相互妒忌的各种内耗因素。

要满足这些条件，就必须一方面改革和完善现有的干部管理制度、劳动人事制度、企业管理制度、分配制度，从制度规范上建立以人为本、各尽所能、各得其所的用人制度。另一方面，建立、健全和完善市场配置人力资源的机制，增强人才市场的流动性、竞争性，形成识别人才、选拔人才、考核人才、激励人才的市场机制。

在用人制度上，我们要在"以人为本"的基础上实行"以能为本"的精细化管理。"以能为本"的管理制度，就是以人的实有才能得到充分发挥和有效利用为目标，建立人才、能力与能效相一致的管理制度。以前的用人制度，重在人的身份等级，什么身份的人就从事什么职业，什么等级的人就放在什么职位和岗位上。一旦形成基于身份等级的职业位序，就很难调整，很容易固化成缺乏活力的人事格局。这种制度难以实现人才、能力与能效的一致，其原因是：①人的身份等级与人才等级并不一致，身份等级是以干部、工人、农民等社会身份差异为特征的阶层性等级，人才等级是以学历、学位、职称、资历等才能差异为特征的才能性等级；②人才等级差别与能力等级差别并不完全一致，人才等级强调学历、学位、职称、资历等"品牌性"差别，能力等级强调认识问题和解决问题的实际能力差别；③能力差别不等于能效差别，能力差别强调能干事、干成事的可能性大小，能效差别则强调干事的现实效果。在以身份等级管理为主的制度中，人才的等级效应、能力的等级效应和能效的差别得不到真正的体现，很难做到管理的精细化。

以能为本的精细化管理就是把管理的重心放在人的能力和能效上，从身份等级管理、人才等级管理优化升级为能级管理和能效管理。能级管理重在人的实际能力与工作岗位、权力配置、责任担当、利益报酬的对称合理，能效管理重在能力的发挥、绩效的考核、奖惩的兑现等激励机制的运行。

只有在能级管理和能效管理制度中才能实现人力资源管理的精细化，才能将人们潜在的各种能力激发出来，才能使既定能量产生的能效最大化。

能级管理的核心是对人才能力的识别和对工作岗位的配置。人才有多种能力，各方面的能力不可能同时都得到发挥，在一人一岗的情况下，只能发挥出与工作岗位相关的能力，这就需要将他最突出的能力即具有相对优势的能力配置到最适合的职位或岗位上。同时在可能的情况下，应通过兼职、轮岗或业余的方式提供给他发挥其他能力的机会。同等学力、同专业的人才由于努力方向和努力程度不同，也会有不同的能力变化，人力资源管理部门要根据这种变化随时调整他的工作岗位。

识别人才的能力有多种途径，如用人单位的考核选拔，是否拥有教育培训部门颁发的毕业证书、学位证书、资格证书，人才市场的自由竞争，总能从特定的角度识别人才能力的强弱和特长所在。工作岗位的配置也有不同方式，如公开招聘、内部选拔、竞争上岗、末位淘汰等方式都有各自的适用性。

能效管理的核心是对绩效的考核和对提高能效的激励，考核机制和激励机制是相辅相成的两个方面。能效是一定能量产生的效果。劳动能量是以标准时计算的劳动量，每小时劳动创造多少价值和财富是能效大小的衡量标准。从国家来看，投入的总劳动量创造多少国民生产总值是衡量国家人力资源能效的标尺。从企业来看，投入的总劳动量创造多少增加值是衡量企业人力资源能效的标尺。劳动能效与劳动生产率不同，劳动能效以标准时计算，劳动生产率以劳动者的人数计算。

能效管理的考核不单单是对具体人的绩效考核，还包括对投入的劳动量在总量效益和结构效益上的考核，将投入劳动量的必要性和有效性精细化到每个标准时。完成某一工序或某一任务究竟需要多少工时才是合理有效的，是考核机制需要解决的主要问题。

在能效考核基础上建立的激励机制是激发能效潜力、提高能效水平的机制。激励的对象是具体工作岗位上的人或者是有组织的团队，激励的办法包括职务升降、薪酬增减、奖励处罚等不同方式，激励的依据则是经考核确认的能效高低。

10.4　创新型人才的开发和利用

创新是人们思维的锋芒，是在发展端点上的突破，是从无到有、从旧到新的开拓。创新意识是人类创造性的体现，是国家和民族的灵魂，是社会发展进步的原动力。创新能力是人们各种能力中最有活力和创造性的能力，是最具竞争力的核心能力。创新成果是新生事物的萌芽，代表着事物发展方向和社会发展前景。创新型人才就是指具有这种创新意识、创新能力的人才。

创新型人才是从人才群体中脱颖而出的优秀人才和高端人才，具有素质高、能力强、成果新等多方面突出的特质。这些特质体现了创新型人才的理念超前性、思维穿透性、不满足现实的批判性、认识问题的独到性、解决问题的突破性、创造能力的非凡性等个性品质。

创新型人才是人力资源中创造力最强的资源，分布在各个领域、各行各业，是我国改革和发展的排头兵和先锋队，引领着制度创新、体制创新、政策创新、知识创新、技术创新、产品创新、产业创新诸多创新方向，很大程度上决定着我国发展进步的走向、走势、速度和水平。

创新型人才的生成机制取决于四个方面。一是创新型人格的形成。创新型人格具有不唯书、不唯上、只求真、不盲目从众的特征，本真、求真是其特点。二是创新能力的培养，包括创新思维、知识积累、能力培养等方面的因素。创新思维是决定创新能力的关键因素。它既有逻辑的周密性又有思维的穿透性，既能将知识面、知识量聚焦到专业的前沿领域，又能在这个领域发现问题、解决问题。三是创新环境的营造，包括崇尚创新、宽容失败的文化氛围和各种创新平台的建设以及服务体系的形成。四是创新制度的完善，包括教育制度、人才制度、企业制度、分配制度、激励机制等可提供创新支持、承担风险和提供社会保障的各项制度的建立和完善。前两个方面属于人格和素质的教育培养机制，后两个方面属于环境和制度的激发、支持和保障机制。

21 世纪的竞争主要是人才的竞争，人才竞争中最关键的是能够占领高科技前沿领域的创新型人才的竞争。这种竞争，在浅层次上来说，是争夺人才的竞争；在深层次上来说，是培养人才的竞争；在高层次上来说，是利用人才的竞争。不去从根本上培养造就自己的高端人才，不会合理有效地利用已有的高端人才，只想通过各种手段去争夺人才，是治标不治本的人才战略，难以掌握人才竞争的主动权。因此，我们的人才战略，特别是能够占领各专业前沿领域的高端人才战略，要重在培养机制，重在利用效果。

在培养机制上，要建立全方位、多通道的高端人才培养机制。高端人才的培养是一个包括文化宽容、专业培养、层层选拔、平台竞技、优势定位、竞争胜出等环节的过程。如果没有尊重个性、鼓励探索、宽容失败的文化环境，很多个性突出、思维独到、想象奇特、勇于尝试的人才就会被扼杀在嘲笑、讽刺、围堵、封杀的舆论氛围中。如果不能改变"应试性"教育的教育体制，很多优秀人才也只能跟着考卷走。如果所学专业不能根据现实需要和个人追求逐步精细化和尖端化，即使是博士也不能站在专业的高端认识和解决需要突破的前沿问题。如果不能给高端人才发挥作用的平台和机会，就会造成人才怀才不遇的状况。如果不能根据人之所长用其锋芒，非要等到磨掉他的棱角使其圆滑才肯重用，就会使人才丧失突破性的穿透力。如果不是通过自由、充分、公平、有序的竞争机制优选高端人才并占领各个专业的前沿领域，而是靠走关系、借势力占据领军人才的高位，这样的高端人才只能是徒有虚名。因此，我们在高端人才的培养机制上，必须彻底排除一切压抑人才、排挤人才、消磨人才的文化和制度因素。

中华民族的复兴大业是全方位的开创性事业。只有营造思想解放的文化氛围，才能迎来"百花齐放、百家争鸣"的盛世。我们要通过不断解放思想，将人们的思维锋芒直指所有可以质问的问题，突破一切阻碍发展的禁区。

在提高人才能效的问题上，主要是为各种人才特别是创新型的高端人才提供充分发挥作用的平台、条件、激励机制和制度保障。我们要集中财力、物力在各个领域建立各种类型的平台，通过竞争选拔领军人才，建设创新团队。要将创新资源聚集到高端平台上，将创新政策聚焦到高端人才及其团队上，通过有效的激励机制激发他们的创新意志，支持他们的创新实践，通过使其无后顾之忧的制度保障促使他们勇往直前。

创新型人才的数量和质量决定着国家的核心竞争力。国家是先进还是落后，社会发展是快还是慢，取决于创新型人才开发和利用的程度。尽管我国与世界发达国家在很多方面有差距，但根本原因在于创新力量的不足，根本的根本又在于创新型人才数量和质量的不足。为解决这个问题，2010年国家颁布了《国家中长期人才发展规划纲要（2010—2020年）》，提出"要围绕提高自主创新能力、建设创新型国家，以高层次创新型科技人才为重点，努力造就一批世界水平的科学家、科技领军人才、工程师和高水平创新团队，注重培养一线创新人才和青年科技人才，建设宏大的创新型科技人才队伍"这一战略目标。

可喜的是，我们正在为实现这一目标全面深化改革，全面推进创新驱动发展战略，从点到面逐步形成了以改革促创新、以创新促发展的整体态势。

11

企业制度的演变及走向

11.1　近代文明中企业制度的形成

企业是在市场经济（包括早期的商品经济）基础上从事生产经营活动的社会经济组织。企业制度指关于企业设立、组织、生产、经营和管理的一系列制度，包括企业的法人制度、产权制度、组织制度、分配制度、经营规则、管理体制和运行机制等具体内容。此外，从广义上说，还包括企业外部的法律制度、竞争制度、经贸制度和信用体系等相关内容。从宏观上看，企业是国民经济的细胞和微观基础；从微观上看，企业是劳动者的合作组织和生产要素的聚合体，是利益相关者的命运共同体，是社会生产力的基本单元和生产关系的基本节点。企业制度集中体现了市场经济的精神和原则。

企业是与商品经济、工业社会和资本主义制度相伴而生的社会经济组织。15 世纪之前，世界各地虽然也有很多手工作坊、商铺、钱庄等各种具有企业特征的经济组织，但尚未成为具有制度规范的企业组织形态。之后，欧洲各国相继发生了产业革命和资产阶级革命，迎来了一个制度变革的新时代，各国进入从自然经济向商品经济、农业社会向工业社会、封建制度向资本主义制度转变的新历史时期。作为新制度的产物，各类企业如雨后春笋，应运而生。

以英国为例，具有封建领地性质的庄园制解体后，代之以家庭农场、租地农场的形式，这些农场独立生产和经营，直接面向市场，成为农业领域的商品生产者。圈地运动中，部分农场随着耕地的丧失演变为家庭手工作坊，它们生产面纱和布匹，以包买商为中心，聚集了大批这样的纺织业商品生产者和经营者。大农场主和海外贸易起家的资本家完成资本原始积累后转向纺织业、采矿业、机器制造业，采购机器设备，雇佣破产的自由民，创办规模化的纺织厂、蒸汽机厂、钢铁厂，从手工作坊式的商品生产转向以蒸汽为动力、以机器为生产工具的工厂制的商品生产，建立在商品经济、工业社会和资本主义制度基础上的企业制度由此形成。

企业制度形成的过程中，社会经济基础、上层建筑、意识形态同时发生了一系列变革。第一，社会的阶级分化。一部分封建领主、农场主和贸易商成为拥有大量货币资本和实物资本的资本家，另一部分自耕农、小农场主、小业主被剥夺土地等生产资料后沦为除劳动力之外一无所有的无产者，在此基础上形成了雇佣劳动制度。第二，社会秩序的法治化。保护私有财产、契约合同、市场买卖、自由竞争的民法、商法等法律制度逐步建立和健全，以市场为中心的企业法治环境逐步形成。第三，契约化信用体系的形成。企业之间的相互往来、生产要素的相互流动建立在互守信用的基础上，这种信用以相互签订的协议、合同等具有契约效力的信用工具体现，形成了产权独立、互不依附、平等互信的人际关系和企业关系。第四，利益格局的阶级化。工人的利益体现在工资上，资本家的利益体现在利润上，地主的利益体现在地租上。资本家和工人、地主和农民之间是利益对立的阶级关系。第五，意识形态的自由化。工人及各种生产要素要求自由流动，市场要求自由竞争，企业要求自主发展，自由、自主成为整个社会的呼声，反映这种社会现实的意识形态是以自由自主为核心的价值观。

在这种历史背景下形成的企业制度，是社会分工、科技进步、阶级分化、法治环境、信用体系、自由精神和市场规律的集成性产物。从企业的典型形态上看，该时期的企业制度具有以下基本特征。①建立在分工协作基础上的劳动组织是企业产生的社会组织基础。较多的人生产同一产品，生产过程按工艺工序形成的分工协作成为企业的组织结构。②建立在阶级分化基础上的雇佣劳动制度是企业形成的基本社会制度，拥有资本和财产的资本家是当然的企业主并决定企业的人财物、产供销，决定企业的工资制度、利润分配等利益关系。③科技发展水平、所属行业的条件配置和规模要求决定企业的技术构成（劳动者和生产资料的比例）以及相应的生产经营管理制度。④以民法和商法为主体的社会法治环境是企业设立和运作的法律保障，以契约合同为主体的社会信用体系是企业生产经营的市场条件。⑤企业产权独立，生产要素自由流动、自由竞争、自主发展，通过价值规律由市场配置资源，是企业赖以运行和发展的市场机制。⑥追求利润最大化是企业的主要动机，行业内部追求超额利润，利润低的企业向利润高的行业转移。追求利润的动机引发自由竞争和资本转移，从而实现优胜劣汰和供求平衡。企业之间因竞争性互动形成具有自组织、自调节效应的市场调节机制。

可见，分工协作形成的劳动组织，阶级分化决定的雇佣劳动制度，科技进步和技术构成决定的生产经营管理制度，法律制度和信用体系构成的法治社会，市场配置资源的市场机制，以追求利润为动机的竞争性互动机制，是早期企业制度的六个主要组成部分。

古典经济学家和马克思的经济学理论都建立在对这种企业制度分析的基础上。他们从不同的角度分析研究了19世纪及以前的企业制度所体现的社会分工、科技进步、阶级关系、利益结构、价值规律、供求关系、经济周期等社会经济问题，为我们理解早期企业制度提供了全方位的视角及观点。

斯密从社会分工的角度分析了企业组织对提高劳动生产率的作用。他认为社会分工促进了劳动生产率的提高。一方面，分工促使人的能力专业化，有利于提高专业技能；另一方面，分工促使生产工艺和工序劳动效率的提高，有利于降低生产一定量产品的劳动时间和物质耗费。分工基础上的协作将具有专业技能的人聚合在一起共同生产，形成具有相对优势的合成的生产力。根据斯密的观点，我们可以认为：企业就是为生产同一产品将具有相对优势的人聚合在一起的生产组织；企业生产的产品工序越多、工艺越复杂，其内部分工越精细；生产同一产品的分工越精细，越需要企业精心组织企业各部门相互间的协作；提高企业组织效能的途径在于通过精细的分工、精心的协作，形成企业生产的相对优势，实现产出效能最大化。

斯密还从"经济人"的假设出发，指出了从"经济人"的动机到市场"看不见的手"的内在逻辑。他认为，每个企业都有追求利润的动机，为此大家自由竞争，竞争的结果是一方面通过优胜劣汰提高了全社会的劳动生产率，另一方面通过生产要素的转移促使市场的供求关系趋于平衡。

李嘉图以英国和葡萄牙生产的葡萄酒为例，分析论证了不同生产者具有不同的比较优势。这对企业的产业定位、产品定位具有决定性意义。他还逐一分析了各利益主体的利益关系，指出了内在的关联机制和矛盾冲突。

萨伊强调企业家的作用，他认为企业家具有将生产资源从生产效率低的行业转移到生产效率高的行业的主导作用。他提出的"供给创造需求"的信条就是以这种通过产业转移实现产品供求平衡的市场机制为基础。

马克思在对资本主义生产过程进行深入分析时，提出了资本有机构成的概念。他认为，企业生产资本由两部分构成，一是用于购买机器设备等生产资料的不变资本，二是用于购买劳动力的可变资本，这两个方面的比例取决于企业生产的技术性质，其比例关系称为资本有机构成。用于购买生产资料的不变资本所占比重增大，意味着资本有机构成提高；用于购买劳动力的可变资本所占比重增大，意味着资本有机构成降低。他指出，随着科技进步和劳动生产率的提高，资本有机构成会越来越高。马克思的这一认识，对理解科技进步和资本积累对企业制度的影响意义重大。

马克思最突出的贡献是对雇佣劳动制度以及由此形成的剩余价值的分析。从表面上看，资本家和雇佣工人是"一个愿打，一个愿挨"的平等契约关系，完全符合当时的法律规定和市场规则。马克思的独到之处在于，他不是从现实合法性、合约性分析这种制度的合理性，而是用"异化"的概念揭示了这种制度背离人类社会正当性的本质。他认为，人的类本质是平等的，是财富占有不平等的社会阶级关系"异化"了这种应有的人类平等关系，突出表现在资本家凭借"资本所有权"无偿占有无产者所创造的"剩余价值"，将创造价值和财富的劳动者变成像机器一样的生产工具，将其

"人"性异化为"物"性,置于被支配、被压迫、被剥削的地位。马克思一方面分析了这种雇佣劳动制度产生的历史和现实原因,另一方面在此基础上分析了剩余价值的本质及其生产过程。

马克思还从社会再生产的角度分析了资本主义制度的经济周期,认为企业在这个周期中难以摆脱复苏、繁荣、危机、萧条的周期性影响。他同时指出,每次经济危机的来临,都为企业固定资本的更新和企业制度的调整和变革带来了新的机遇。

上述主要指 19 世纪及以前的企业制度,可称为古典的、资本主义早期的近代企业制度,其理论也与古典经济学和马克思主义经济学相对应。

11.2　企业制度在现代文明中的变革

从 20 世纪开始,人类社会由近代文明进入现代文明。接二连三的世界性经济危机和两次世界大战引发了两种文明的交替。

19 世纪中期以后,欧美国家充分利用技术革命和工业革命的成果,大力发展以新材料、新能源、新动力、新机器、新产业为特征的制造业。海外贸易、铁路运输和电报通信的兴起,使这些产业迅速扩张。生产能力的迅速提高使社会总产品的供给远远超过了市场总需求。半个世纪内,相继发生了多次由生产过剩导致的世界性经济危机。进入 20 世纪后,各国经济的快速发展不断打破原有的势力格局,发展的不平衡最终导致两次世界大战。

20 世纪初期,发生了俄国 1917 年的"十月革命",以苏俄为代表的社会主义制度由此诞生。

20 世纪中期,经过第二次世界大战的"洗礼",由战胜国主导的世界政治经济新秩序开始建立。联合国、国际货币基金组织、关税与贸易总协定等国际组织相继成立,维护和平、协调发展、强调均衡、规范秩序成为国际新秩序的主要特点。与此同时,凯恩斯的宏观经济理论问世,美国实施罗斯福新政,政府开始利用财政和货币政策驾驭市场经济。

20 世纪中后期，以电子计算机的广泛应用和信息技术的全面发展为标志，后工业时代的信息化社会开始形成，以服务业为主体的第三产业迅速发展，以欧洲共同体、北美自由贸易区的建立为标志的世界经济一体化的趋势日益明显。

20 世纪八九十年代，东欧剧变，苏联解体，两国争霸、两大制度体系冷战的局面由此结束，东西方的政治、经济、文化开始全面交流，多极化、多元化的世界政治经济新秩序开始形成。国际政治经济一体化的趋势不断增强，在关税与贸易总协定的基础上建立了世界贸易组织（WTO），建立在共识基础上的世界市场将国际经贸活动日益连成一体。

20 世纪前后的一百多年来，新技术革命、新产业革命、新制度革命、生产社会化和信息化趋势，引发了企业制度的不断重组和变革。国家的宏观干预，国际政治经济新秩序的形成，世界经济一体化的趋势，不断改变企业运营的外部环境和市场秩序。在这种条件和背景下，以欧美为主体的企业制度发生了一系列重大变革。这些变革主要体现在企业组织制度、产权制度、经营管理制度、企业文化以及企业外部的竞争秩序、法律和信用支撑、经济周期等多个方面。

企业组织制度的变化主要表现如下。①生产和经营单种产品的企业组织变为生产和经营多种产品的跨行业、跨地区、跨国界的企业组织，相继形成了诸如卡特尔、辛迪加、托拉斯、康采恩等企业联盟式的超级财团，诸如美国通用、德国西门子、荷兰飞利浦、日本佳能等跨国公司不断涌现。②为减少交易成本和增强竞争优势，企业间相互合作、相互参与的现象普遍化，通过横向联合和纵向合作，变企业外部竞争为企业内部协作，形成了外部组织内构化的企业组织形态。③同时，企业的分工协作关系不断外向化，由生产同一产品的工艺工序式的分工协作变为生产、销售、交通运输、商业、金融等不同职能组织之间的外向型分立，形成了以母体企业为中心，分公司、子公司和联盟企业为外围企业组织的集团化趋势。④企业经营管理的纵向层次和横向环节增多，这些层次和环节上的经营管理逐步职能化、专业化，形成了责权利明确的层级管理制度。⑤企业承担的风险责任由无限变为有限，独资的有限责任公司发展为多股东的股份有限责任公司。

企业组织制度的变化引起产权制度的变革，主要表现如下。①股份公司多股东的产权结构改变了以前企业主单一的产权结构。持有股权的股东来自社会各个阶层，资本产权超越阶级、行业、地区的限制，形成了社会化的资本产权结构。②企业内的高层管理人员和中层职业经理凭借职位和职能获得企业管理股份，高级技术人员凭借技术创新和产品开发获得企业技术股份，他们凭借股份可获得股东权益并参与红利分配。③企业外的专利发明、技术创新，一旦被企业采用，就被以知识产权的形式直接购买，或获得参与红利分配的股权。④企业为缓和劳资矛盾，或调动员工的积极性，将部分股权给予有一定贡献或起关键作用的员工。⑤为适应层级管理的需要，企业资产的所有者将企业经营管理权委托给中下层管理者行使，企业的所有权与经营权发生分离，企业产权的权能因分解出现多元化、多层化特征。

企业组织制度和产权制度的变化引起经营管理制度的变化，主要表现如下。①边际分析方法及其效率提高机制要求企业将规模扩大和要素投入控制在产生边际效应的范围内，促使企业由追求规模扩大、产量增加的外延扩展性管理逐步走向实现利润最大化的目标管理。②泰勒的科学管理模式，法约尔的"数字化"管理理念，促使企业由"兵营式"的纪律管理逐步走向指标量化分解、岗位责任明确和绩效考核的科学化管理。③科学技术的社会化、生产社会化和资本社会化，促使企业由家族控制、信息封闭、独自决策的企业主管理逐步走向法人治理、股份合作、信息公开、多层共管的社会化管理。④计算机应用、信息技术的发展和网络时代的来临，促使企业由传统的服从性、簿记式、经验式的线性平面管理逐步走向现代化的以计算机处理为主的网络化、信息化管理。⑤企业管理层的精英化使其"经济人"属性中渗透了具有责任感的"社会人"属性，促使企业在追求利润最大化的同时，也追求人性化、具有公正性和合理性的社会人文价值，使其由过去单纯追求利润最大化的刚性管理逐步走向利润最大化与人性化相结合的民主性、和谐性的柔性管理。

企业文化是企业的精神和灵魂，体现着企业的特质、品位和魅力，决定着企业的发展方向、聚合力、影响力、动力和活力。早期，企业文化主要体现在企业主个人的品性、气质和风格上。随着企业制度的社会化、科学化、信息化、人性化、多层化和多元化，企业文化逐步由企业主的人格文化演变成具有独创性、融合性和共识性的企业团队文化。

企业制度在其内部变革的同时，其外部的制度环境和市场秩序也发生了一系列变化，主要如下。①公司法作为企业的基本法不断修改和完善。欧美各国的公司法对企业的法人制度、产权结构、交易规则和风险担当等具体内容规定得越来越细致入微，企业的法律边界越来越明确。以美国为例，为规范和扶持风险投资，相继制定和实施《投资公司法》（1940 年）、《小企业投资法》（1958 年）、《小企业投资激励法案》（1980 年）、《全国证券市场改进法案》（1996 年），支持企业创新和小企业发展。②限制垄断、保护竞争的法律制度进一步完善。欧盟保护竞争、规范竞争秩序的竞争法，美国、日本等国的反垄断法的制定和实施，更明确地反对各种形式的垄断，更具体地规范了竞争秩序。③知识产权得到越来越有效的保护。美国将保护著作权和发明权等知识产权的相关内容写进联邦宪法，并通过具体法律严格保护。世贸组织将保护知识产权作为重要条款写进双边或多边条约，要求各成员必须遵守。④建立在信用制度基础上的第三产业对信用体系和信用工具的依赖性越来越强，以信用为支撑的虚拟经济发展速度超过实体经济。⑤国家利用货币和财政政策对市场经济的宏观调控，改变了原有经济周期规律，出现通货膨胀和发展停滞并存的"滞胀"现象。⑥国家实施的社会保障和公共福利政策，改变了初次分配形成的利益格局，缓解了阶级矛盾和两极分化趋势，形成了以中产阶级为主体的"橄榄形"利益格局。

一百多年来，西方经济学家的思想观点和政策主张对欧美现代企业制度的变革进行了思想引导、深入分析和实证研究。

门格尔、维塞尔、庞巴维克等奥地利经济学家提出的边际概念及其边际分析方法为企业资源配置和规模控制提供了新的思路，改变了企业单纯追求规模、产量和增长速度的发展方式，将企业的管理理念聚焦到边际效应上。

凯恩斯的《就业、利息和货币通论》在消费倾向递减、资本边际效率下降的分析基础上提出有效需求不足的观点，主张国家通过增发货币、增加财政投入刺激需求增长，实现充分就业。其理论和主张为国家干预市场经济奠定了基础。

哈耶克在《通向奴役的道路》一书中既批判了苏联的计划经济制度，也反对凯恩斯的国家干预经济的理论及其主张，坚持经济自由主义，主张完全自由竞争，维护自组织、自调节的自发性市场秩序，形成了与凯恩斯主义对立的经济自由主义学派。

马斯洛的需要层次论，麦格雷戈的"X－Y"理论，威廉·大内的"Z"理论，从人性特点出发，提出了人性化管理的理念，为企业管理制度的人性化提供了理论支持。

科斯的交易成本理论从界定产权、降低交易费用的角度分析了企业制度的基础和资源配置的效率机制，为企业制度的优化和市场体系的健全和完善开阔了新的理论视野。

以凡勃伦、康芒斯、加尔布雷斯、诺斯为代表的制度主义经济学者从历史、技术、文化、产权等不同角度研究决定制度演变的各种因素，分析了历史背景、技术进步、文化传统、产权结构对制度形成的不同影响，提出了通过制度创新促进经济发展、解决社会矛盾的新课题。这对企业制度的创新很有启发和指导意义。

钱德勒1977年出版的《看得见的手——美国企业的管理革命》一书被称为"对经济学和公司历史研究的一个重大贡献"。他以实证的方法研究了美国从19世纪中期到20世纪中期百年来企业制度演变的历史，分析了美国企业的组织制度、产权制度、管理制度变革的历史背景、社会条件和相关原因，指出了从斯密所说的"看不见的手"到现代企业管理的"看得见的手"的发展脉络，得出了企业制度演变是社会科技进步、产业革命、历史文化、社会价值观诸多方面共同作用的结果的结论。

11.3   发达国家企业制度的走向

以欧美为代表的发达国家引领了人类社会数百年的近代文明和现代文明。其企业制度从社会微观层面展现了这种文明的历史脉络、社会基础和人文价值。

20 世纪末 21 世纪初,又出现了具有拐点性质的政治经济重大事件。苏联解体、美国"9·11"恐怖事件、伊拉克战争、世界金融危机、中国改革开放后的和平崛起……这些拐点的出现,预示着新的国际政治经济新秩序正在形成。

其实,发达国家企业制度因一系列变革所展示的文明拐点,比上述拐点来得要早。20 世纪中期之后,企业制度的信息化、人性化、社会化、国际化趋势,都在悄悄地改变着人类社会的制度走向。

第一,产权制度的变化。企业产权结构不断融入管理产权、知识产权,其权能不断向下分解,引起产权结构的社会化、多元化和权能的下移,逐步改变了资本产权的绝对统治地位和资本对劳动的"异化"趋势,向生产与占有相一致的方向走近了一大步。

科斯在分析企业制度形成的原因时,提出了企业配置资源的效率高于市场的观点。他认为市场配置资源靠的是以价格为中心的市场交易,企业配置资源靠的是权威性的组织支配。因权威性组织支付的成本小于市场交易的成本,企业比市场有更高的效率,企业因此产生。循着科斯的思路,我们可以认为,谁具有企业的权威性组织支配权,谁就拥有了这种效率带来的收益以及因这种效率产生的成本之上的利润的占有权。西方学者将这种利润占有权称为"剩余索取权"。

资本主义社会早期,资本家占有生产资料,工人除劳动力之外一无所有,二者的社会地位极不平等,形成了资本与劳动之间契约关系不对称的雇佣关系,致使资本产权成为企业的绝对统治权,企业不但拥有企业各生产要素的组织支配权,还拥有剩余索取权。劳动者的产权处于被动地位,只体现在成本范畴的工资上。马克思用"异化"概念分析了这种雇佣劳动制度。

逐步改变这种异化趋势，动摇资本拥有绝对统治权的产权制度主要有三方面的原因。一是资本的社会化。随着股份公司的产生，持有股份的人来自各个行业、各个阶层，打破了资本家的个人或家族垄断，形成了法人治理的企业产权结构。二是产权主体的多元化。随着知识经济的到来，管理者、发明者、技术开发者等凭借才能和业绩拥有的知识产权、管理产权进入产权结构。三是产权权能的向下分解。随着企业层级管理制的实施，企业的所有权、经营权、占有权、处分权、收益权呈现向下分解的层级化特点。

资本的社会化、产权主体的多元化和产权权能的向下分解改变了资本家凭借资本产权完全拥有企业组织支配权和剩余索取权的统治地位。广义的劳动产权（包括管理权、经营权和各种形式的知识产权）进入企业的产权结构，参与决策和管理，参与利润和红利的分配，一定程度上扭转或矫正了生产与占有相背离的"异化"趋势，逐步满足了生产与占有相一致的要求。

但是，总体来说，企业制度中资本产权的统治地位与主导作用并没有彻底改变，企业的组织支配权和剩余索取权仍然掌握在拥有最大资本产权的资本家手中，生产与占有相一致的法则还没有成为制度规范，凭借才能创造多少财富就占有多少财富的"劳动产权"仍然从属于凭借占有多少财富而获得多少剩余索取权的"资本产权"，劳动者的主体人格被资本家的物化人格所异化的现象还没有彻底消除。

第二，企业组织的人性化和利益关系的共同性逐步改变了劳资关系的对抗性，公平与效率相结合的原则在管理体制和激励机制中得到了一定程度的体现。早期，资本和劳动的关系是相互对立的关系，资本家通过延长劳动时间、增强劳动强度和使用先进技术、先进机器提高生产效率，所谓的公平只体现在劳资双方的契约关系上。二战后，随着信息化和知识经济到来，决定生产效率的主要因素逐步由机器效能变为人的智能、技能和创新机制，企业家开始从人力资源开发、技术创新和人性化管理的角度寻求提高效率的途径。这时，以人为本的管理理念和企业利益共同体的意识随之产生。

1959 年，潘罗斯在《企业成长理论》中提出了"企业是人力资产和人际关系的集合"的观点。1965 年，亚当斯提出公平理论，他认为员工不但关心自己薪酬的绝对数量，也关心自己的报酬与别人报酬的对比关系，由此产生的公平感影响他主动性和积极性的发挥。1984 年，弗里曼在《战略管理——利益相关者管理的分析方法》一书中明确提出了利益相关者的管理理论，他认为任何一个公司的发展都离不开各利益相关者的投入或参与，这些利益相关者包括股东、雇员、债权人、供应商、消费者等各种主体，企业追求的是利益相关者的整体利益，而不仅仅是股东的利益。由此，强调企业组织的人性化和利益关系的相关性，成为企业文化的核心理念。

企业制度所体现的公平和效率的关系是企业制度演变中的第二条主线（第一条主线是产权制度的变革）。二战前，企业为追求利润最大化，过分强调效率，总想"榨干工人的最后一滴血"，造成严重的劳资对立和阶级矛盾，最终在两极分化的"公平危机"中爆发生产过剩的经济危机。二战后，西欧和北欧的发达国家，为缓和阶级矛盾，解决"公平危机"，又过分追求高福利，造成企业负担过重，最终导致难以为继的"效率危机"，所谓的"英国病""瑞典病"是其典型。

"公平危机"和"效率危机"，说到底是找不到公平和效率结合点的制度危机。尽管发达国家和地区进行了各种尝试，如欧美国家的企业年金制度、日本的终身雇佣制度，但都不能从根本上解决基于生产和占有相一致的公平问题和基于必要性和有效性的效率问题，更难解决二者相统一的体制、机制问题。

然而，以欧洲、美国、日本为代表的发达国家和地区的企业理论和企业制度向我们展示了它们探索的价值和实践的经验。主要是：企业既是利益共同体，也是集合生产力，其公平的关键是各利益主体对企业利益关系达成的共识及其实现机制，其效率的关键是各种生产要素特别是主体性要素互动中产生的集成性、持续性效率。

第三，企业管理的信息化、科学化、系统化和人性化，将必要性和有效性的实现推进到新的高度，这是企业制度演变中的第三条主线。早期的企业管理主要是通过对各种生产要素的精打细算、成本控制实现各种投入的必要性和有效性的，马克思所说的"社会必要劳动时间"的形成机制概括了这种必要性和有效性的实现机制。

泰勒提出的科学管理将必要性和有效性的实现机制从生产要素的量的比例确定升级为对人的行为的科学管理。他通过对具体岗位上工人行为的分解，将不必要的无效行为剔除，使每个动作都具有必要性和有效性，从而提高单位时间的生产效率。

奥地利边际学派提出的边际分析方法将必要性和有效性的实现机制从存量管理升级为增量管理。该方法将每种生产要素的每个增量所产生的边际收益都与其边际成本相比较，将每个增量投入的必要性和有效性定义在边际收益等于边际成本的界限上，使必要性和有效性的实现更为精准。

熊彼特的创新理论将必要性和有效性的实现机制从常规的线性平面管理升级为创新的立体系统管理。该理论认为，企业的发展是突破性发展，是由一种生产函数变为另一种生产函数的创新；在这种创新过程中，企业的生产要素、产品、管理制度、竞争策略都在变化；只有不断创新，企业才能持续发展。熊彼特的创新理论以系统论为方法论，将传统生产要素为变量的生产函数发展为包括各种创新要素的创新型发展函数，必要性和有效性实现机制的内涵和外延都发生了质的变化，由常规性机制升级为变革性机制。

制度学派的相关理论从更深、更广的角度探索决定企业发展的各种因素，历史、文化、政治、经济、社会等各个层面的因素都在他们的视野内。他们的思路及观点对理解企业制度中各种因素对企业发展的必要性和有效性具有重要的启发意义。在其论域内，世界政治经济发展的一体化为不同企业制度的融合提供了互为借鉴的参照系。

12

中国企业制度的改革、发展与创新

12.1 双重扭曲的企业制度

中国明清时期，已有具有工商企业特征的组织出现。它们以经营钱庄、盐铁、陶瓷和土特产品为主，部分为官商，部分为民商，以手工作坊的家族式经营为主要方式。19 世纪中期以后清政府开展洋务运动，学习欧美的经验和科学技术，创办工矿企业，形成了以矿山、纺织厂、轮船厂、兵工厂为主的近代产业体系。民国时期，这些企业得到了发展。但直到新中国成立前，"洋火""洋油""洋面""洋布"等"洋"字号日用品的生产供应还远远满足不了国民的需要。

1949 年，中华人民共和国成立。此后，国家相继制定并实施了五个"五年计划"，加速推进工业化进程，形成了工业门类较为齐全的产业体系。20 世纪 70 年代末，我国初步形成了工业化的产业基础。

作为我国工业化实体组织的厂矿企业，建立在实行公有制、计划经济和按劳分配的社会主义制度基础上。由于缺乏市场经济的制度基础和运行机制，此时的企业很难说是真正的企业。

传统体制下，公有制分为全民所有制和集体所有制两种形式。全民所有制也称国家所有制，主要是城市中经济组织的所有制形式，典型形态是城市中的大中型企业。集体所有制主要是城市街道和农村经济组织的所有制形式，街道工厂和乡镇企业属于此类。无论是城市的大中型企业，还是街道工厂或乡镇企业，其共同特点是国办、国营，国家出资，任命领导人员，决定生产什么、生产多少、为谁生产，人财物、产供销的决定权和剩余索取权都掌握在国家手中。

计划经济其实是国家高度集中统一管理的指配经济。无论是指令性计划，还是指导性计划，资源配置和产品调拨都是根据上级指令、指示。在计划经济的格局中，无论是宏观计划还是微观运作，贯彻的都是国家意图。

这种企业制度作为新中国成立初期的临时安排无可厚非，且实际上也卓有成效。1956 年，第一个五年计划提前完成，钢铁、机床等骨干工业初步形成，国民经济走入正轨。按说，此时应以经济建设为中心，以满足人民群众物质和文化各方面需要为目的，培育市场机制，发展商品经济。然而，我们却延续"以阶级斗争为纲"的思维，计划经济在指配性运作的机制中越来越演变成只认指标、不讲效率的僵化经济，按劳分配所强调的"各尽所能，按劳取酬"走向平均主义、大锅饭。

这种企业制度既是对社会主义制度的扭曲，也是对市场经济的扭曲。市场经济是人类社会在自由平等基础上形成的资源配置和产品选择制度，是社会发展使然。20 世纪 50 年代，中国社会已步入这个阶段，发展市场经济的基础和条件已经形成，社会分工、产业基础、商品交换、自由竞争都具有客观实在性。同时，人民群众在经过几十年翻天覆地的战争后，有强烈的"八仙过海，各显神通"的发展愿望。此时发展市场经济，本来是水到渠成。可我们却人为地堵住了这条路，走向官方指配的计划经济。

这种双重扭曲的企业制度，既不能体现社会主义制度的优越性，更不具有市场经济的应有功能。经过几十年的反复，特别是"文化大革命"的极端性折腾，这种企业制度走到尽头。对这种既不公平也无效率、既不利国也不利民的企业制度，党和人民不能容忍它再继续下去。

12.2 国有企业的改革

党的十一届三中全会后，关于真理标准问题的讨论，敲响了改革开放的钟声，中国进入改革开放的新时代。农村的家庭联产承包责任制拉开了改革的序幕，城市以"放权让利"为特征的企业改革奏响了改革进行曲的第一乐章。

放权让利是针对企业"统得过死，捆绑太紧，僵化，无活力"等弊端而进行的改革。首先是理论的突破。关于真理标准问题的讨论突破了原来"两个凡是"的禁区，确立了实事求是的思想路线；社会主义初级阶段理论的提出，为进行市场调节和发展商品经济排除了障碍，开辟了道路；多种经济成分、多种经营方式和多种分配方式的并存，计划调节与市场调节的并用，突破了传统的公有制、计划经济和按劳分配的思维定式，释放了理论和实践的发展空间；党的十二届三中全会《中共中央关于经济体制改革的决定》中提出的"社会主义经济是公有制基础上的有计划的商品经济"的论断，为社会主义和市场经济的结合奠定了理论基础。

理论的突破带来了实践的创新。先是各种形式的承包制、资产经营责任制，通过国家所有、企业经营的两权分离，扩大企业自主权，增强企业活力。紧跟着是价格双轨制、利改税和分税制，通过计划内价格和计划外价格的双轨制为企业营造外部竞争环境，将不规范的利润上缴改为较规范的税收上缴，在中央和地方税收分成的基础上进一步明确企业的上缴基数，为企业留成提供了制度保障。

这些改革举措调动了企业的积极性，为企业拓展了发展空间，使激励机制作用的发挥有了制度条件。20世纪80年代中期，国有企业的活力显著增强。

放权让利的改革在扩大企业自主权、增强企业活力的同时，也出现了新的问题。价格双轨制为企业自主发展、参与市场竞争开辟了道路，同时也为企业利用计划价和市场价的价差倒卖指标提供了机会，经济秩序随之紊乱，"官倒"的腐败开始盛行；承包制、经营责任制"包死基数，超收留成"的办法调动了企业的积极性，但也诱发了企业的短期行为，使企业只关心当年的留成利益，而不顾长远发展，争资金，拼设备，工资、奖金的增长不断侵蚀企业利润和国家税收；财政预算对企业的约束失去效力，企业成本升高推动的物价上涨与国家增发货币拉动的物价上涨互为因果，形成连锁反应，造成严重的通货膨胀。

20 世纪 80 年代后期，以放权让利为特征的改革走入了困境，改革的"负效应"日益凸显，促使人们再度反思，寻求改革的新方向和突破口。

吴敬琏认为放权让利的思路有很大的局限性，单纯地放权让利，不注重理顺经济关系，就无法形成一套有效配置资源的经济机制。因此，他主张通过"价税财金配套改革"为企业建立赖以生存和发展的市场配置资源的制度环境。①

厉以宁则认为所有制改革是改革的根本思路。1986 年，他在北京大学"五四"科学讨论会的演讲中说：

> 经济改革的失败可能是由于价格改革的失败，但成功并不取决于价格改革，而取决于所有制的改革。因为，价格改革主要是为改革创造一个适应商品经济发展的环境，而所有制的改革才真正涉及利益、责任、制度及动力问题。②

围绕着是以市场化价格改革为突破口，在营造竞争性市场环境的基础上创新企业制度为改革主线，还是以所有制改革为突破口，培育现代化企业的市场主体为改革主线，当时的经济理论界形成了两大主流学派。吴敬琏因主张通过价格改革营造市场环境，被称为"吴市场"；厉以宁因主张通过股份

---

① 吴敬琏：《关于改革战略选择的若干思考》，《经济研究》1987 年第 2 期。
② 《厉以宁教授谈改革的基本思路》，《人民日报》1986 年 5 月 19 日。

制改造进行企业制度创新，被称为"厉股份"。

当时理论界的争论已将改革的锋芒指向传统企业制度的根基——所有制和计划经济体制。吴敬琏等人认为，企业是市场经济的产物，没有生产要素自由流动、产品自由竞争、价格自然形成、利润率平均化、税收规范化的一系列市场配置资源的制度环境，现代企业制度就难以形成。厉以宁等人则认为，所有制是企业制度的死结，它决定企业的权力、责任和利益结构及其行为，不解开这个死结，就不可能理顺企业与政府、企业与企业、企业干部与职工的关系，就无法形成企业的动力机制，现代企业制度就无从谈起。

华生等人在《中国改革十年：回顾、反思和前景》中认为：

> 当前改革的困境在于改革的深化已经触动社会主义理论的若干基本假定和中国特殊的政治、经济和文化结构。中国要想率先取得这种市场取向的改革的成功，需要重新建立与市场规则相一致的权力体系，使产权、民权和行政权各归其位。改革的现实危险是在行政权衰弱过程中官权的繁衍和扩张。历史，特别是一部中国史反复证明，官权的膨胀从来是改革的主要威胁和社会危机的前兆。社会主义中国正处在改革的转折关头。①

20 世纪 80 年代末，改革的锋芒指向了传统制度的底线，再向前发展必然触及社会主义的"原则"问题。当时，放权让利的改革所造成的通货膨胀和失控风险日益增大，"改革向何处去"成为国人最大的困惑。

1989 年春夏之交的政治风波，导致改革出现危机。所幸，1992 年，邓小平"南方谈话"遏制了这种风潮。邓小平在"南方谈话"中，一方面通过"三个有利于"的理念为社会主义正名，另一方面通过资本主义有计划、社会主义有市场的论断为市场经济正名。② 邓小平的"南方谈话"为改革扫

---

① 华生等：《中国改革十年：回顾、反思和前景》，《经济研究》1988 年第 9 期。
② 《邓小平文选》（第 3 卷），人民出版社，1993，第 370～383 页。

除了障碍，指明了方向。

20世纪90年代，企业制度的改革沿着社会主义市场经济的方向推进。党的十四大明确提出"建立社会主义市场经济体制"的改革目标。十四届三中全会又发布了《关于建立社会主义市场经济体制若干问题的决定》，明确提出要"进一步转换国有企业经营机制，建立适应市场经济要求，产权清晰、权责明确、政企分开、管理科学的现代企业制度"。自此，国有企业改革的主旋律由在传统体制基础上"放权让利"转向在社会主义市场经济条件下"建立现代企业制度"。

20世纪90年代与80年代不同的是，人们在寻求改革的理论根据时，不仅依据马克思主义的理论观点，而且将目光投向了西方经济学关于企业制度的相关理论。

科斯的产权理论、张五常的要素市场理论、威尔森等的委托－代理理论、钱德勒的企业制度演变理论、熊彼特的创新理论、奈特的企业家理论、弗里曼的利益相关者理论、德鲁克的企业目的理论等，均从不同角度解析了西方现代企业制度的本质、特征和运行机制。我国经济学界利用西方经济学的理论观点和分析工具，剖析了我国国有企业的制度结构和运行机制，指出了建立现代企业制度的路径和条件，提出了多种改革思路。

2001年，我国正式加入世贸组织。世贸组织的国际市场规则，为我国企业制度改革提供了国际参照系。

如果说20世纪80年代的改革主要是在传统体制基础上搞活企业，那么，90年代后的改革目标则是在社会主义市场经济的基础上建立现代企业制度。要实现这个新的目标，就必须动几个大的"手术"。一是政企分离，将企业从与政府的连体关系中剥离出来，使其真正成为具有自主性和竞争性的市场主体。政企分离、政资分离、组建国有资产经营公司、转变政府职能等举措是其主要内容。二是产权改革，解开所有制的死结，使企业具有法人财产权，独立承担资产保值、增值的责任和经营风险。国有资产股份化、股权多元化、股权转让、债转股、健全和完善国有股权的监管机制等举措是其要主要内容。三是建立公司治理结构，通过法律规范和制约机制，使企业行

为合理化、规范化。建立股东代表大会、董事会和监事会，实施《公司法》
《企业会计准则》，实施绩效考核和激励机制，解决"内部人控制"问题等
举措是其主要内容。

从 20 世纪 90 年代到 21 世纪初的十多年，我们沿着"渐进式"改革的
思路循序渐进地实施了这些"手术"，取得了很大的成效。一大批原来依附
于政府的国有企业转变为面向市场的股份制企业，企业赖以发展的要素市
场、资本市场逐步形成，公司治理机构逐步健全，企业竞争能力逐步增强，
企业行为逐步规范化，企业对国家税收的贡献逐步增大。

但是，根本的问题并没有得到解决，主要表现如下。①政企分离的目标
远没有完全实现。企业和政府的关系"剪不断，理还乱"，企业将改革的
"红利"留给了自己，将下岗工人、呆账烂账、环境污染等问题和包袱甩给
了政府。一旦出现新的问题和困难，又回头找政府帮助解决。政府的负担不
但没有减轻，反而越来越重。②形成了垄断性的利益集团。部分强势国有企
业利用自己的体制优势、政策优势、资源优势、产业优势形成行业垄断。
③实体经济虚拟化。原来专注于实体经济的国有企业向金融、房地产行业转
移、扩张，发展高收益率的虚拟经济，加剧了国民经济的"泡沫化"，恶化
了宏观经济环境。

党的十六大以来，党和政府在科学发展观的指导下，强调政府职能转
变、发展方式转变等经济转型理念，在社会主义制度与市场经济的结合中界
定科学发展的合理区间。十多年来，虽然取得了一定的成效，但制度性的体
制壁垒犹如横亘在改革主流中的顽石难以清除，集团性的既得利益泛滥犹如
逆行于改革大潮中的暗流难以遏制，它们形成了阻碍改革潮流的诸多险滩和
旋涡，使改革面临搁浅和翻船的风险。

庆幸的是，党和国家将改革进行到底的决心坚定不移。党的十八届三中
全会发布的《中共中央关于全面深化改革若干重大问题的决定》中明确指出：

当前，我国发展进入新阶段，改革进入攻坚期和深水区。必须以强
烈的历史使命感，最大限度集中全党全社会智慧，最大限度调动一切积

极因素，敢于啃硬骨头，敢于涉险滩，以更大决心冲破思想观念的束缚、突破利益固化的藩篱，推动中国特色社会主义制度自我完善和发展。

国有企业改革乃大势所趋，目标在望，胜局可期。正如习近平所说，国有企业将"在凤凰涅槃中浴火重生"。

12.3　民营企业的发展

改革开放前，我国的企业大都是官办官营的企业。改革开放后，个体户、乡镇企业、国有企业改制后形成的民营企业逐步发展为与国有及国有控股、外资及外资控股并立的民有及民有控股企业。

民营企业是以非官员的公民为法人，民间私有财产为主体资源，面向市场自由竞争、自主发展的企业。其主要特点是：法人是独立承担民事责任的公民，不属于官方委派的代理人；控制性产权可直接分解到公民个人，不属于官方机构；自主行使经营权和管理权，按市场机制运作，只受制于法律，不受官方行政权干涉。

民营企业最初是在国有企业的夹缝中生存和发展的。改革开放初期，农村放开农贸市场，涌现出大批经营农贸产品的个体户，这些个体户积累资金，或独立或合伙办厂；人民公社制度解体后，原来的集体所有制企业承包或租赁给个人，逐步还清集体债务后演变成民营企业；国有企业改革"抓大放小"，一部分中小企业或承包或租赁给个人，产权重组后变成民营企业；部分国有企业改制转让股权，逐步演变为私人控股的民营企业。这些民营企业都是在改革中应运而生的"体制外"企业。它们资金少、规模小、起点低，是在国有企业的夹缝中靠"拾遗补阙"的补充作用存在和发展的。

这些民营企业规模虽小，但生命力强大。它们利益驱动力强，竞争意识强，适应能力强，创新意识强。经过三十多年的发展，其总数已占我国企业总数的70%以上，投资总量占全国投资总规模的60%以上，就业人数近2亿人，涌现出华为、联想、海尔、淘宝、民生银行、新东方、吉利等大批品牌企业，成为我国经济发展中最有活力的实体经济成分。

民营企业最初大多是"草根性"企业，能发展成遍布各行各业、争锋于国内外市场的品牌企业，一是因为它们得益于改革开放的政策支持，能在逆境中逢凶化吉；二是因为它们植根于市场经济的天然土壤，贴近民生，贴近需求，能在困境中抓住机遇。

民营企业是天生的市场经济主体。民营企业从无到有、从小到大、从弱到强的发展说明，中国社会具有发展市场经济的天然土壤，只要法律保护、政策放开，民营企业就会自然生长繁衍。它们自发地组建，自动地参与市场竞争，无论是自由竞争中的优胜劣汰，还是自主选择中的分化组合，遵循的都是自组织、自调节的市场经济规律。

民营企业的发展成就和发展趋势，充分证明了我国建立社会主义市场经济体制的必要性和可行性。传统体制的根基在"官"，市场经济的根基在"民"。如果没有经历脱胎换骨、浴火重生的改革，民营企业很难成为市场经济的主体。民有制私中有"公"、私中能"共"。它能经过竞争性的互动，将民间的私有资源有效地配置给各类企业，创造出利国利民的财富；它既可"以税奉公"，又能"以业利民"，通过市场经济"看不见的手"实现社会主义的生产目的。

社会主义是造福于民的制度，市场经济是以民为本的经济，这恰恰是民营企业的根基所在。基于此，放开市场准入的限制，建立民营企业的融资机制，消除歧视民营企业的观念、政策，营造公平竞争的市场环境，规范民营企业的市场行为，提高民营企业的经营管理水平和持续发展能力，是我们把握改革和发展大局的必然选项。

12.4　关键在于企业制度创新

国有企业的改革到了"浴火重生"的关头，民营企业的发展到了"展翅腾飞"的关头。重生的是不是"凤凰",羽翼未丰的"百鸟"能否腾飞,关键在于能否进行企业制度的创新。

企业制度创新是在社会主义与市场经济的结合点上实现的创新。国有企业的改革目标是建立现代企业制度,这种企业制度不是对西方现代企业制度的复制和模仿,而是具有社会主义基因的中国特色现代企业制度。这些社会主义基因主要表现在:国有企业的资源和财产具有公共性,其生产目的必须体现公共需求;它是国民经济的基础和骨干,处在宏观调控和微观基础的接合处,有稳定经济秩序的责任和义务;它是国家掌控的经济资源,处于国民经济的重要节点上,具有保障性的社会职能。要使现代企业制度体现这些基因元素,就必须进行制度创新。主要是:①产业定位符合公共利益;②产品定价机制受宏观调控指导;③利益分配必须向社会公开;④治理结构有特定的法律规范。

民营企业是在改革开放释放出来的市场空间中发展起来的,有市场经济发育不全的缺陷,难免有某些畸形特征。因此,民营企业的制度创新必须首先解决两方面的问题:一是要以民为本,赋权于民;二是解决市场经济两极分化的问题,在竞争性互动中实现共同富裕。在此基础上,民营企业应具有以下机制和功能:①自主组建企业,自由选择产业,自由竞争,自主发展;②企业内外的利益关系具有相互增益的属性,形成合理合法的公平实现机制;③企业具有自身的动力机制和活力源泉,形成持续发展的效率提高机制。

企业制度创新是在改革和发展的突破点上实现的创新。无论是国有企业还是民营企业,其制度创新都是通过改革和发展实现的,都是动态的、系统性的创新。没有改革的观念突破和利益格局的突破,就没有企业实质性的创新;没有发展的技术突破和瓶颈的突破,就不可能在旧的条件下实现新制度的创新。因此,企业的制度创新只有通过全面深化改革和全方位的现代化发展才能真正实现。

企业制度创新是在公与私的融合中实现的创新。公有制在官有制的形式下可能演变为官员的"私",私有制在市场经济"看不见的手"的作用下可成就造福大众的"公"。公有制和私有制的概念中既蕴含了因异化而造成的"罪",也蕴含了因同化而成就的"功",关键是如何化异趋同,使其正向发展。我国的改革发展路线就是这样向前推进的。先是各种经济成分的并存,后是混合所有制的出现,打破了所有制的界限,为来自不同所有制的各种生产要素在市场经济条件下实现资源的合理配置提供了制度前提。如果将公有制的"公"过分地向"左"解读,就会排斥自由竞争、自主发展,使企业陷入官方管控的"僵化"局面;如果将私有制的"私"过分地向"右"解读,企业就会唯利是图、不择手段,走向两极分化的失控状态。只有在"公中有私,私中有公,公私兼顾,融为一体"的理念下,才能实现公平与效率相统一的制度功能。

企业制度创新成功的标志是企业功能的完全实现。生产与占有的一致,公平与效率的统一,必要性和有效性的实现,是我国企业制度的功能要求。没有生产与占有的一致,公有制的属性就无法体现,等价交换的市场经济原则就会被异化;没有必要性和有效性的实现,计划经济的属性就无法体现,市场经济规律就得不到遵循;没有公平与效率的统一,按劳分配的属性就无法体现,市场经济就摆脱不了经济危机,就不能持续发展。因此,只有处理好上述三个基本命题,企业的应有功能才能全部实现,制度创新才能成功。

13
劳动产权得以全面实现的新型企业制度

13.1 劳动产权的异化和变革

劳动产权指劳动者从事生产活动并占有成果的权益。劳动产权包括劳动权和劳动成果占有权两层含义。劳动权指劳动者有从事生产劳动的权利，可自由选择职业并自主地从事劳动；劳动成果占有权指劳动者凭借自己的劳动可占有劳动成果。人身自由是劳动产权的社会基础和前提条件，自主劳动是劳动产权的内在要求，生产与占有相一致是劳动产权的核心理念。

劳动是人的体能和智能的有效付出，其活动涵盖所有产业和所有职业，其成果包括人类社会存在和发展所需要的各类物质产品和精神产品。劳动者是社会财富的创造者，他占有或享有社会财富的多少取决于其劳动所创造的社会财富的多少。因此，劳动是有劳动能力的人享有社会财富的法理资格，生产与占有相一致则是天经地义的社会公正标准。

然而，这种劳动产权的权益实现，在人类社会发展过程中并不是自然而然、理所当然的，而是经历了不同历史阶段、不同社会制度、不同文化背景下的异化过程和反异化的社会变革过程。

首先是权力对劳动产权的异化。奴隶社会中，奴隶依附于奴隶主，失去了人身自由，被迫为奴隶主劳动，其劳动成果归奴隶主占有，奴隶只获得维持生存的最低限度的生活资料。封建社会中，农民依附于地主和君

156

主，被迫租种地主和君主的土地，其劳动成果的一部分作为地租和赋税交给地主和君主。在这两种情况下，社会主体被分化为两大阶级，一部分人是掌握统治权和管制权的阶级，另一部分是被统治和被管制的阶级。前者凭借统治权和管制权一方面剥夺后者的人身自由，强迫他们劳动，另一方面无偿地占有后者所创造的劳动成果。由于劳动者的人身及其劳动被异己的权力所掌控，其劳动权和劳动成果占有权都无法真正实现。被压迫、被剥削的阶级为了夺回自己的劳动产权，就通过造反、起义、革命等不同方式进行社会变革。

统治权和管制权造成对劳动产权的异化，是因为其超出了公共治理合理和必要的限度，成为侵犯别人权利的霸权。诚然，任何社会都需要公共治理，这种公共治理本身也属于必要的社会劳动，但其合理性限于民众自愿的公共认同，其必要性限于维护规范的公正秩序。一旦超出了这个限度，统治权和管制权就会异化为随意剥夺民众权益的霸权。限制民众的人身自由，强迫民众在奴役状态下劳动，剥夺民众的劳动成果，是这种霸权的典型表现。

其次是资本对劳动产权的异化。资本主义制度建立在生产资料私有制的基础上。根据市场经济的自由竞争规律，劳动者是摆脱了人身依附关系的自由人，可自由地选择职业，可自主地参与竞争，不存在劳动产权被异化的必然性。根据市场经济的等价交换规律，劳动者生产的产品等价交换，不存在一些人无偿占有另一些人劳动成果的必然性。然而，资本主义的生产资料私有制建立在资产阶级和无产阶级相对立的阶级关系上，资本家凭借生产资料的所有权一方面迫使无产者成为被雇佣的工人，使其劳动服从于资本家的生产目的，另一方面资本家获得了占有剩余价值的剩余索取权。在这里，劳动者的自主劳动变成了异己的雇佣劳动，劳动者的一部分劳动成果成为被别人占有的剩余价值，劳动者的劳动产权被资本家的资本产权所异化。

资本产权之所以造成对劳动产权的异化，是因为资本产权改变了市场经济自由竞争和等价交换的社会基础，从而将劳动产权置于资本产权的控制下。自由竞争的社会基础是参与竞争的人具有平等的社会地位和自由自主的行为条件，而实际上资本家和无产者的社会地位处于不平等的两极，无产者为了生存和养家糊口只能被别人雇佣。等价交换的社会基础是交换双方处于市场均衡和竞争者地位平等的条件下，而实际上办厂的人少，要求就业的人多，劳动力市场往往供过于求，无产者处于不被雇佣就无法生存的不利状态，他们根本不具有与资本家讨价还价的平等竞争能力。自由竞争和等价交换的社会基础一旦被资本产权所改变，劳动者的自主劳动就变成雇佣劳动，生产与占有相一致的劳动产权就变成资本对剩余价值的索取权。

最后是文化对劳动产权的异化。中国儒家文化推崇"劳心者治人，劳力者治于人"的思想和主张。这种歧视性的等级贵贱思想，将创造精神财富和物质财富的不同劳动者视为尊卑不同的两大社会群体，将"劳心者"的劳动视为"上品"，将"劳力者"的劳动视为"下品"。这种歧视性的品位观念，长期以来支配着中国的社会制度，使从事直接生产劳动的工人、农民处于社会底层，其劳动成果的一部分用来奉养上层社会。这是歧视性的尊卑文化对劳动产权的异化。

"不患寡而患不均""等贵贱，均贫富"的平均主义思想，是从另一个极端对劳动产权的异化。劳动者有先天禀赋和后天能力的差别，有主动性、积极性和创造性的差别，他们创造的财富及价值是不同的。根据生产与占有相一致的要求，他们应得到不同的劳动报酬。但平均主义不讲劳动能力和劳动贡献的差别，只强调占有劳动成果的均等，使劳动能力强、劳动贡献大的劳动者的劳动成果被劳动能力差、劳动贡献小的人所均分。这是以平均主义方式侵占别人的劳动成果，其实质同样是劳动产权的异化。

劳动产权的异化一方面背离了社会公正的标准，造成了阶级分化和阶级斗争，引起社会动乱；另一方面压抑了劳动者的主动性、积极性和创造性，造成了效率低下，导致发展停滞。两方面的因素发展到一定程度，必然引起社会变革。

社会变革的方向，总体上说，是以正当性的发展反对非正当性的异化，改变不合理、不公正的权力格局和利益格局，走向生产与占有相一致的理想目标。它通过"替天行道""翻身解放""反剥削、反压迫"等变革诉求将被异化的劳动产权拉回到正义的轨道上。历史上每一次社会变革，都不同程度地遏制了权力的膨胀、资本的垄断、文化的偏向，对劳动产权的实现起到了拨乱反正、正本清源的作用。

近代以来，以人为本的变革潮流先后形成了资本主义和社会主义两种制度体系，劳动产权在两种社会制度中进行了不同的实践，出现了诸多新的走向。

资产阶级革命推翻了欧洲中世纪以来的封建统治秩序，将人从各种封建依附关系中解放出来，使人有了人身自由；它倡导"自由、民主、平等、博爱"的社会价值观，为市场经济的发展铺平了道路。

资本主义制度建立后，前期出现了资本垄断市场，劳资双方两极分化，经济危机接踵而来的状况；20世纪中期以来，欧美国家实施反垄断措施，加强财政和金融的宏观管理，推行社会福利政策，遏制两极分化趋势，形成了以中产阶级为主体的"橄榄形"利益格局。

进入后工业社会、信息化时代后，现代企业制度不断自我更新和完善，知识产权、管理股权和劳动股权进入产权结构，与资本产权并立，逐步改变了资本产权的垄断地位。

俄国十月革命推翻了资产阶级临时政府的统治，建立了无产阶级专政的苏维埃新秩序，为工农劳动产权的实现开辟了新的途径。中国新民主主义革命结束了半殖民地半封建社会，建立了工农联盟的新中国，接着进行社会主义的城市工商业改造和农村合作化运动，建立了人民民主专政的社会主义制度，为工农劳动产权的实现奠定了制度基础。

中国社会主义制度建立后，工人、农民翻身解放，一方面获得了人身自由，另一方面实行按劳分配制度，其主动性、积极性和创造性得到了较好发挥，社会经济发展很快。20世纪70年代末，中国进入改革开放新时代。无论是农村改革还是城市改革，改革的锋芒都指向社会主义制度中的指配机制、二元结构和平均主义。

以建立社会主义市场经济体制为目标的改革，其实质是将社会主义制度中的合理因素与市场经济中的合理因素结合在一起，融合成人民满意的社会经济制度。人民满意与否，取决于劳动产权的各项权益能否得到完全实现。改革过程中的各种制度诉求和改革释放出来的各种活力，都指向劳动者的应有权益如何实现的问题。国有企业改革的攻坚战是产权制度的改革，民营企业发展的攻坚战是制度障碍的突破，二者的目标都聚焦在建立新型现代企业制度上。劳动产权得以全面实现的新型企业制度呼之欲出。

13.2 劳动产权得以全面实现的基本理念和制度条件

社会主义是由理想主导的制度主张，市场经济是在现实基础上形成的发展机制。前者蕴含理想社会应然性的合理元素，后者体现现实社会本然性的合理元素。理论上，二者都曾被错误地解读；实践上，二者都走过被异化的弯路。建立社会主义市场经济下的现代企业制度，使之具有劳动产权得以完全实现的制度功能，必须明确相关的基本理念和制度条件。

劳动价值论是劳动产权的理论基础。以斯密、李嘉图为代表的古典经济学派，认为劳动创造价值，劳动是创造社会财富的源泉，劳动者凭借自己的劳动占有劳动成果理所当然。马克思继承和发展了古典经济学的劳动价值论，进一步认为劳动是创造价值的唯一源泉。他用具体劳动和抽象劳动的劳动二重性说明了创造使用价值和价值的逻辑关系，界定了生产劳动和非生产劳动两个概念，阐述了社会必要劳动的两种含义。

笔者认同并坚持古典经济学和马克思主义的劳动价值论，认为所有社会财富及其价值都是劳动者的劳动创造的，生产与占有相一致是劳动产权的基本要求和核心理念。同时，笔者认为，劳动是人的体能和智能的有效付出，劳动者包括所有从事劳动的各类人员，既包括工人、农民，也包括从事投资和管理的地主、资本家以及其他行业的从业人员，只要付出的体能和智能是必要的和有效的，其劳动就创造财富与价值，就有凭借这种劳动占有劳动成果的资格和权利。

剩余价值论是劳动产权被资本产权异化的理论。马克思在劳动价值论的基础上建立了剩余价值理论。他认为雇佣劳动制度是资本主义私有制对劳动的异化，这种异化使劳动者的劳动力变成商品，劳动力商品的价值与劳动者创造的价值是两个不同的量，劳动者创造的价值多于劳动力商品的价值成为剩余价值，剩余价值的占有权不属于它的创造者——劳动者，而属于劳动力商品的购买者——资本家，这是在资本主义私有制和商品经济条件下出现的剥削制度，应当通过推翻资本主义私有制消灭这种制度。马克思的剩余价值理论用较严密的逻辑分析和资料翔实的实证分析揭示了剩余价值生产和占有的秘密，分析了资本产权对劳动产权的异化现象及其剥削和压迫的本质。

笔者基本认同马克思的分析方法及其逻辑结果。但同时认为，马克思站在无产阶级与资产阶级完全对立的立场上为无产阶级争取利益，忽略了资产阶级在价值创造中的地位和作用。其实，资本家在调配资源、组织生产、经营管理中处于主导地位，起了领导作用，承担了风险责任，这些都是社会必要劳动不可或缺的部分，他们创造的价值包含在商品价值中，理应占有相应的部分。问题是，他们的资本产权本应从属于劳动产权，应按劳动产权的实现方式获取利益，而不能凌驾于劳动产权之上，以剩余索取权这一资本产权获得剩余价值。假定资本都是资本家的劳动创造的，资本所有者一方面可凭借他的过去劳动占有资本转移到新产品中的价值，使其资本保值，另一方面可凭借他参与生产新产品的活劳动取得相应的劳动成果。但他不能凭借过去劳动形成的资本产权占有别人当今劳动创造的新产品价值。剩余价值说到底是新增价值的一部分，属于当年或当次劳动产权的分享范围，不应该凭剩余索取权占有。①

---

① 在西方剩余索取权的概念中，剩余指总收益减去合约报酬的余额，剩余索取权是索取这部分剩余的权利。在马克思的剩余价值概念中，蕴含着剩余索取权属于资本产权的定义。其实，剩余属相关各方共同劳动或合作劳动的集体成果，应由相关各方共同分享，西方经济学的剩余索取权概念，包含了由相关方分享这种权利的理念。

　　笔者的集合价值论中，只有劳动者共同创造价值、共同分享价值的理念，没有剩余价值和剩余索取权的概念。剩余价值体现的是一部分人无偿占有另一部分人所创造价值的剥削关系，是劳动产权被异化的结果。集合价值的本质是生产与占有的一致，是劳动产权正当性的体现。

　　能利权责结构的对称合理是劳动产权权益结构公正合理的基础。在生产同一产品、创造同一价值的共同劳动中，劳动者付出的必要劳动量（按劳动能力系数折算后的标准劳动量）主要取决于他在集合劳动中的职位或岗位，取得这些职位和岗位的合理性和公正性则取决于经竞争性选拔程序产生并由相应职责确定的能利权责结构的对称合理。能力和职位、岗位匹配，权力和责任匹配，利益和能力、权力、责任匹配，是劳动者的各项权益公正合理的判定标准。

　　自由竞争和等价交换是市场经济的主要运行机制，也是劳动产权在市场经济条件下实现的主要机制。单就这个机制来讲，不存在一部分人对另一部分人的剥削关系。之所以会产生剥削关系，是因为资本产权异化了市场经济的社会基础和运行条件。改革开放就是要在发展市场经济的同时，一方面避免和消除资本产权对市场经济的异化趋势，另一方面消除社会主义传统体制中的异化因素对社会主义的曲解以及对市场经济的偏见和阻碍，建立市场经济基础上劳动产权得以完全实现的制度体系。

　　自由人联合体的制度属性是劳动产权得以完全实现的制度条件。自由人联合体是马克思提出的体现社会主义制度根本属性的理念，根据这个理念建立的社会主义制度具有两方面的根本属性：一是劳动者是自由人，他们的劳动是自主劳动；二是共同劳动的联合体是自由人自愿组建的，他们的联合不改变自由人自由自主的属性。根据这个理念及其制度属性，具有共同劳动特征的劳动组织，如企业，排斥外在的强制力把劳动者组织在一起，更排斥异己的强制力强迫他们服从并不认同的组织领导和规章制度。这虽然具有理想主义色彩，但其基本原则的推行可避免劳动产权被异化的各种可能。

13.3   市场经济条件下劳动产权实现的制度实践

市场经济是通过市场机制配置资源的经济形态，它要求所有生产要素都按照产权独立、自主流动、自由竞争、等价交换的机制进行配置。这个机制不涉及生产和占有的社会制度问题。决定生产和占有关系的是由作为社会上层建筑的政治权力所决定的权力结构和利益结构形成的法权制度。虽然没有人公然否定生产与占有相一致的基本法则，但不同社会制度下，劳动产权实现的方式和程度具有不同特征。

雇佣劳动制度是资本产权主导的制度。在这个制度下，劳动者主体被分化为资本家和工人两大阶级。工人的劳动产权通过"工资"实现，资本家是资本的人格化，其产权表现为资本产权，其权益通过"利润"实现。工资作为劳动力的价格，像其他物性生产要素的价格一样，被列入成本范畴，是一个被合约锁定的价值量，不参与新增价值的分配。因而，对工人来说，工资不能体现生产与占有的一致性，所差的部分就是马克思所说的在利润中体现的应由工人分享的那部分剩余价值。利润是总收益扣除成本后的余额，是包括工人和资本家在内的劳动者共同创造的新增价值的一部分，本应由他们共同分享，但被资本家凭借资本产权独自占有，因而资本家占有的利润虽包含了他们的劳动所创造的价值，但超出了基于生产与占有相一致法则的应有数量，超出的部分就是应由工人分享的那部分剩余价值。

随着现代企业制度的建立和逐步完善，剩余索取权由资本家独享的制度有所改变，企业中高层的经营管理者通过股权收益和利润分成获得了与资本所有者分享剩余索取权的资格。随着知识经济的发展，科技进步在价值创造和增值中的作用日益增大，发明创造者的知识产权作为独立产权或进入市场交易获得产权收益，或进入企业股权结构参与新增价值分配，在工资和利润之外形成了相对独立的产权实现形式。

劳动产权是人权的核心内容。随着西方社会对人权的重视和工薪阶层争取人权的斗争日益激烈，以工资为主要收入来源的广大劳动者的应有权益得到一定改善。劳资双方的工资协商机制、公民享有的社会福利政策、英国20世纪70年代实施的利润分享制、美国推行的职工股份所有制计划、日本职工持股会主张的职工持股权益等形式，不同程度地推进了生产与占有相一致的劳动产权的实现。美国、欧洲、日本等发达国家和地区的现代企业制度以及社会保障和社会福利制度，通过不同形式和途径将对剩余价值的剩余索取权从资本产权中逐项分离出来，形成知识产权、管理股权和工人股权，为劳动产权的全面实现创造了新的制度条件。但是，从总体上说，资本产权仍占主导地位，劳动产权仍然从属于资本产权，资本产权垄断剩余索取权的产权性质并没有发生根本性转变。

改革开放以来，对于劳动产权的实现方式我国在社会主义制度和市场经济机制相结合的区间内进行了全方位的探索。破除具有身份等级、平均主义和大锅饭特征的劳动工资制，以及打破城乡二元结构之后，工人、农民有了选择职业的自由，工资收入可与劳动贡献挂钩，工资之外有了奖金制度的激励机制，劳动工资制度中逐步引入了市场经济机制，劳动产权还权于民的改革趋势日益明显。

放权让利、承包经营责任制的国有企业改革，改变了利润全部上缴的集中统一管理制度，企业利润的一部分可由企业自主支配，经营管理者和企业职工可凭劳动贡献将一部分留成利润转化为奖金和福利，使企业的干部职工获得了部分剩余索取权。

工资、奖金、福利与企业效益和劳动贡献挂钩，使企业干部职工劳动权益的实现有了市场经济的特征，生产与占有相一致的实现机制开始具有社会主义制度和市场经济运行机制的双重规定性。

值得一提的是，20世纪80年代在四川出现的"除本分成制"[1] 所体现的生产与占有相一致的实现机制。1981年，成都市西城区工业二局所属的集体企业，为了调动企业职工的积极性，试行了一种新的分配制度。其基本

---

[1]　曲日：《什么是"除本分成制"？》，《价格理论与实践》1985年第1期。

做法是：工资不进入成本，直接从企业净收入中分配；国家、企业、职工实行净收入分成；劳动报酬实行两级按劳分配。除本分成制所说的"除本"，就是从企业销售收入中扣除生产资料费用；除本分成制所说的"分成"，就是企业在净收入中先以上缴所得税的方式与国家分成，再按照企业职工的劳动量进行职工分成；职工工资总额随集体劳动成果大小浮动；职工个人的劳动收入随个人劳动量的大小浮动。

除本分成制作为一种新型的、具有创新意义的收益分配制度，当时在省市有关部门和领导的积极支持和指导下，其试验收到了很好的效果，引起了社会上的广泛注意，湖北、江苏也随之推广。

工资不作为成本项目而作为净收益分配项目，在理论上跳出了雇佣劳动的框框，体现了自主劳动的属性；在实践上，它探索出一条共同劳动、共同分享劳动成果的新制度途径。

20世纪90年代，当时在广东珠海任三灶管理区书记的钟华生提出了"共享经济"的思路。[1] 他提出通过软硬件共同参股的方式组成一个投资者、生产者、管理者、发明创造者共同构成的命运共同体。具体来说，就是将投资者的资金、物业等作为硬件，将生产者的劳务、管理者的经营管理、发明者的专利技术和各种信息等作为软件，然后将硬件和软件都按一定的规则折成一定比例的股份，按股份共同分担风险，共同分享收益。

共享经济的思路打破了资本产权垄断剩余索取权的思维定式，试图将劳动产权、知识产权放在与资本产权同等的地位上，建立各生产要素所有者共同生产、共享收益的新型企业制度。

除本分成制的试验和共享经济的思路，探索了社会主义市场经济条件下劳动产权实现的可能途径。除本分成制探索了劳动者权益与企业发展和国家税收的一致性，共享经济则探索了劳动产权与资本产权的平等性和共享机制。

---

① 张振立：《走进珠海——面向新世纪的思考》，中共中央党校出版社，1998。

13.4　新企业制度设想：劳动产权的全面实现

我们设想的新型企业制度是劳动产权得以全面实现的制度，它建立在集合价值论的基础上，具有以下主要制度功能。

第一，它体现自由人联合体的社会主义制度属性。社会主义与资本主义在微观制度上的最大区别是企业产权制度的不同，前者以劳动产权为主导，后者以资本产权为主导。马克思"自由人联合体"的理念体现了这一本质属性。根据这一理念，企业应是各种劳动者自愿组成的共同劳动组织，应具有自主劳动并占有自己劳动成果的本质属性。根据这一理念形成的企业制度，既不同于被官方权力垄断的官有制企业制度，也不同于被资本产权垄断的私有制企业制度，而是劳动者的自主劳动权和劳动成果占有权都能实现的企业制度。这就要求，劳动者是自由人，其劳动是自主劳动，所有劳动者具有主体一致性，企业组织的所有领导职位和工作岗位均按照能利权责结构对称合理的原则进行自由竞争和双向选择，形成相互认同、相互负责的主体结构，事业共创、风险共担、利益共享成为企业的共同精神。

要做到这一点，就必须在自主选择、自由组合和自由竞争的基础上形成企业成员公认的企业组织章程、企业家团队、企业产品方向、企业文化、经营管理规则等企业形态。只有具备了这一形态，才可能将方向一致、情趣相投、相互理解、相互支撑的一批"自由人"组合成利益一致的"联合体"。

第二，企业产权由劳动产权主导，资本产权从属于劳动产权。劳动产权主导的企业中，资本产权作为劳动产权的"过去式"，其权益只体现在它投入资本的保值上，而劳动产权的权益则体现在新创造价值的分享上。

劳动产权与资本产权在增值和保值上的界分，是处理企业利益关系的准则。对资本所有者来说，资本产权体现在资本保值的权益上，这一方面避免了由通货膨胀带来的资本贬值风险，另一方面避免了经营管理不善或其他原因带来的资本运营风险，确保了其资本保值的权益。对当年或当次的劳动者来说，劳动产权既体现在分享全部新增价值的权益上，也体现在创造价值和承担风险的责任上。这种权益和责任关系，既体现了资本和劳动在价值形成和价值创造中不同的地位和作用，也体现了生产与占有相一致的根本法则。

相关的问题是企业如何获得资金。在资本产权主导的企业中，企业所使用的资金由资本所有者提供或筹措，相应地获得企业的剩余索取权。在劳动产权主导的企业中，企业资金由企业劳动者共同体在承担保值责任的前提下向融资银行或社会中资本所有者筹措，相应地承担风险责任。这就需要建立比以前更加严密周全的资金保值机制。

这种资金保值机制由三方面的内容构成。①严格的项目信用审核机制。企业创办者和中介机构分别向贷款银行提供项目可行性报告和项目风险评估报告，提供项目可行性报告的企业负有所借资金的保值及偿付责任，提供项目风险评估报告的中介机构负有信用连带责任。②价值构成中的资本保值部分在收益分配前的先行扣除制度。提供贷款的银行或金融机构监管企业的资金使用和收益分配，贷款本息的偿付额度作为成本，在企业总收益中先行扣除。③企业劳动者负有永久性的偿还责任。不能偿还的贷款本息作为企业共同体的共同债务分解到每个劳动者身上，贷款提供者有向劳动者个人追讨债务的法定权利。

第三，实现生产与占有相一致的制度功能。生产与占有的一致，意味着不存在任何剥削性质的剩余索取权。无论是凭借资本产权的剩余索取，还是凭借官方权力的剩余索取，都是对劳动产权的侵占。

新型企业制度是劳动者共同创造、共同分享劳动成果的制度，不存在剩余索取的特权。它通过两个分配步骤实现这种制度要求：企业总收入扣除各项成本（包括资本保值部分）后的总收益先分解为企业外社会公共服务部门劳动者的收益和企业内劳动者的收益，前者作为税收直接上缴政府，由政府部门进行再分配，后者在企业内按各个劳动者提供的标准劳动量直接分解为劳动者个人收益。两个步骤完成后，不存在剩余。

在这个分配制度中，企业内的劳动者和企业外提供社会公共服务的劳动者是集合劳动中微观和宏观两个层次，具有自我一致性，它们提供的劳动都受在市场经济体制下必要性和有效性要求的制约。

问题是企业发展所需要的积累和扩大再生产的资金来源如何解决。其途径是：①分解为企业劳动者的个人收益，劳动者可根据自己的意愿拿出一部分投资到企业，借此他可在下一年度拥有资本产权和劳动产权这两种产权的权益；②企业可根据自己发展的需要向银行或其他金融机构借贷资金，并按保值的原则履行还本付息的责任。

第四，形成必要性和有效性得以实现的效率机制。企业效率主要来自各种生产要素投入产出的必要性和有效性。要实现这种效率机制，就必须形成各个职位和岗位上的全员劳动责任制。这种责任制一方面建立在能利权责结构对称合理的企业主体结构上，另一方面建立在企业劳动者利益一致、风险共担的利益关系上。前者促使各个职位和岗位上的劳动者各尽所能、各司其职、各尽其责，后者促使他们相互之间精诚合作、相互支持、相互监督、相互补充。

第五，形成公平与效率相统一的持续发展机制。企业内部按必要性和有效性原则设置人员编制，职位和岗位配备所体现的能利权责结构应对称合理，按职位和岗位设定劳动能力系数并折算标准劳动量，按折算的标准劳动量分配企业净收益，这一系列环节的各个节点都强调公平与效率的统一。如劳动能力系数的设定，最高系数和最低系数的两极控制在公平促进效率、效率促进公平的正相关的合理区间内，严守这个合理区间，可有效地避免两极分化和平均主义的趋势。

公平和效率的统一是促进企业持续发展的主要机制。这个机制的形成是劳动产权得以全面实现的功能性标志。

第六，形成劳动者共同发展、共同富裕的利益结构。新型企业制度中，无论是企业内的劳动，还是企业外提供社会公共服务的劳动，相互之间既存在互为条件、互相促进的发展关系，也存在互为因果、相互增益的利益关系，在此基础上形成共同发展、共同富裕的实现机制。企业内各个职位和岗位上不同劳动者的共同利益凝聚在总收益上，只有每个劳动者尽职尽责，企业效率才能提高，总收益才能提高，每个劳动者的个人收益才能提高。企业外提供社会公共服务的劳动者的利益凝聚在各个企业上缴的税收上，只有每项公共服务尽职尽责，企业外部环境才能不断优化完善，企业上缴的税收才能增加，每个提供公共服务的劳动者的收益才能随之增加。这种相互增益的劳动关系和利益关系，运行在两极调控（富的一极凭财富不得异化为剩余索取权，贫的一极有"水涨船高"的社会保障）的合理区间内，只存在必要性和有效性的约束机制，没有剩余索取的异化性侵占，为共同发展、共同富裕的实现提供了根本性的制度条件。

14

劳动与资本的复合产权结构

企业产权是由劳动产权和资本产权构成的复合产权结构。由当年或当次的活劳动形成的产权结构，我们称其为劳动产权结构；由往年或上次的物化劳动形成的产权结构，我们称其为资本产权结构；劳动产权结构与资本产权结构的有机结合，形成企业的复合产权结构。

14.1　劳动的产权结构

劳动是劳动者体能和智能的有效付出，它有体力劳动与脑力劳动、简单劳动与复杂劳动、个体劳动与集体劳动、微观层次上直接面向市场的劳动和宏观层次上面向社会的公共服务劳动等区分，其产权有不同的表现形式和不同的实现方式，它们的不同组合形成不同的产权结构。

劳动者的劳动组合，表现为不同人在劳动共同体中劳动时间量的相加形成的总劳动量。例如，一个由 300 人组成的工厂，每人每天工作 8 小时，每周 5 个工作日，全年 50 个工作周，全年的总劳动量就是 60 万工作小时。假如该厂当年的总销售额是 3000 万元，扣除 1000 万元成本后，总收益为 2000 万元，上缴税收 400 万元（社会公共服务部门的应得收益）后所余 1600 万元在企业劳动者中分配，劳动者每小时的劳动所得为 26.7 元，每人年均劳动所得为 5.3 万元。

　　在这个例子中，劳动者的劳动能力、劳动时间、劳动贡献是平均的，其劳动产权是按人头计算的，没有任何差别，这是极端平均主义的体现。

　　然而，实际上劳动者的劳动能力是有差别的。这种差别体现在各个方面，有受教育程度不同的学历差别，有经验不同的工龄差别，有悟性、灵巧度不同的个性差别，这些差别造成不同劳动者在同一时间内的劳动效率不同，其劳动成果在质和量上也有不同。要将这种差别体现在每个劳动者的产权上，使生产与占有相一致，有两种基本办法：一是在劳动成果可以分割的情况下实行计件薪酬制，按每个人的实际劳动成果计算收益；二是在劳动成果不能分割的情况下，将劳动者的各种能力差别按一定的标准确定能力系数，以这种能力系数加权计算每个人的标准劳动量，并按这种标准劳动量分解收益。

　　假如，我们将高中毕业的学历定为就业的基本标准，高中毕业生劳动能力系数为 1，每增加一年受教育时间和工龄相应增加能力系数 0.1。再假定，上例工厂中有 100 人是刚参加工作的高中毕业生，其劳动能力系数为 1；有 50 人是刚参加工作的大专毕业生，其劳动能力系数为 1.3；有 40 人是本科毕业生，其劳动能力系数为 1.4；有 10 人是硕士，其劳动能力系数为 1.7；剩下的 100 人中各有 50 人分别是工龄 2 年和 3 年的本企业原职工，他们就业时都是高中毕业生，其劳动能力系数分别是 1.2 和 1.3。那么，经过加权计算后该厂当年的标准劳动量就是 726000 标准时，如表 1 所示。

　　企业总销售额是一个因企业效率和市场条件变化而变化的变量。企业的劳动产权结构越合理，企业效率越高；企业越能随市场变化不断创新，其竞争力越强。在绝对平均主义的产权结构中，劳动能力强的人，其主动性、积极性和创造性受到了限制和压抑，因此，企业效率不高。以能力系数加权计算的标准劳动时间构成的劳动产权体现了因学历和工龄不同而劳动能力不同的因素，学历高、工龄长的劳动者的主动性、积极性和创造性得到了激励和发挥，企业效率因此提高。假定该企业当年的销售额提高到 5000 万元，成本控制在 1500 万元，总收益为 3500 万元，上缴税收 700 万元，所余 2800 万元在企业内部分配，每个标准时的收益为 38.6 元，员工最高年收入为 131240 元，最低年收入为 77200 元，最高收入和最低收入的比例为 1.7∶1。

表 1　全部员工标准劳动量折算表（1）

人员情况	全年劳动时间（小时）	学历	工龄（年）	劳动能力系数	每人标准劳动量（标准时）	该档标准劳动量（标准时）	累计（标准时）
50 人	2000	高中	3	1.3	2600	130000	130000
50 人	2000	高中	2	1.2	2400	120000	250000
50 人	2000	大专	0	1.3	2600	130000	380000
40 人	2000	本科	0	1.4	2800	112000	492000
10 人	2000	硕士	0	1.7	3400	34000	526000
100 人	2000	高中	0	1	2000	200000	726000

　　然而，这种假设虽然考虑了因学历和工龄不同而劳动能力不同的因素，但没有体现劳动者悟性、灵巧度等个性不同而劳动能力不同的因素，也没有考虑到其能力特点与具体职位和岗位性质相匹配的因素以及因责任不同所付出的智能不同等因素。要体现这些因素，就必须将企业劳动者的能力因素（包括个性特点）与具体的职位和岗位联系起来考量。

　　个人能力与具体工作职位和岗位的匹配一方面需要企业人力资源部门根据职位和岗位的需要在现有人员中安排，另一方面也是更重要的方面，是通过自由竞争、双向选择的公开招聘方式确定各个职位和岗位的最佳配置。

　　自由竞争、双向选择的公开招聘，从求职者角度来说，他可充分考虑自己的潜在能力和个性特点，选择最适合自己的职位或岗位；从企业角度来说，它可将每个职位和岗位的能力要求、素质要求具体化，选择最适合的人选。如果按这个招聘程序确定企业每个职位和岗位的人选，那么，劳动者的能力系数就必然与具体的职位和岗位挂钩。考虑到工龄越长，工作经验越丰富、熟练程度越高，我们仍然维持每增加 1 年工龄增加 0.1 的劳动能力系数的设定。

　　假设上例的工厂设置 20 个管理职位、30 个技术职位和 250 个劳务岗

位，管理职位和技术职位的能力系数区间为 2～5（最高为 5，最低为 2），
劳务岗位的能力系数区间为 1～3，那么，就会形成更个性化的劳动能力系
数。如果厂长的能力系数设定为 5，副厂长及以下的管理人员的能力系数就
可能分别是 4.5、4、3.5、3、2。技术职位的情况也是如此。劳务岗位上的
员工是生产线上的人员，根据岗位职能的不同其能力系数不同，领班班长的
系数如果为 3，组长的系数为 2，新进厂的普通员工的系数则为 1。无论是
管理职位、技术职位还是劳务岗位，每增加 1 年工龄，其能力系数均提升
0.1。这样，即使是刚进厂的普通员工，有了 10 年工龄后，尽管他不是班组
长，也会得到 2 的系数。

这样，该企业全部员工的标准劳动时间折算就成为一人对应一个系数的
状况，如表 2 所示。

表 2 全部员工标准劳动量折算表（2）

人员序号	全年劳动时间（小时）	管理职位能力系数	技术职位能力系数	劳务岗位能力系数	工龄（年）	职级加工龄能力系数	全年标准劳动量（标准时）	累计（标准时）
001	2000	5			10	6	12000	12000
002	2000	4.5			8	5.3	10600	22600
003	2000	4.3			8	5.1	10200	32800
…								…
020	2000	2			2	2.2	4400	151800
021	2000		5		10	6	12000	163800
022	2000		4		6	4.6	9200	173000
…								…
050	2000		2		1	2.1	4200	350000
051	2000			3	10	4	8000	358000
…								…
300	2000			1	0	1	2000	1358000

在我们假设的三种情况中，第一种假设是绝对平均主义的劳动产权结
构，效率最低；第二种假设是以学历和工龄为权数加权折算后形成的劳动产

权结构，公平和效率机制得到了体现；第三种假设是以劳动能力与职位和岗位的最佳匹配为着眼点的结构，强调了自由竞争和双向选择的配置机制，是在公平与效率的结合点上形成的劳动产权结构，是更好、更能持续的效率机制。在这个效率机制下，企业的总销售额会大幅度地提升。

假设在第三种情况下，企业当年的总销售额提高到 9000 万元，总成本为 2200 万元，总收益为 6800 万元，上缴税收 1360 万元，企业内部职工可分配的收益就是 5440 万元。按此计算，每标准时的收益就是 40.1 元，员工最高年收入为 481200 元，最低年收入为 80200 元，二者比例为 6:1。

在我们假设的劳动产权结构中，每个人的利益与企业利益都是直接相关的，彼此都能在这个结构中看到自己的权益比重。如收入最高的厂长其权益占全厂权益的比重为 8.85‰，收入最低的员工占 1.47‰。企业的任何盈亏与每个人的切身利益都直接相关，且都能计算出来。

14.2　资本的产权结构

劳动者当年的劳动收益如果不全部用于生活消费，而将其中的一部分用于银行存款、购置房产出租、参股投资或借给别人使用，这部分收益就成为资本化的财产。其实这部分资本化的财产本质上也是劳动者的劳动成果。所不同的是，用于生活消费的那部分收益转化成自己新的劳动能力，以新的活劳动的方式创造新价值，形成新的劳动收益；资本化的那部分收益形成自己的财产，以资本的形式取得保值收益。

我们所说的资本，是由过去劳动成果转化而成的资金和各种生产资料。它包括货币、债券、股票、土地、房产、机器设备等非活劳动性质的生产要素。这些不同类型的资本进入价值生产过程后，改变原来的价值存在形式，将其原有的价值转移到新产品中，以不同的产权形式和权益实现方式体现其价值的存在，形成不同的产权结构。

创办企业和经营企业都需要资金。企业所需要的资金有各种来源：一是企业创办者的自有资金，二是从银行借贷的资金，三是从社会以债权或股权的形式筹集到的资金。不同来源的资金，产权虽属于不同的主体，其权益通过不同的方式实现，但到了企业家手中，都服务于企业运营的共同目的，形成多元一体的资本产权结构。

无论是建厂房、买设备，还是购买原材料、支付水电费，企业资本都会耗费在生产新产品的过程中。被耗费的资本不断改变它的价值存在形式，将其价值或一次性地或分批次地转移到所生产的新产品中。当新产品制成后，其被转移的价值作为新产品的成本体现在新产品的价值构成中。这时，新产品的价值构成就分成两个部分：一部分是成本价值，它包括了此前购买的各种生产要素且已消耗掉并转移到新产品中的价值；另一部分是当年或当次所有相关的活劳动创造的新价值。前者属于资本产权的权益，后者属于劳动产权的权益。

在上文所举的例子中，总销售额 9000 万元属于新产品的价值，总成本 2200 万元属于资本产权权益，总收益 6800 万元属于劳动产权权益。

在 2200 万元的资本产权权益中，有企业家自有资金的权益，有银行信贷资金的权益，有社会各方面的债权权益和股权权益。根据资本保值的要求，拥有资本权益的各个主体都要从该成本的分解中获得保值偿付。

然而，对提供不同资本的主体而言，保值偿付的额度和方式是不同的。对提供企业自有资金的企业家来说，他必须优先偿付银行信贷资金的本息、社会借款的债务和股份资金的股息。至于偿还多少和何时还清，取决于企业与相关银行、社会相关各方所签订的合同及其商业信用。但不管怎么说，资本保值是企业对资本产权各方必须履行的责任。这个责任是对企业财务的硬约束，"硬"到不履行这个责任企业就不能进行任何收益分配的程度。

严格意义上的资本保值，是资本的借用者保证借用前的资本原值与偿还后的资本现值购买力有相等的价值，也就是资本原值加上保值期内的通货膨胀值。如 1 万元货币上年能购买 5000 千克小麦，今年由于物价上涨，购买同品种同质同量的小麦需要 1.05 万元。这就意味着，去年借 1 万元，今年需还 1.05 万元才能使去年的 1 万元货币保值。

实际上不仅如此，企业从银行借贷的资金在偿还时除了资本的保值外还要加上银行服务劳动所创造的价值。假定银行的存款利率是存款者的保值利率（用以抵偿通货膨胀的损失），那么银行贷款利率与存款利率的利息差则是银行服务劳动所创造的价值。假如银行的年存款利率是 3%，年贷款利率是 7%，那么这 4 个百分点的利差就是银行服务劳动所创造的价值和应得的收益。

对从银行借用资金的企业来说，它是将资本保值和资本提供者的服务劳动应得的收益合并起来偿付的。在企业的成本构成中，偿付银行的本息都属于资本产权的权益。而实际上，在这种资本产权的权益中，也包含了银行员工的劳动权益。

银行提供的货币资金，其资本产权如此，社会提供的债权资金和股权资金也是如此。债权人把自己的资金借给企业使用，股权人将自己的资金入股企业，都代表他们对企业的关注、考察、评估等智能的付出，也应凭这种劳动取得相应的收益。因此，在企业偿付其债务和支付股息的保值部分中，也包含了相应的劳动收益。不过，这是附加在资本保值上的劳动收益，体现为资本所有者对资本监管所付出劳动的收益。但对企业来说，都属于资本权益的成本范畴。

我们可将社会上拥有货币、知识产权和各种物业产权的人统称为资本产权的所有者，他们凭借资本产权的权益可获得相应收益。这种收益的主体部分是资本保值部分，即能抵偿资本原值因通货膨胀而损失价值的资本现值，其附加部分是资本所有者为监管资本所付出的劳动的收益。

单纯为了资本保值可选择银行存款。货币资金所有者将暂时不用的货币存到银行，到期后取回本息，借此实现货币保值的目的。假定他存款 10000 元，一年后，按 2.5% 的存款利率取回本息 10250 元，多出的 250 元利息用以抵偿当年的通货膨胀损失的部分，使现有的 10250 元货币的购买力能与原有的 10000 元货币的购买力相等，这是单纯的资本保值行为。

如果他不将 10000 元货币存到银行，而是自己寻找投资机会，或直接借给看好的企业，或直接在看好的企业投资入股，他将有可能得到比银行存款更多的回报。如他可以按 5% 的利率把资金借给企业，也可以按 6% 的固定股息率长期在企业投资入股。如果他选定的企业确实有很好的信用和很好的发展前景，他得到的回报会高于存入银行的所得，高出的部分是他应得的智能劳动的收益；如果他选定的企业信用欠佳或发展不好，他就会遇到程度不同的麻烦和风险，这些麻烦和风险则是他应承担的风险责任（也可视为他智能劳动的负效益）。

土地、房产、知识产权和其他物业的资本产权，其权益的实现也是这样。如果他卖掉这些资本，将得到的货币存到银行，他的行为是单纯的保值行为。如果他用以出租或参股，就付出了相关的劳动，他就会在保值的基础上再得到相应的劳动收益，但同时，也要承担相应的风险。

14.3　劳动和资本的复合产权结构

任何一个企业的存在和发展，都离不开劳动和资本这两类生产要素。劳动和资本的组合是企业最基本的结构，它决定企业的产权结构、技术结构和价值结构。在这个结构中，劳动的产权结构和资本的产权结构是互为条件、相互渗透、相互制约和相互促进的复合结构。

首先是二者技术结构的复合性。劳动者能力的发挥需要一定的技术条件，职位和岗位的设置需要人力与物力的匹配，生产过程需要劳动时间、原材料、零部件、机器设备等各类生产要素的有机组合。可以说，企业中的每个人力都需要物力的匹配，每份物力的背后都有人力的支配。

马克思在分析资本主义生产过程时，用了资本有机构成的概念。所谓"资本有机构成"，是指由资本技术构成决定并能反映技术构成变化的资本价值构成。资本价值构成的一部分是用以购买劳动力的资本，即作为活劳动的可变资本；另一部分是用以购买生产资料的资本，即作为物化劳动的不变资本。在概念的内涵和外延上，它与我们这里所说的技术构成相似。所不同的是，马克思使用这个概念，其主要目的是说明资本的两个部分在价值增值中的不同作用：不变资本只转移价值，不增加价值；只有可变资本，才创造出大于自身价值的剩余价值。我们所说的劳动与资本在技术构成上的复合性，主要是从产权结构上说明劳动产权结构与资本产权结构在技术匹配上的相互依赖性。

一个工科博士再有能力，如果不给他配备相应的实验室或先进设备，他的作用也无法充分发挥；再现代化的实验室和先进设备，如果找不到合适的科学家或工程师，它也不可能产生应有的效益。只有二者相匹配，人和物两方面的作用才能充分发挥，产生最大的效益。在二者不匹配的情况下，人不能按其创造价值的能力创造出应有的价值，物也不能按其原有的价值在生产周期内保值。要使价值增值的权益和资本保值的权益同时实现，就必须使劳动的技术能力和资本的技术属性相匹配。

其次是在效率机制上二者的复合性。必要性和有效性的实现，既是对劳动产权结构的要求，也是对资本产权结构的要求。企业中每一个员工的增减，每一个职位或岗位的设置，每一道工艺工序上的人员安排，只有在符合必要性和有效性的要求时，才能人尽其才、物尽其用，形成较好的效率机制。否则，就会出现不是人浮于事就是人手短缺的效率损失。同时，企业所采购的原材料、所配置的机器设备、所准备的零部件、所使用的厂房仓库，都要符合必要性和有效性的要求。否则，原材料、机器设备、零部件、厂房仓库的短缺，会造成生产过程的中断或开工不足，其过剩则造成闲置和浪费。因此，只有在劳动和资本两方面都能符合必要性和有效性的要求时，生产过程才能正常运行，劳动才能创造出应有的价值，资本才能得到保值，二者的权益才能同时实现。

最后是在利益结构上二者的复合性。劳动权益和资本权益是在同一生产过程中实现的。劳动权益的主体和资本权益的主体，可能是不同的人，也可能是同一个人。企业的负责人，可以是单纯的职业经理，也可以是投资者；企业的普通员工，可以是单纯的劳务人员，也可以是将上年收入的一部分投资入股的股东。既是劳动者又是投资者的双重身份，决定了企业中的部分管理者和劳务人员是既拥有劳动产权又拥有资本产权双重权益的人。劳动产权与资本产权在主体上的重合，构成企业复合的利益结构。这种复合利益结构，决定了企业内在的利益实现机制既要追求价值的增值，也要追求资本的保值，将增值和保值的实现机制统一在相互增益的结合点上。这个结合点就是企业定位的准确、方向的正确、结构的合理、运作的正常。

在劳动权益与资本权益相融合的复合利益结构中，企业的任何风险都可能会带来劳动权益和资本权益的双重损失。虽然资本权益在成本分解中实现，劳动权益在收益分解中实现，二者各行其道，但成本过高会减少劳动者的收益分配，对企业持续发展不利。资本尽管能在本年度保值，但会带来企业持续经营的困难，迫使资本不得不退出企业，增加资本从一个企业到另一个企业的转换成本。这就促使资本所有者（不管是银行还是债权人和股权人）关心和支持企业的持续发展。

劳动和资本的复合产权结构，将劳动和资本的各项权益有机地结合在一起。技术的配置法则，要求劳动的能力结构与资本的属性特点相适应，形成单元上的效率机制。必要性和有效性的实现，要求劳动和资本的各个结构元素都能发挥出正能量，形成整体上的效率机制。劳动权益和资本权益的相互渗透，使企业的利益实现机制定位在相互增益的轨道上，劳动与资本形成名副其实的利益共同体。

14.4　以实现劳动者权益为合理内核的公有制

公有制理论是社会主义的核心理论。以前，我们是以公有制和私有制来区分社会主义和资本主义的，并以生产资料的占有方式决定公有制和私有制的属性。凡以国家和集体名义占有生产资料的，我们称其为公有制，属社会主义制度范畴；凡以私人或私人组织名义占有生产资料的，我们称其为私有制，属资本主义制度范畴。

劳动权益是人的根本权益，其实现程度决定社会制度的基本功能，其实现方式决定社会制度的基本形态。劳动权益是劳动者个性化的权益，只能体现在具体的劳动者身上。劳动者在任何社会，都是具体的人，他们每个人都有自己的个性特点、个人能力和个人利益。公有制取代私有制，不是否定劳动者的个性特点、个人能力和个人利益，而是为了更好地体现和实现人人都应有的劳动权益，消除一部分人剥夺或侵占另一部分人应有权益的制度因素。公有制内含的劳动者权益，只有落实到具体的人，其本质才能得到切实的体现。

公有制的制度本质是彻底摆脱政治压迫和经济剥削，使劳动者的劳动权益得到全面实现。为体现和实现这一本质，劳动者就必须有人身自由，自主劳动，并按生产与占有相一致的法则占有自己的劳动成果。这是社会主义制度赋予每个人的劳动权益。

传统公有制理论，只注重生产资料的占有方式和所有制形式，忽视了全面实现劳动者权益的制度功能。如它所注重的是以全民的名义占有生产资料还是以集体的名义占有，实行中央和地方分级所有的国家所有制形式，还是实行"三级所有，队为基础"的集体所有制形式。在这个框架内，权益主要集中在具有代表资格的所有者手中，至于广大人民群众的切身利益和具体权益，则被公有制下的各级组织所代表。

根据这种公有制理论，真正实现劳动者的应有权益有很大困难。在传统公有制理论及其实践中，劳动者个人的应有权益被理论抽象了，被实践否定了。理论上，劳动者的个人权益被抽象掉了，只剩下"大公无私"的组织化人格，并以此作为个人服从组织的理论前提。实践上，劳动者的个人权益被各种制度、体制和政策否定掉了，谁要谋求个人利益谁就有走资本主义道路的嫌疑。这种无法体现也很难实现劳动者个人应有权益的现实，抽空了公有制的合理内核，只剩下其光鲜的外壳在演绎着越来越使人难以相信的"合理性"。

在传统公有制理论的逻辑上，有一个"公"的人格化的问题。谁代表全民、谁代表国家、谁代表集体，通过什么程序、凭借什么条件才能取得这种代表资格，是公有制理论及其实践至今仍无法彻底解决的问题。之所以无法彻底解决，是因为根本不存在能够完全代表公有制属性的、绝对"大公无私"的、超然的、具体的人。只要是具体的人，他就必然有自己定位的本位，就必然存在为自己和自己的团队、自己的单位谋利益的本位的"私"心。无论是为自己谋私利的"贪腐"，还是为小团体谋利益的"特权"，抑或是为讨上司喜欢谋政绩的"官僚",为本单位谋利益的"能人",都有本位上自私的动机,这是人的本性使然。

人性如此,我们就不能将公有制所体现的"公"寄托在"大公无私"的代表者身上,而只能由其结构来体现,由其功能来实现。公有制的结构不是"普天之下,莫非王土"的人人依附于王者的结构,而是由所有成员的共同权益组成的自由人联合体结构。在这个结构中,每个人都有其独立的劳动权益,公有制的"公"体现在公众权益的普遍性、具体性和共同性上,而不是体现在代表这个结构的某个人、某些人身上。公有制的功能实现不是表现在一呼百应的统治秩序上,而是通过消除政治压迫和经济剥削,实现所有成员各尽所能、各得其所的共同发展。简言之,公有制所体现的"公"不在于它光鲜的外壳,而在于它合理的内核。这个合理内核就是,以具体的人为本,在人的理性基础上,所有成员都能得到实现的劳动权益。这与马克思"自由人联合体"的理念以及他所说的"在生产资料共同占用的基础上重建个人所有制"的设想基本一致。

公有制的"公"不是从外部强加给社会的意识形态、政治制度和经济关系,而是在共同体内部自然形成的具有公众性、共识性、公正性、共同性的社会属性。人民大众思想的共识、利益的一致、发展的协调、制度的认同,是公有制的根本。公有制的"公"是在这个根本的基础上形成的由劳动者个人权益集合而成的相互增益、共同发展的利益关系。这种利益关系的实体不是以组织或个人为代表而形成的外壳,而是公有制应包含、应维系、应体现、应实现的所有劳动者都应有的劳动权益。

公有制的这个合理内核是公有制的生命力所在、优越性所在。一旦这个合理内核被忽略、被否定、被异化,公有制就缺失了它的生命力和优越性。如果缺失了劳动者权益这个合理内核对公有制外在形式的结构性限制,其内在的合理性就不复存在。当公有制仅剩下一个光鲜的外壳时,这个光鲜的外壳很容易被贪污腐败所玷污,也很容易被实体所突破。

实事求是的思想路线促使人们对公有制进行深刻反思,将认识的焦点从公有制光鲜的外壳逐步聚焦到应有的合理内核上。人们在现实中追问:公有

制的主体是其全体社会成员，还是它的代表者或代理人？公有制的组织原则
是组织凌驾于人民之上，人民无条件服从组织，还是民主程序产生组织，组
织依法为人民服务？公有制内劳动者该不该有自己的人生价值、自主劳动的
权利、自己占有自己劳动成果的权益？这些问题的实质都指向公有制的定位
和定义：是将公有制定位在它的合理内核上，由其合理内核定义它的内涵和
外延，还是将公有制定位在虚幻的光鲜的外壳上，由其外壳代表它的内涵和
外延。

　　改革开放的实践用事实回答了这些问题。改革开放中的放权让利、两权
分离、产权明晰、自主经营、自负盈亏，实质上都是对公有制的代表者是
"大公无私"的人这个政治神话和逻辑前提的否定，都是对劳动者个人权益
的肯定。劳动者个人权益的本质是劳动者的人身自由、劳动自主，并根据生
产与占有相一致的法则占有自己的劳动成果。这是以人为本的"本"，是公
有制合理性和正当性的基础。

　　劳动权益不但体现在劳动者当今活劳动所创造的成果上，也体现在他过
去劳动的成果上。当今活劳动的成果表现为劳动收益，过去劳动成果表现为
资本收益，二者具有主体的一致性。这与传统理论中无产者和有产者阶级对
立的性质不同。劳动者的劳动成果可以用于当年或来年的消费，也可以为得
到保值收益而进行投资。对劳动者来说，用作消费的钱和用作投资的钱都是
他的劳动成果。对劳动者的权益来说，劳动权益和资本权益都遵循生产与占
有相一致的法则，都不存在剥削别人和被别人剥削的可能。

　　在我们主张的新型企业制度中，劳动权益和资本权益都是劳动者的个人
权益。公有制中劳动权益的完全实现意味着在劳动者的权益之外，不存在任
何人凭借资本和权势侵占别人权益的剩余索取权。不论生产资料的资本产权
来自何人、来自何方，它一旦进入企业的资本产权结构，就只有保值的权
益，不存在任何的剩余索取权。企业劳动者在确保资本保值的前提下共同占
有并使用这些生产资料，并根据生产与占有相一致的法则获得个人劳动收
益。这与马克思所说的"在生产资料共同占有的基础上重建个人所有制"
的设想基本吻合。

劳动者将过去劳动的成果转化为资本，是既合理又合法的事情。我们无法限制更不能消除这种再正常不过的现象。如果我们将这种劳动成果转化为资本并凭借资本获取保值收益视为"资本主义"，进而消灭这种"资本主义"，那么劳动者的收入就只能吃光用光，这是不合情理的，也不利于社会的发展进步。资本保值的权益与凭借资本获取剩余索取权的权利具有不同性质，前者是生产与占有相一致的劳动权益，后者则具有侵占别人劳动成果的剥削性质。

如果我们一味地坚持以生产资料占有方式界定公有制和私有制，而不是以劳动者权益能否完全实现为标准判别公有制的制度属性，那么公有制只能是一种形式规定。在这种形式规定下，凭借生产资料占有权获得剩余索取权的情形依然存在，所不同的只是剩余索取权的归属不同，私有制下剩余索取权归私人，公有制下剩余索取权归官方。在剩余索取权存在的情况下，这种剩余索取权就很容易成为政治压迫和经济剥削的基础。在这个基础上，无法实现劳动者生产与占有的一致，公有制的本质也就很难实现。

改革开放的实践已突破了公有制与私有制水火不容的制度藩篱。多种经济形式并存的经济格局说明公有制与私有制在社会主义制度中具有兼容性，多种所有制成分共同构成的混合所有制说明公有制元素与私有制元素在同一企业中具有共生性。无论是兼容性还是共生性，都已突破了传统理论的逻辑框架和实践模式，顺应了社会主义市场经济发展的必然趋势。只要我们顺应这个趋势进行制度创新，将资本获得剩余索取权的权利变成资本保值的权益，将劳动者过去劳动成果形成的资本权益与当今劳动形成的劳动权益有机地结合在一起，就能从公有制与私有制的兼容性和共生性中创造出生产与占有相一致的新型公有制形态。

15

新企业制度的行为机制

15.1 从"经济人"行为到"企业人"行为

企业目的是靠其行为实现的，企业行为是由其所有成员的个人行为集合而成的群体行为。因此，企业功能由其行为机制决定，其行为机制由其成员的行为结构决定。

古典经济理论以"经济人"的假设作为经济分析的基础和前提。这个假设是对参与经济活动的人行为动机和行为指向的假设。它假定参与经济活动的人都是出于自私利己的动机，都是为了实现自身利益的最大化。亚当·斯密作为古典经济学的代表在"经济人"假设的基础上揭示了"看不见的手"的市场机制。

斯密所说"看不见的手"不是单个人的手，而是由众多"经济人"交互作用而形成的"无形"的市场机制之"手"。在斯密的逻辑中，单个的人都是自私自利的，都希望以较小的付出获得较大的收益。然而，人们的利益是在市场互动中实现的，互动中单个人利己的动机会产生有利于别人和社会的客观效果。从斯密的逻辑中我们可以看到，尽管"经济人"的个人行为是自私自利的，但它能在人和人的互动中形成有利于别人和社会的公共利益，这个逻辑的关键在于市场互动过程中形成的制度和机制的功能。

斯密的这个逻辑说明了一个道理，即社会公正和公共利益不是取决于每个人"公"的动机，而是取决于人们在互动行为中制度和机制的功能。市场经济中，等价交换的制度和自由竞争的机制促使或迫使人们依靠别人、学习别人、追赶别人，与别人合作、为别人着想，在实现别人利益的同时实现自己的利益。逻辑起点的自然性与逻辑结果的社会性统一在逻辑的内在机制中。

"经济人"的假设是逻辑起点的确定。一切经济活动的行为都是由单个人的行为开始的，并由单个人的行为组成的。因此，以单个人的行为作为经济分析的原点是科学的，将"人人为自己"的行为动机和行为指向作为"经济人"的假设符合人的自然属性。

参与经济活动的每个人在其原点上都是自然人，属于人自己的只有他的能力——思维和行动的能力。个人财产是凭其能力获得的身外之物，不能与其本身的能力并论，因此它只能作为人们行为起始的一个条件，而不能作为人们行为发起的原点。人要生存和发展，就必须用其能力去实现其利益。以能力追求利益是每个人实现其人生价值的行为动机和行为指向。这是以人为本的、符合人性规律的基本假设。

当然，我们也可以将人人为公的"社会人"作为假设。假定在社会主义制度中，每个人都是"大公无私"的"社会人"，通过公有制、按劳分配和计划经济的制度及其机制实现人人都能发展的共同发展。遗憾的是，这个假设的前提被现实的真实性给否定了，其逻辑演绎也被现实的实践给否定了。我们不得不从真实的现实确立逻辑起点，不得不从真实的起点展开逻辑分析和社会实践。

真实的人是具体的人。理论抽象可以舍弃具体的特征，但不能改变其真实的本质。任何人在原点上都是自然人，人的自然属性决定人的自私性。人的社会属性是在其自然属性基础上通过人与人的互动逐步形成的属性。人的自然属性比社会属性更具根本性，将人的自然属性作为"经济人"的假设具有自然性和本然性的真实性。

然而，人性是不断进化的。人的社会属性通过文化、知识、伦理、道德的代代传承不断丰富和改变着人的基本属性。人应该做什么、怎样做才能实现人生价值的应然性，不断改变和完善人们纯粹为自己的自然性和本然性。因此，在对"经济人"的假设中，西方不同时期的经济学家对其有不同的设定。在古典经济学那里，"经济人"完全是自私自利的；在新古典经济学中，假设的"经济人"具有服从科学和市场规则的理性；在制度经济学中，假设的"经济人"则具有一定的社会性和利他性。

在集合价值的论域中，我们假设的"经济人"具有自然和社会的双重属性。在这双重属性中，人的自然属性是其本然性，具有自然理性；人的社会属性是其应然性，具有社会理性。在原点上，既有人人都想发展的自私的、本然的自然理性，又有发展必须在一定的社会基础上借助一定社会条件的应然的社会理性。人的本然性一旦启动，就必然受应然性的制约，这是行为动机与行为指向的内在关联机制。

做这样的假设，是因为人在完全独立存在的情况下，只能是自然人，其自私动机是自然的；一旦他开始发展，就必然与别人发生关联，如何处理与别人的关系这种应然性问题的产生就成为必然。任何人的行为都是在本然性的动机和应然性的指向明确后才开始的。因此，我们将"经济人"的假设定义在由其自然属性决定的本然性和由其社会属性决定的应然性这双重属性上。这种假设具有抽象的真实性。

任何人的经济行为都是从满足自我需求的动机开始的。吃、穿、住、用、行的需求是动机，安全、尊严、游玩、享乐、荣誉的需求也是动机，所不同的只是需求层次的差别。满足需求的程度和层次取决于自己的能力，能力的大小决定满足需求的程度和层次。需求的动机和满足需求的能力构成人们的行为机制。

需求和能力的组合是个人行为机制的二元关联结构。什么样的需求产生什么样的能力，什么样的能力满足什么样的需求，只有在需求与能力相互适应时，人们的行为才是合理和有效的。这是个人行为机制的一般规律。在完全的自然经济中，需求和能力的这种关联机制是明显的：要满足吃的需求，就必须有种植的能力；要满足穿的需求，就必须有纺织的能力。

商品经济中，等价交换的方式突破了人们能力和需求直接对应的限制。

由于人的具体能力可创造抽象化的价值，一定量的价值可交换等值的各种具体商品，因此，只要人们凭借自己的能力创造并实现了相应的价值，他就可以通过等价交换获取能满足自身需求的各种物品。这时，人的能力就变成创造价值的能力，能力的大小就要通过竞争来确认；人的需求就要由别人生产的商品来满足，需求的满足就必须经过市场的交换。因而，人们的行为机制就不再是能力和需求直接对应的二元关联结构，而是以市场为中介的三元关联结构。在三元关联结构中，如果市场的效能始终是等价交换，人们能力的大小与满足需求的程度就始终是对称合理的。一旦出现非等价交换的情况，就会产生能力大小与满足需求程度相背离的现象，就会背离生产与占有相一致的基本法则。

社会化生产方式和企业组织的出现，使个人行为也随之社会化和组织化。个人行为的社会化体现在社会发展对个人行为必要性和有效性的要求上，即只有对社会发展有用和有效的个人行为才被允许、才被承认。个人行为的组织化体现在个人行为必须满足企业职位和岗位的职责要求，即只有能够履行企业职位和岗位的职责时，个人才有行为主体的资格。

可见，在社会化、市场化的企业组织中，"企业人"与此前假设的"经济人"有不同的行为机制。此时的个人行为体现的不是以能力满足需求的简单的"经济人"的行为机制，而是由必要性和有效性、市场竞争、企业职责等多方面因素构成的社会化、市场化和组织化的"企业人"的行为机制。

然而，在"企业人"的行为机制中，"以能力满足需求"仍然是其基础和主干。不过，此前所说的能力是"自己想干什么和能干成什么"的能力，在这里，能力变成能够履行企业组织中职位或岗位职责的能力；此前所说的满足需求可通过需要什么就自己干什么来实现，在这里，需求的满足必须通过组织化的价值生产和价值分解才能实现，需求的具体内容表现为经过分解或分配程序才能得到的价值化的个人利益。

更重要的是，在"以能力满足需求"的自我一致的二元关联结构中，出现了权力和责任的组织化规定，即个人能力可因组织化的需要发展为支配别人的职权性能力，也可成为服从别人支配的从属性能力；同时，支配别人的职权拥有者面对服从这种支配的从属者必须承担相应的责任，这个责任就是不得减损从属者以自己本有能力可得到的相应利益。这就要求企业每个人的行为机制建立在能力、利益、权力、责任四个主体因素对称合理的结构上，我们称其为能利权责结构的对称合理。只有在能利权责结构对称合理的情况下，该行为机制才能与"以能力满足需求"的"经济人"的行为机制相一致。

个人行为一旦转化为企业行为，"经济人"就会变成"企业人"，企业所有成员的个人能力就会转化成企业能力，企业所有成员的需求就会转化为企业利益，企业的行为机制就会转化成以支配和服从为结构特征的权力机制，同时产生限定和约束这种权力机制的责任机制，个人能利权责结构的对称合理就转化成企业能利权责结构的对称合理。这是企业行为正当性和合理性的基础。

新企业制度就是在集合劳动的框架内，企业能利权责结构对称合理的制度，企业行为就是在此基础上形成的组织行为。

15.2 企业行为能力的最大化

企业的目标是通过生产和销售自己的产品实现其价值的最大化。要实现这个目标，就必须使其行为能力最大化。

企业行为能力的最大化，指在企业人员数量既定的情况下，形成的必要劳动量最大、创造的价值量最多、竞争力最强、效率最高的状况。它取决于五个方面的因素：一是产业和产品定位的科学合理；二是职位和岗位设置的科学合理；三是各个履行职责的个人行为能力最大化；四是团队合作效应的最大化；五是组织的内耗最小化。如果我们将前两个因素作为基础和前提，那么后三个因素就是决定性因素。

企业行为由企业每个成员的行为集合而成，每个成员的行为能力由履行职责的个人能力决定。企业中的每个人作为具体的行为主体，都承担着由其具体职位或岗位的职责决定的职能，正像足球场上按守门员、前锋、前卫、中锋、中卫、后卫的角色分工形成的职责一样，各自履行着由其职责决定的功能，他们各自的行为能力决定着球队的整体行为能力。

在职位和岗位设置合理的前提下，履行每个职位和岗位职责的效能取决于占有该位置的人的个人能力。谁来履行职位和岗位的职责，使其效能最大化，主要靠人选的竞争机制。一般情况下，这种竞争采取两种形式，一种是对短缺人才采取自由竞争、双向选择的对外招聘方式，另一种是在既有人才中采取能级对应、结构优化的内部调整方式。这两种竞争方式都是为了使既定职位和岗位获得最佳人选。一旦这种竞争机制失去活力和效力，将职位和岗位的职责固化在具有特定权力和利益的人身上，就会产生垄断权力、滥用职权、尸位素餐、故步自封的负面行为。这种负面行为产生负能量，会导致企业行为的扭曲、僵化和退化。

履行职责的个人能力不同于单干的个人能力。单干的个人，其行为边界是宽泛的，其能力的发挥是自由、充分的，不受职责边界的限制，没有越位的担忧。履行职责的个人，其行为边界受职权和职责的限制，缺位、越位、错位都是不允许的。在这种情况下，要使其行为能力最大化，就必须使其个人能力与职权和职责高度适应。否则，即使他的个人能力很强，但职权给他的行为边界很窄，他也会因顾虑"越位"而有限度地发挥自己的能力。这种状况会出现"大材小用"的能力损失。此外，个人能力较差，但职权较大，会导致两种情况，一是"庸才重用"导致职责履行不到位，二是"职权滥用"导致不良后果。这两种情况都是企业行为的负能量。

在个人能力与其职权和职责对称合理的情况下，个人能力发挥的程度取决于企业的激发和激励机制。激发指企业文化对个人潜力的促发、发掘，它是个人主动性、积极性和创造性对企业文化感召的反应，建立在个人追求目标与企业发展目标一致的基础上。企业文化具有的这种激发效应，会使人们的能力发挥得淋漓尽致。

激励指企业制度对个人特殊贡献的鼓励和奖励。当履行职责的个人或团队做出了特殊贡献，创造出优异成果时，企业会根据奖励制度给予表彰、鼓励和奖励。它是在正常分配制度之外设立的旨在对特殊贡献给予报酬的激励机制。这种激励机制，往往是企业创新行为的主导机制。

创新的实质是突破，它是人们在发展的端点上实现的突破性发展。创新作为突破性行为，是在原有基础上形成的新的发展势能。无论是技术创新、产品创新，还是理念创新、体制创新，创新的源头都来自具有创新意识的具体的人。人们的创新意识是应发展的需要产生的，大到新产品的研制，小到工艺技术的改进，都发端于人们的创新意识。

职责规定和行为约束的宽严程度决定创新空间的大小。在职责规定过于严格，任何人在任何情况下都必须严守既定规则的情况下，人们的行为被固定在既定的边界内，不敢越雷池一步的循规蹈矩就成为必然。在这种情况下，人们很难有突破和创新的念头。建立在这种制度上的企业管理适用于那些以固定技术、固定流程、固定工艺生产固定产品的传统生产性企业。泰勒的管理科学是其典型。

当技术创新、产品创新、管理创新、制度创新成为决定企业竞争力的关键时，职责规定和行为约束就必须弹性化，给每个人留有必要的创新空间。细节决定成败，创新功能的实现取决于创新行为的每个细枝末节。这就要求企业的每个人都具有创新意识、创新责任以及创新能力。

创新能力是人们的超常规能力，只有在这种超常规能力可以实现超常规利益时，人们的这种能力才能真正激发和释放出来。因此，企业利益的一致性和相关性决定企业创新行为的广度和力度。当这种超常规利益归少数人占有时，企业大多数人的创新意识及其行为就很难被充分激发出来。

企业团队的合作效应来自个人行为的相互配合，它是超出个人行为能量总和的团体能量。当企业各个主体的利益一致时，各个职位和岗位上的人会自觉地将其行为指向同一目标，相互之间的配合就是主动的、积极的和不太计较个人得失的，因而产生的效应必然趋向最大化。反之，企业各个主体之间的利益相互矛盾时，各个职位和岗位上的人就会各行其是、争功诿过、相互扯皮，对自己有利时争破头皮，对自己不利时或冷眼旁观或抵制推诿，相互之间的配合往往是被动的、消极的或是虚以应付的，由此产生的效应必然大打折扣，甚至是负面的。

因此，要使企业团队的合作效应最大化，就必须构建企业主体利益一致的利益结构。能力与利益一致，权力与责任一致，能利权责结构对称合理，是这种利益结构的本质特征。在能利权责结构对称合理的情况下，企业各层次的人相互间的行为具有正向的和系统的互补性，这种互补性具有将决策行为和实施行为无缝对接的系统效应。

企业组织的内耗指企业各个行为主体因行为冲突产生的效能损失。要将这种损失降低到最小，就必须消除引起人们行为冲突的各种因素。

一是能力的冲突。所谓"能力的冲突"，是指企业成员之间因相互不服气引起的冲突，它包括：①下级对上级的领导能力和决策水平不信服，对其指示不执行；②上级对下级的能力不满意，或越级指挥或直接干预；③同级之间相互不服气，指责对方失职或失误，不能有效配合。这些冲突造成职责不清、行为紊乱、发展失序，浪费时间和精力，贻误发展的时机。

二是利益的冲突。决策层、管理层和基层的人员有不同的利益形成和实现机制，当某一决策给不同层次的人员带来的利益产生矛盾时，针对这一决策就会产生行为上的冲突，有的积极推行，有的消极应付，有的阳奉阴违，有的坚决抵制。这些冲突会使既定的决策无法有效执行和落实，导致决策和管理的失效。如当企业剩余索取权由少数参与决策的人拥有时，凡是只增加决策者利益而不能给管理人员和基层人员带来相应利益却要求后者付出更多劳动的决策，就必然引发决策层与管理层和基层的冲突。

三是权力的冲突。权力是对他人行为和资源行使的支配权。每一份权力都对应着相应的能力、责任和利益。只有当权力与拥有权力的人在能力、责任和利益上对称合理时，权力的行使才具有使人心服口服的效力。如果拥有权力的人不具有相应的能力，不能负相应的责任，却能得到过多的利益，他人便会蔑视或抗拒这种权力，权力应有的效能就得不到实现。如果强制使用这种权力，就会出现各种逆反效应。

四是责任的冲突。责任是每个职位和岗位上的人必须履行的职责。这种职责有时是个人单独履行的，有时是班组或车间集体履行的，有时是跨部门共同履行的。当责任不明确或履行责任不到位时，就会出现责任链条的脱节，引起责任错乱的连锁反应。不合格原料的采购，是采购者不负责任的行为，如果不能被入库的验收员、生产中的质检员及时查出，就会造成最终产品的不合格，致使整个生产和销售环节上的一系列劳动成为无效劳动，给企业带来重大损失。

上述四种冲突，都会产生企业的内耗。其根源都在于企业主体利益的不一致和能利权责结构的不合理。只有消除这个根源，才能将企业的内耗降到最低。

我们所说的新企业制度，是企业主体利益完全一致的制度。由于不存在剩余索取权，企业创造的新价值完全归企业成员共同所有，企业的决策层、管理层和基层的主体利益具有整体和结构上的一致性。这种制度为企业团队合作效应的最大化和内耗最小化奠定了基础、创造了条件。

新企业制度建立在各个成员及其整体能利权责结构对称合理的基础上。这使每个成员在履行其职责时，有明确且合理的行为边界，促使其主动性、积极性和创造性充分发挥。在此基础上，可形成有序的竞争机制、有效的激励机制和全面的合作机制。这种机制，可促进企业行为能力最大化的实现。

15.3 企业风险的规避、承受和化解能力

企业是在市场竞争中生存和发展的，适者生存、优胜劣汰的规律给不同企业带来不同的命运。同一个行业，有的企业盈利可观，而有的企业亏损；同一种政策体系，有的企业发展得快，有的企业发展得慢；同一种市场环境，有的企业能抓住机遇获得生机，有的企业失去机遇走向没落。这说明，决定企业命运的主要因素不在企业的外部，而在于企业自身。企业的生命力来自企业自身的素质和结构，企业外部的环境和条件虽然能给企业的生存和发展带来各种机遇和风险，但能否抓住机遇、能否抗御风险，则取决于企业自身的能力。这正像大海中航行的轮船，是在风浪中前进，还是在风浪中翻船，取决于舵手驾驭风浪的能力。

任何企业的发展都不是一帆风顺的，都是在激烈的竞争中发展的。正如任何人都可能会生病一样，任何企业都可能会遇到风险。能否规避、承受和化解风险，决定企业发展的命运。

企业风险指企业在生产经营中出现的亏损、倒闭、破产等危及生存和发展的可能性以及已显现的危局，指的是企业面临的困境或绝境。

企业风险根据其主因可分为投资风险、财务风险、技术风险、市场风险、信用风险、质量风险、管理风险等不同类别。投资风险指在投资方向、投资时机、投资合作等方面选择失当造成重大损失的可能性及其态势。财务风险指财务管理不当造成的资金不能正常运转、债务不能及时偿还等导致企业无法持续运营的状况。技术风险指技术落后或技术不成熟造成的产品性能差、失去竞争力的状况。市场风险指价格、供求、垄断等因素造成的产品滞销状况。信用风险指企业的合作方不守信用、不能按合同履约等因素造成的经营秩序紊乱。质量风险指质量管理不到位造成的产品质量下降、产品报废、消费者投诉等状况。管理风险指管理不到位或管理措施失当造成的人事紊乱、生产紊乱、管理失序等状况。这一系列风险都可能导致企业的亏损、破产和倒闭。

企业的生命力取决于企业规避、承受和化解风险的能力。企业能否规避、承受和化解这些风险，决定企业能否正常和持续地发展，而规避、承受和化解这些风险的能力则来自企业的制度及其机制。

企业制度的功能一方面体现在其行为能力最大化的机制上，另一方面体现在其规避、承受和化解风险能力的机制上。前者是正能量的激发和集聚机制，后者是负能量的防范和消除机制。前者是企业健康行为的生成机制，后者是企业病态行为的免疫机制。

由于市场的不确定性、企业决策的相对性、管理措施的偏好性和实际操作者能力的有限性，各个行为主体失误、失当、失效的情况是难免的，企业风险的发生不可能完全规避。但企业制度的责任约束机制可将这种风险发生的可能性降到最低。

企业制度中的责任约束机制包括决策层、管理层和实际操作层各个职位和岗位上设定的责任机制。决策层的决策有职责约束、程序约束和责任追究机制，决策者必须对自己做出的决策承担责任。这种责任包括对信息来源的真实性和可靠性负责，对决策权限和程序的正当性负责，对决策效应的预期性负责。管理层实施的各项管理措施同样有职责约束、程序约束和责任追究机制，管理者必须对自己实施的管理行为负责。实际操作层虽然处于被动的执行者地位，但操作者的行为同样是职责规定的行为，违反操作规定、失职或失误的行为同样要被追究责任。在这种严密的责任约束机制下，除意外性的风险外，通常的企业风险均可规避。因此，责任管理在企业管理中尤其重要。

然而，在不同的企业制度中，责任管理的机制和效能是不同的。雇佣劳动制度下，决策者是资本家、企业主及其代理人，他们向资本负责，其决策带来的收益主要是剩余索取权的权益，与普通员工的利益关系不大。因此，普通员工往往因事不关己而对决策失误造成的风险听之任之，不会违背上级决策而自觉规避。

在我们设想的集合劳动制度下，企业的任何风险都关系到每个人的切身利益，即使决策层做出了错误的决策、管理层采取了不当的措施，实际操作者也会根据自己的判断在其职责范围内进行有效规避。如暂不执行错误决策，将自己的意见和建议及时上报；采取应急性的补救办法，尽可能地减少损失。这种利益一致基础上的全员规避风险的责任意识，会将风险排除在各个环节。

企业承受风险的能力取决于企业主体对风险的抗御能力。如果企业主体的财力不足以抗御风险造成的损失，其智力不足以解决风险带来的一系列连锁性问题，其心理不足以承受风险形成的压力，企业就可能会陷入破产和倒闭的处境。

雇佣劳动制度下，资本家和企业主是企业风险的主要承担者。他们支付成本的财力是其风险承受能力的底线。一旦他们的财力不足以支付因风险带来的高额成本，企业的运营就难以为继。由于员工工资必须按期支付，当企业财力不能按期支付时，就可能发生员工怠工、罢工的情况。原料、燃料必须及时补充，企业才能正常生产，一旦这些生产资料因资金短缺不能及时补充，工厂就会被迫停产。无论是员工的罢工还是工厂的停产，都意味着企业走向了困境或绝境。

企业风险是由一系列难以解决的问题导致的。能否解决这些问题，很大程度上取决于人们的智力。当有决策权的资本家或企业主缺少应有的智慧时，这些问题就成为走不出去的死胡同，多米诺骨牌效应导致的"崩盘"就在所难免。

企业风险最初只是一种可能性，这种可能性会对人们的心理造成无形的压力。如果这种压力无人分担，集中在资本家或企业主一个人或几个人身上，就会产生接二连三的叠加效应。当他们的心理承受不了这种日益增大的压力时，在本来有办法解决的问题面前就会变得一筹莫展，最终"无可奈何花落去"。

集合劳动制度下，企业承受风险的能力会成倍增强。因为：①员工的工资不在成本之内，为了抵御风险，维护共同利益，全体员工可将薪酬自觉降到最低，集中财力渡过难关；②企业全体员工会集中各方面的智慧，针对一个个问题逐一解决，尽可能地避免问题的连锁反应，将问题解决在各自的专业领域内；③利益相关、命运相连的利害关系，会使全体员工相互鼓励、相互支持，形成共同攻坚克难的心理长城。

不能承受企业风险的最终结果是企业在激烈竞争中被淘汰出局。之所以被淘汰出局，主要是因为企业产品在技术、性能、质量上失去了竞争力，且没有新的产品上市。要化解这种危机，主要靠企业的创新机制。

创新是企业生命力的源泉，是持续发展的不竭动力。风险是企业的灾星，创新则是风险的克星。风险将企业逼向绝境，创新则可使企业在绝境中突围。

企业产品是企业全体员工共同的劳动成果，凝聚着各个职位和岗位上必要和有效的劳动。这种劳动的质量决定着产品的性能和竞争力：劳动生产率的高低决定单位产品的成本，从而决定产品价格的竞争优势；劳动的技术含量决定产品的质量和性能，从而决定产品的竞争优势。

企业产品的品牌优势来自其价格和性能的优势，它决定企业在市场上的竞争力。这种品牌优势的保持和增强取决于企业的不断创新，即通过不断创新提高劳动生产率和劳动中的技术含量。鉴于此，主要靠品牌产品发展的企业必然会通过不断创新来化解同类产品竞争带来的市场危机。

当企业赖以生存的品牌产品失去竞争优势时，企业将会面临被淘汰出局的危险。这时，如果没有新产品的替代，企业就难以立足。因此，不断开发新技术、研制新产品、实施新战略的创新机制就成为企业持续发展的生命线。

用熊彼特的话说，创新就是"建立一种新的生产函数"，也就是构建一种由新目标、新产品、新技术、新工艺、新体制、新机制组合成的"新体系"。这不是个别环节的调整，也不是应急性的变动，而是创建一个可持续发展的系统性、长远性的新体系。这种新体系的形成，必须靠上下左右的联动和全体员工的齐心协力才能实现。

雇佣劳动制度下，企业内部的利益关系是矛盾和冲突的，对由创新带来的利益得失，决策者、管理者、技术开发者和普通员工的反应是不同的，这就必然增加创新的内耗，提高创新的成本。

集合劳动制度，是企业全体员工利益完全一致并高度相关的制度，具有全员联动和齐心协力的内在功能，由此形成的创新机制具有全员性和持续性。在生产与占有相一致的基础上，任何创新者都可享有创新带来的收益；在利益高度相关的情况下，任何人都有创新的职责和义务；在能利权责结构对称合理的行为机制中，任何人的创新行为都会给其他人带来相互增益的普惠效应。

有了全员和持续的创新机制，企业就会保持并不断增强创新的活力，新技术、新工艺、新产品就会层出不穷。当企业具有了这种创新能力时，每淘汰一种旧的产品就意味着新产品的诞生，每一次优胜劣汰的竞争就意味着企业面临新的生机。

16

企业家和企业团队

16.1　企业的合成机制

　　企业是由投资者、管理者、科技人员、生产人员、销售人员等不同职能的人员组成的生产经营组织和利益共同体。它通过各种职位和岗位设置以及责任管理，将不同的个人能力合成为实现同一目标的群体能力；通过一系列产品开发活动，将多种技术合成为生产某种产品的工艺和流程；通过人财物、产供销各个环节的整合，将多种生产要素合成为某种产品；通过企业理念的提出、认同和贯彻，将不同的价值观念合成具有凝聚力的企业文化。这种合成功能，使企业具有了集成性的生命力和创造力。

　　企业的合成功能来自企业的合成机制。所谓"合成机制"，是指企业通过自身的组织机能使其各成员的个体行为转化为集体行为进而实现统一目标的协同运作机制。从合成方式的分类来说，它包括企业的合作机制、决策机制、管理机制、协同机制；从合成的成果来说，它包括能力合成、技术合成、产品合成和文化合成等内容。

　　企业的合作机制建立在各种契约关系的基础上。合伙人、投资人之间按出资比例和职责分工签订合作协议或合同，雇主和雇员签订雇佣协议或合同，企业主与管理人员和技术人员签订聘用合同，企业主与知识产权拥有者签订技术入股合同，企业主与供货方或售货方签订供销合同等，都是以契约关系为基础确立了双方或多方合作关系。这些契约关系规定的相关各方的权利、利益、责任和义务，构成了企业的合作机制。

企业相关各方签订协议或合同，是因为它们之间有共同的利益关系，这种利益关系在不同的条件下有不同的结构特征和不同的实现方式，签订协议或合同的各方根据各自的权益以及市场预期在协商一致的基础上用具体条款规定下来，作为相互合作的基础。

建立在契约关系基础上的合作机制具有平等性、互动性、互惠性、预期性和时效性。只有在相关各方法权平等、互利互惠、预期合理、信守约定的情况下，这种合作机制才能产生正向、稳定、持续的预期合作效应。如果合作方出现权力垄断、利益冲突、行为背离或失信爽约的情况，合作的基础和条件就会发生改变，预期的合作效应就难以实现。因此，相关各方只有在利益一致的合作基础上相互尊重、诚实守信、齐心协力，才能实现互利共赢的共同目标。

企业的决策机制是企业领导层的核心成员根据企业章程对企业发展方向、发展战略和重大事项做出决断的机制。它建立在决策者的决策权限、决策程序规范合理的基础上。决策的实质是选择，选择的根据是选项的合理性。选项的合理性来自相关信息的全面性、准确性以及对选项分析论证的科学合理性。如果相关信息全面准确，预期目标的实现就趋向一条最佳的路径；如果相关信息存在不确定性，实现目标的路径就有各种可能。这就需要根据各种可能设计出不同的备选方案，以供决策者判断和选择。这种备选方案分析论证得越具体、越科学，对决策质量的影响越大。因此，决策是各种职责和智能的集成，它包括调查研究者、信息收集者和系统整理者的职责和智能，方案设计者和分析论证者的职责和智能，决策成员的职责和智能。如果信息失真或失效，分析不到位，论证不合理，决策者判断失误或受利益偏好的影响，都会导致决策的失误。

企业的管理机制由管理者根据管理制度为实现企业目标所采取的一系列措施构成。它建立在管理职责明确和责任链条合理的基础上。管理的实质是目标的分解和责任的落实。决策机制确定目标和路径，管理机制则把目标分解为具体的指标体系并将其落实到各个职责上，将路径细化为具体的步骤和措施并将责任落实到人。因此，在管理机制中，目标管理和责任管理是它的坐标系，每个管理元素（每个管理者、每项制度、每项指标、每项措施）都是该坐标系的一个点。无论是从目标和指标的分解中形成的各项任务和责任，还是从职位或岗位的规定中形成的各项职责，或者是每个管理层级采取的行为措施，都在目标与责任的关联中建立了逐一对应关系。没有明确的目标，责任就无法落到实处；没有责任的落实，目标的实现就会落空。从这个意义上讲，管理机制是目标和责任的合成。这个合成包括三个方面：自上而下目标的分解与自下而上的指标合成相统一，上下左右各级各类责任的无缝对接，各项指标与各种责任的逐一对应。

企业目标为刚性时，由此分解的一系列指标也是刚性的，各级责任也是刚性的，此时的管理自然是自上而下的指令性管理，发号施令的指挥是管理的主旋律。当企业目标随市场和技术的变化不断变化时，企业的目标就随市场参数的变化而弹性化，由此分解的一系列指标也是弹性的，各级责任也会弹性化。此时的管理就必然是上下左右不断协调的柔性管理，上下左右的协调和协同就成为管理的主旋律。

协同管理是在全员互动中通过全面协调实现同一目标的弹性管理。它是知识经济时代开放型、创新型企业的主要管理方式，适用于技术不断创新、产品不断更新的发展要求。知识经济时代是不断创新的时代。在这个时代中，固定格式的发展系统变为不断创新、不断变化的随机发展系统，封闭式的供给方主导体系变为开放式的需求方主导体系，层级服从式的线性管理变为融合集成式的网络管理。在这种管理格局中，企业内外是开放互通的，企业内部人和人的关系是互动的，企业的目标是不断更新的，各种职责都有创新的进取性，发展中的任何参数都是可变的。这时，根据既定目标分解任务和责任的管理机制就变为根据市场需要不断调整目标和责任的协同机制。在传统的管理机制中，管理职能主要由管理人员来行使；在协同机制中，企业所有员工都有协同的责任和义务。

当今时代，企业的任何一个职员，无论职位高低、职责轻重，都是具有独立人格的行为主体。在产品生产和销售的整个过程中，他们都起着关键作用。一个螺丝的松紧，一句对客户的话语，都可能影响企业的成败。当企业做出重大决策时，企业的每个员工都必须迅速做出反应。一个新产品的推出，一项新工艺的实行，要求相关职位和岗位上的人员必须在最短的时间内自觉调整自己的行为。只有这样，才能达到企业发展的步调一致。

协同机制是注重全员职能、自觉行为和互动效应的机制，它建立在全体职员对共同目标的理解和对共同利益负责的基础上。在传统管理体制中，企业决策信息和管理指令是通过层级隶属关系传导的，是通过指挥和服从关系实施的。在现代协同机制中，企业决策信息的生成和传导很大程度上是公开透明的，其范围和路径不受层级的限制，它能够在最短的时间内快捷地传导到每个员工。此时，每个员工会自觉地对企业决策做出适时反应，管理者的主要职能不是层层发号施令，而是根据员工的行为反应在职责范围内综合协调，促使上下左右的步调一致。

如果说传统的管理机制是目标和责任的合成机制，那么协同机制则是企业目标与全体职员自觉行为及其互动效应的合成机制。在这种机制中，全员性、自觉性和互动性是其主要特点。

企业合成的成果从不同角度来说有不同的形式。从组织行为上说，它合成的是由创造力和竞争力体现的企业能力；从技术路线上说，它合成的是生产特定产品的工艺和工序；从生产流程上说，它合成的是价值产品；从社会意义上说，它合成的是企业文化。

企业的创造力和竞争力不但取决于每个职员的个人能力，还取决于企业全体职员相互激发、相互促进、相互补充、相互协调的互动效应。这种互动效应对企业的整体能力具有倍加作用。共同目标的吸引力、企业文化的感召力、利益相关的聚合力、相互增益的共勉力，不但能激发每个人的潜力，而且能将每个人的能力聚合到同一目标上，使互动效应形成的集合力量具有一致性和持久性。

生产特定产品的工艺和工序是由一系列技术元素构成的，包括关键技

术、配套技术、产品设计、工艺操作、工序整合等各个环节。使用同一关键
技术生产的产品，其质量和性能千差万别，问题不在于关键技术本身，而在
于从技术到产品的技术路线上出现的偏差。配套技术不到位、产品设计不合
理、工艺操作不精细、工序整合不完善，都会使产品不能尽善尽美。只有在
技术路线实施的各个环节上，相关职员都尽职尽责、精益求精，才能使技术
合成的产品成为无懈可击的精品。

产品是由各种生产要素经过既定生产流程生产出来的。每种生产要素的
优劣，每道工序中生产要素的耗费，都关系到产品的质量和价格。只有在采
购中确保每种生产要素的品质合乎标准，在生产中确保每种生产要素消耗的
必要性和有效性，人尽其才，物尽其用，才能生产出性价比较高的产品。这
关系到从采购到生产的各个职员的责任。只有在每个人都尽职尽责时，才能
做到这一点。

企业文化是企业特质和企业共性的体现。从特质上说，企业文化是企业
所有个性的集成，包括企业特有的产品、特有的技术、特有的风格；从共性
上说，企业文化是企业的公约数，包括企业的章程、管理规则、共同的利益
和共同的理念。总的来说，企业文化是企业组织融合而成的精、气、神，是
具有吸引力、感召力和凝聚力的磁场。这种体现企业特质和共性的文化，是
企业真正的生命力和创造力所在，是企业的无形资产。关键时刻，它比有形
资产更重要、更有价值。

企业文化是在最高形态上合成的企业精神产品，它是企业无形的权威、
相互激励的要素、相互理解的意境、相互包容和宽容的情愫。

16.2　企业家的品格、地位和作用

企业的合成机制将企业变成一个有整体能力、整体形象且能独立运作、
独立承担责任的法人组织，将这个法人组织人格化并代表其形象的是企业
家。

企业家是企业的组织领导核心和精神领袖，通常他是企业的所有者、创

建者、组织者和领导者，担任企业的主要领导职务，行使企业的决策权，是名副其实的企业主。然而，企业主不等于企业家。企业主只在法权地位上具有企业家的必要条件，但并不意味着他就是企业家。企业家是从企业主群体中脱颖而出、具有诸多优秀品质的精英人物。

对企业家的定义，人们有不同的描述和概括。萨伊强调风险的承受能力，认为企业家是"冒险家"；马歇尔强调创新力、洞察力和统率力，认为企业家是将生产要素合理组织起来并有效使用的组织者和领导者；熊彼特特别强调创新能力，认为企业家是创新的灵魂，是能够通过创新建立经济要素新组合结构的人；在马斯洛"开明管理"的理念中，他认为企业家是超脱经济利益、有更高精神境界、负有社会责任的企业领导者，是社会发展最需要的人。他说：

> 要向一个衰败的社会引进最有价值的 100 个人，不会是 100 个化学家，也不是政治家、教授和工程师，而是 100 个企业家。①

不同制度环境和不同历史时期，企业家有不同的身份、品格和特征。资本主义工业化时期，企业家多指开矿办厂的实业资本家，他们有雄厚的财力，集所有权、决策权、管理权于一身，是竞争中的优胜者，在行业中有制定价格、制定标准、操控市场的垄断地位，是大型企业和财团的总裁、董事长或总经理。

信息化社会和知识经济时代，企业的产权结构逐渐发生变化，所有权和经营权逐步分离，职业经理阶层逐步掌控企业的经济命运，拥有知识产权和关键技术的技术阶层逐步掌控企业的产品方向，大股东、管理精英和技术精英共同掌握企业的决策权、管理权和经营权。这时，企业家就不再单指企业中最有钱的人，而是泛指成功企业的领导者团队，包括资本精英、管理精英和技术精英在内的企业精英。

---

① 〔美〕马斯洛等：《马斯洛论管理》，邵冲、苏曼译，机械工业出版社，2013。

现代社会，农业、工业和服务业融为一体，城乡一体化、区域一体化和世界经济一体化成为不可逆转的发展趋势，任何企业的发展都处在越来越开放，与社会各方面相互依存度越来越高的产业环境中，企业追求的发展目标越来越多元化，企业承担的责任和义务越来越具有社会性，传统的产品和价格战略已不能解决企业面临的各种问题，单纯的盈利多少已不能说明企业的成败。此时的企业家，就不再是就企业论企业的企业精英，也不单单是"以盈利多少论英雄"。当代的企业家，承担着企业和社会的双重责任。

我们可从世界公认的企业家言行中透视他们具有的品格。美国微软公司的前任董事长比尔·盖茨是世界公认的当代企业家，他在2014年《福布斯》杂志富豪榜上排名第一。比尔·盖茨是从计算机编程、软件开发走向企业家之路的。退休后，他把自己的财产全部捐给其名下的慈善基金会，没有留给自己的子女，全身心投入社会慈善事业。中国汶川大地震时，比尔·盖茨捐款130万美元用于救灾。可见，赚钱不是比尔·盖茨的最终目的，成功后回报社会才是他的最高精神境界。

在中国企业家马云的眼中，市场上有三种人：一是生意人，他们只为赚钱；二是商人，他们有所为，有所不为；三是企业家，他们为社会承担责任，为社会创造环境。他说："士农工商，商人如果以利益为先，将永远排在最末。我们要把自己定位为企业家，承担起社会责任。"

社会中大多数人是在企业就业的，大多数家庭的收入来自企业；社会财富主要是由企业创造的，人们的各种需求主要是企业生产的产品满足的。毫无疑问，企业是最具创造性的生产力组织，是承担着诸多社会责任的单元性利益共同体。

主导企业发展的企业家是从市场竞争中"拼杀"出来的优胜者，是真正出类拔萃的社会精英。他们的精神代表着国家和民族的进取性，他们的品德代表着社会的文明程度，他们的能力代表着当代社会的创造力，他们承担着国家发展、民族振兴和人民幸福的社会责任。

企业家的品格是企业家个人的人格、企业组织化的人格、企业社会化的人格三位一体的人格。作为个人，企业家必须有"以能服人"的高超能力，有"以德服人"的高尚品德，他是在众多优秀人才中脱颖而出的佼佼者。

作为企业的创建者、组织者和领导者，企业家必须有高远的战略眼光，有独到的捕捉机遇、不断创新、引领方向的能力，他能将社会最新形成的需求迅速变成产品使之满足这种需求，能将消费者对产品不满意的地方迅速改进使之尽善尽美；他必须有宽广的胸怀、包容的气量，有营造具有吸引力、感召力、向心力和凝聚力的磁场效应的能力；他必须有明察秋毫、明辨是非、当机立断的决策能力；他必须有脚踏实地、将各项决策落到实处的实际处置能力。

作为对国家、民族和社会负责的社会化人格，企业家必须将自己的思路与国家和社会的发展路径接通，必须准确预测国家和社会的发展方向并根据这种方向把握机遇；他们既是现实主义者又是理想主义者，必须将理想的目标与现实的步骤结合起来，既不偏离方向又能实现一步步地发展；他们必须有较强的社会责任感，有为社会多做贡献、多尽义务、自觉化解社会危机的思想境界。只有这样，他们才能得到广泛的社会认同和来自各方面的理解和支持。具备了这种品格，企业家方能立于不败之地，就能获得越来越大的发展空间和越来越多的支持，就能通过不断创新占领各自领域的制高点。

企业家的地位不是取决于企业主的身份和他拥有的权力和财力，而是取决于由其品格决定的各种能力及其影响力形成的效应力，更具有决定意义的，是他在企业合成机制中的主导能力。

企业家和企业合成机制具有互生性。从某种意义上说，企业家是企业合成机制的成果，没有企业的合成机制，就不会产生企业家。但从另一种意义上说，企业家是企业合成机制的主导者，没有企业家的主导，企业的合成机制就无法有效运作。无论是合作机制、决策机制、管理机制，还是协同机制，其主导者都是负有合作责任、决策责任、管理责任和协同责任的企业领导者。无论是能力合成、技术合成，还是产品合成、文化合成，其目标方向、关键技术、发展战略和核心理念必然出自企业精英。在这种合成机制中，具有企业家品格的企业领导者和企业精英决定着合成的效能和品位。同样的员工、同样的设备、同样的投入，之所以会生产出优劣不同的产品，形成高低不等的价值，形成品位不同的文化，其关键在于这个企业的领导者的品质差异。

企业家向企业提供的不仅仅是他们的资金、他们的才能、他们的权威，更重要的是他们能将企业融为一体的品格效应。每个企业家的背后，都会有相应的品牌企业、品牌产品、品牌文化，都会形成一笔巨大的无形资产。这种品牌及其无形资产，既是企业合成机制的成果，也是企业家品格效应的成果。

不少经济学家认为，中国从来不缺人力、物力，现在也不缺财力，最缺的是能将人力、物力和财力组织起来生产出优质品牌产品的企业家。事实也确实如此。中国的经济总量已跃升世界第二，多种产品的产量已是世界第一。有研究报告统计，中国有包括家电、医药、电子等 10 个制造行业在内的共 80 余种产品产量位居世界第一。但产品质量、技术含量、创新能力、人均产出都与世界先进水平有很大的差距，占据世界制高点的品牌产品与我们的大国形象还不相称。这不能简单地说明中国人素质差、水平低。只要我们认真、深入地分析其中的原因，就不得不承认：我国企业中缺少管理精英和技术精英主导的创新引导力量，也就是说，缺少一支强大的能创造品牌企业、品牌产品和品牌文化的企业家队伍。

16.3 企业团队的结构效应

企业家的品格效应所体现的不是企业家个人的个性，而是企业团队的结构效应。只有在企业团队具备了一定的结构特征时，才能产生企业家；只有企业团队将企业的所有职员、所有元素融为一体时，企业家的品格效应才能充分显现。

企业团队是由企业各个职位和岗位上的人员组成的职能性联合体，是由相关职能的不同组合形成的多维立体运行的主体结构。它包括决策、管理、生产、销售等职能的组合，包括技术开发、产品设计、设备维修、质量管理等职能的组合，包括原材料采购、仓库管理、燃料管理、动力管理、车间管理等职能的组合，包括人力资源管理、财务管理、后勤管理等职能的组合。这些组合形成了上下左右相互关联的职能联动体系。它就像由各个职能编织的网络，每个人都处在这个网络的节点上，每个人正能量的正作用力都会将相关的节点拉紧，每个人负能量的反作用力都有可能造成网络上的漏洞。

企业一旦形成职能联动的团队，任何人的作用力都会通过既定的结构传导到相关人员，个人的能量就会集成企业的能量，个人的作用力就会变成企业团队的合力。这时，企业团队的合力大小，起决定作用的就不是某个人或某些人个人能力的大小，而是企业团队既定结构的合成效应。

团队的不同结构产生不同的合力。在利益结构上，有利益约合结构和利益集合结构之分。前者是根据各种契约合同建立起来的利益关系，后者是根据生产与占有相一致的法则分解共同利益的利益关系。在利益约合结构中，各种利益关系被限定在事先约定的条款中。如果企业发展和市场变化都在相关各方的预期中，相关各方自然能相安无事；如果企业发展和市场变化超出了预期，就会产生对一些人有利对另一些人不利或者对一些人利大对另一些人利小的问题。这时，相关各方就会有不同的行为反应：有的支持，有的反对；有的积极，有的消极；有的坚持下去，有的选择离开。这种情况下，企业形成的合力必然减损。

利益的集合结构是全员利益一致且同向互动的结构，不论企业和市场发生何种变化，相关各方都处在方向一致的变动中，有利时对大家都有利，不利时对大家都不利。因此，任何情况下，企业形成的合力都是稳定有序的。

雇佣劳动制度下，资本家和劳动者是约合的利益关系。当企业遇到危机时，直接危害对象是资本家和企业高管。他们为了化解危机，可能会采取裁员、降薪、停产、加班等措施，这些措施会损害普通雇员的约定利益，自然会遭到这些雇员的反对或消极抵抗，企业抵御和化解危机的能力必然有限。

集合劳动制度下，决策者、管理者和基层员工的利益是一致的。遇到危机时，企业全体职员自然会形成同舟共济、齐心协力、共渡难关的合力。

在企业权力结构上，有集权专断结构和权责分解结构之分。集权专断结构是指企业的决策权和指挥权集于企业主一人，其他职员都是服从者和执行者的团队结构。在这种结构中，企业成败兴衰的命运都掌握在企业主手里。只有在任何时候、任何情况下企业主都不会失误时，才能保证企业正常运行；只有在企业主品德、素质和能力都出类拔萃时，企业才能高效运行。其实，这两种假设都很难成立，倒是负面的情况时有发生：当企业主品德、素质有亏时，身边常会出现溜须拍马、阿谀奉承之流投机取巧、搬弄是非，影响企业主的判断和决策；当企业主精力、能力有亏时，就会出现或优柔寡断、束手无策或刚愎自用、孤注一掷的失误；特别是当企业遇到危难时，往往会出现众叛亲离、树倒猢狲散、一发不可收拾的败局。

权责分解结构是指根据企业发展的需要将权力和责任分解到各个职位和岗位上，使每个职位和岗位上的人能力与权力匹配、权力与责任匹配，形成能利权责对称合理的结构。这种结构下，任何人的权力都限定在职权范围内并承担相应的责任，由此形成的是全员性的互动机制和"免疫"体系。只要职权配置合理、责任管理到位，就可有效地避免出现整体性的失误和连锁性的危机。

在企业责任结构中，有刚性结构和弹性结构之分。责任结构是关联性很强的链条，它将上下左右的责任关系通过职责规定联系在一起。当企业生产的产品是不受市场变化影响的定型产品时，处在生产这种产品各个环节上的人员履行的职责是不变的，其责任结构越严密、越严格，出现责任事故的现象就越少。这时，严密、严格的刚性责任结构就是必要的。

当企业面临同行业的激烈竞争，原有产品的性能和价格不能适应市场供求的变化时，产品的改进和新产品的开发就成为必然。这时，不断改进和开发产品就成为企业发展的主旋律，为原有产品谱写的"曲调"就要随之调整"音符"。每个职员的职责行为犹如"曲调"中的每个"音符"，他们只有自觉地将各自的"音调"调整到位，才能奏出旋律优美的新曲子。

刚性责任结构是各种既定职责锁定的结构，它建立在严格的规章制度和组织纪律上，是不能越雷池一步的责任体系。弹性责任结构是在创新和调整中自觉适应的结构，它建立在各个职员对企业目标的关心、理解和自觉负责的基础上，是心灵相通、利益相关的责任体系。

刚性责任结构产生的效应是统一指挥、统一行动下的既定目标的实现。目标价值的准确无误、决策的绝对正确、执行的不折不扣，是确保其效应的三个条件。一旦目标价值失准、决策有误、执行偏差，就会产生负面的效应。

弹性责任结构产生的效应是全员联动、自觉互动下的创新目标的实现。创新目标的全员认同、上下左右的全面配合、各个职员自觉的互动互补，是确保其效应的三个条件。只要目标明确、配合到位、各尽其责，就能形成灵活有效的互动效应。

在企业文化结构上，有自觉认同结构和强制推行结构之分。企业文化是人心和人力聚合或融合而成的集成性文化。"物以类聚，人以群分"，什么样的人以什么方式聚合在一起，就会形成什么样的企业文化。如果是有钱、有权、有势的人以雇佣方式创建的企业，往往形成资本产权主导的企业文化。这种企业文化，往往以赚钱为目的，以利润最大化为目标，以企业主利益为核心利益，以企业主的意志和权威为企业运行的轴心。这种情况下，企业文化应有的向心力、吸引力、感召力、凝聚力和创造力都建立在资本产权的控制力和企业主的人格和信誉上。一旦资本运行紊乱或失控，企业主的人格亏损、信誉丧失，企业就会失去根基、失守底线，成为一盘散沙。

如果企业是由有共同利益、共同理念且志同道合的人组成的团队，具有自由人联合体性质，这个团队就有共同的根基和共同的方向。在这样的团队中，大家的心灵是相通的，相互理解、相互宽容、相互配合、相互融合就是自然而然的。这种自觉认同的企业文化，具有自然的向心力、吸引力、感召力、凝聚力和创造力。各个层级之间的从属关系不需要在强权下通过强制、迫使来维系，只要自觉履行好各自的职责就能上下一致；人和人之间不需要欺瞒哄骗，只要坦诚相待就能相互理解、相互配合。

成功的企业，成功的企业家，必然拥有一支能使其成功的团队。这个团队的结构要素与其他企业相比，在资金数量、人员数量、市场环境等方面可能是相同的或相等的，但其结构效应则完全不同。它可以以更低的成本生产出性能更好、价值更高的产品；可以在激烈的竞争中不断调整、不断创新，持续地占领行业中的前沿领域；可以在危机来临时抓住新的机遇，齐心协力，突破重围，再获生机。

这种结构效应是企业团队结构得到优化时才有的效应，其标志是：①企业全体职员追求的发展方向是一致的，决策者、管理者、技术人员、生产人员等全体职员的意志和行为可随时聚焦到同一目标上；②企业每个职员在各自职责上的作用力是正向的，具有自我调整、自我适应的主动性和灵活性；③企业每个职员的行为是自觉的、主动的、积极的，具有相互理解、相互宽容、相互配合的互动性和互补性。

要实现企业团队结构效应的优化，就必须同时满足微观和宏观两方面的条件。从微观方面来说，主要是：①企业的组合是自由的，每个人都是自由自主的自由人，他们自我实现所追求的目标与企业发展目标是一致的；②企业职员的利益关系是一致的、相互增益的，不存在剥削和压迫的可能，生产与占有相一致的法则得到全面贯彻并确保其实现；③企业人员编制、机构设置以及岗位和职位的人员配备符合能利权责对称合理的要求；④企业的每项开支、每项决策、每项措施都具有规律性和合理性，符合必要性和有效性的要求；⑤企业在公开透明的机制中运行，每个职员都具有理解企业总体战略的悟性，都具有尽职尽责且能自觉互补的主动性。

从宏观方面来说，主要是：①企业所处的市场环境是开放的，市场配置资源的价值规律充分发挥作用；②企业所处的社会环境是公正有序的，民主法治、公平竞争、诚实守信是社会公认和共守的制度规范；③政府行为以服务为宗旨，其各项管理措施以优化企业的产业环境为目标，国家宏观调控所采取的各项措施是必要的和有效的，且符合公平与效率相统一的方向。

企业团队的结构效应是宏观制度和微观体制的综合体现。有什么样的宏观制度，就有什么样的企业组建规则、产权制度、产业环境和发展空间；有什么样的微观体制，就有什么样的产权结构、职能体系、运行机制和互动效应。

因此，企业一方面是企业职员组成的生产经营组织，另一方面是社会制度体系中的一个细胞。要实现企业结构效应的最优化，就必须从微观和宏观两个方面为其发展创造一系列条件。

17

公共服务

17.1 公共服务的内容和特点

公共服务指由国家及其政府法定的公共机构面向全民提供的用以满足民众生存和社会发展需要的公益性和共享性服务。这个概念中有三方面的规定性，一是提供公共服务的主体是国家及其各级政府所属的公共机构，具有法定的公共性；二是接受公共服务的受体是全体公民，具有全体性和共同性；三是公共服务的内容是能够满足全体公民生存和社会发展需要的公共产品，具有公益性和共享性。

现实语境中，公共服务有广义和狭义之分。从广义的角度理解，公共服务指国家及其各级政府的公立机构和公职人员使用公共权力、公共资源向全社会提供的所有职能性活动，也可以理解为凡是以政府收入（包括财政收入、基金收入等项目在内的所有政府收入）运行的所有活动都属公共服务的范畴。从狭义的角度理解，公共服务仅指政府提供的能直接满足公共教育、公共卫生、社会保障、社会保险等基本民生性需求的服务，如我国目前使用的"基本公共服务"概念。笔者使用的概念具有广义性，是法定公共机构履行其公共职责，"以税收等征收项目取之于民，以财政等支出项目用之于民"的公共治理所涵盖的所有公益性和共享性的公共服务。公共职责、公共财政、共有权益、共享服务，是公共服务的本质特征。

公共服务是用来满足公共需求的服务。任何社会中，公众都需要通过公共治理满足他们的公共需求。这些需求包括：①建立和维护不受外敌侵略和侵犯的国防体系，以满足国家和民族安全的需求；②建立和维护国内规范有序的生存和发展秩序，以满足社会发展和国民生活稳定、规范、公正、有序的需求；③建设和维护公有、共用和共享性的交通运输、信息传输、水电供应、教育卫生等基础设施，以满足公共性的民生需求；④建立应对自然灾害、突发性事件的应急救援体系和特困群体的救助体系，以满足救灾扶困的需求；⑤提供共享性、福利性的公共产品，均质性地提高公民的生活质量；⑥建设面向未来的公共工程，以满足共同发展、持续发展的需求。这些公共需求，任何个人和私人团体都无法通过自身的努力来满足，只能由具有公信力、公权力和公共财力的国家公立机构来满足。

公共服务的主体机构、服务内容、服务方式和服务水平随社会发展和制度演变不断发展变化。原始社会中，没有专设的公共服务机构，公共服务和私人生活是混为一体的，都融合在原始部落的群居生活中。奴隶制社会中，奴隶依附于奴隶主，奴隶生活是奴隶主生活的一部分，称得上公共服务的活动体现在奴隶制国家的统治、管理和对外战争上。封建社会中，国家机器逐步健全完善，公共服务开始向多个领域拓展，除了维护国家主权、领土完整和统治秩序外，逐步向调节社会矛盾、发展文化教育事业、赈灾救济等民生领域延伸。

现代公共服务是与市场经济同步发展起来的。市场经济是自由竞争的经济。在这种经济制度中，人们生存和发展的各种需要主要通过市场机制来满足。通过就业取得收入用来消费，是人们基本的生活方式。但是这种方式不能满足全体国民生存和发展的全部需要。不到就业年龄的少年儿童，丧失劳动能力的老弱病残者，他们没有收入来源，单靠其家庭无法保障他们应有的生活水平，需要社会为他们提供相应的生活保障。市场机制的优胜劣汰、周期性经济危机，常常会造成企业倒闭、工人失业。为了保持社会稳定和经济持续发展，国家必须向这些失业工人提供生活保障。市场经济按其自身规律，不可能解决结构失衡、两极分化等宏观性的社会问题，必须由国家通过公共财政项目、社会保障和公共福利政策来解决。市场经济是以营利为目的的自发经济，而非营利的国防、行政、法治、文化、教育、科技、医疗、环境保护、基础设施建设等公共性需求只有靠政府主导的公共服务活动来满足。社会越发展，文明越进步，公共需求的范围越大、层次越高。现代发达国家中，由政府主导的公共服务开支占国民生产总值的比重已高达 40% 以上。

一般来说，市场经济只能在微观领域解决人们的民生问题。人们在宏观领域中的诸多需求（如安全、公正、共同发展）只能通过国家及其各级政府的公共治理来满足。

现代公共服务不但是国家向全民提供基本生活保障、安全保障、社会福利，遏制两极分化的重要手段，也是国家治理、宏观调控、持续发展、提高文明水平的主要方式。没有必要的公共服务，市场经济就会畸形，走向两极分化；没有完善的公共服务，就不能形成现代国家的治理体系；没有优质和高效的公共服务，就不能形成国家的核心竞争力，就不能引领人类文明的潮流。

社会主义按其本义来说，是立足社会、着眼大众、共同发展的社会制度，它的制度主张和理想目标是国家及其政府向社会全体成员提供更大范围、更多内容、更高水平的公共服务。然而，由于历史和现实的各种原因，我国社会生产力水平起点低、制度不完善、体制和机制不健全，加上"以阶级斗争为纲"的错误路线，国家和各级政府向人民提供的公共服务内容偏少、水平偏低、结构不合理、效能低下。传统体制下，高度集中管理的"一大二公、大包大揽"式的公共服务不但满足不了广大人民群众共同发展的需要，甚至连基本的生活需要也难以满足。

改革开放的实践突破了传统社会主义原有的理论体系和制度框架，使我国逐步走向中国特色的现代社会主义市场经济发展道路。经过数十年的改革和发展，市场经济体制逐渐成熟，政府职能逐步向服务型转变，义务教育、公共卫生、医疗保障、社会救济、就业服务、养老保险等公共服务体系逐步健全。但是，由于长期的城乡分治，公共服务呈城乡二元格局；地区发展不平衡，东中西三大经济地带的公共服务差别很大；中央和地方财权与事权不对称，导致公共服务结构失衡，应有的服务项目不能完全到位；各级地方政府财力不均衡，无法实现公共服务的均等化。广大人民群众对共同富裕的向往和期盼，呼唤着国家和政府向全民提供与社会主义制度相称的均等和优质的公共服务。

根据社会主义市场经济的要求，向全民提供的公共服务应具有以下内容和特点。①中央财政向全民提供托底性的公共服务，包括国家安全、社会稳定、基本生活保障、义务教育、灾难救助和社会保险。②中央及地方各级政府向全民提供均等化的基本公共服务，除托底性的公共服务外，还包括均等化的医疗保障、就业服务、养老保险、科教事业、文体事业、交通运输、城乡建设等方面的公共服务。③中央及各级政府向全民提供共享性的社会福利，包括生态治理、环境保护、健康关怀、人文关怀等方面的公共服务。④中央及各级政府向微观经济领域提供优质和高效的宏观管理服务，包括产业规划及其政策、财税管理、金融管理、市场秩序管理等内容。⑤国家有关机构向全社会提供"依法治国"的公共服务，包括制定和修订各种法律法规，加强司法、执法、法律监督等内容。

17.2　中央财政应向全民提供托底性的公共服务

所谓"托底性"公共服务，是指由中央政府向全民提供的能维护国家主权和领土完整、社会稳定并为人民生活提供基本保障的基本服务，它是由国防、内政和民生三条底线构成的国泰民安的基础。

首先是国防的底线。国防是国家和民族安全的基础，是应对外敌侵犯的防线，也是维护国家和民族主权尊严的底线。保持一定的国防力量，使其具有震慑敌人、防范敌人、战胜敌人的能力，是国家和民族安全的需要。

国防力量的大小取决于三个主要因素：一是外敌对国家安全造成的威胁大小；二是国家可用于国防费用的财力大小；三是国家承担的国际责任和义务的大小。

这三个因素都是可变的。就第一个因素而言，它取决于国家的对外战略。实施对外扩张战略，推行霸权主义，必然四面树敌，惹火上身，国家面临的危险就会不断增加；实施和平发展战略，通过政治和外交手段不断解决国际纠纷，化解国际矛盾，增加国家间的互信，必然会减少冲突和对抗，将各种战争风险管控在双边或多边相互理解、相互克制的范围内。我国坚持的和平崛起战略就是最大限度管控战争风险、维护和平发展秩序的对外战略。

就第二个因素而言，它取决于国家的财力分配。在国家财力和必要行政费用既定的条件下，国防费用支出多了，民生费用必然减少；民生费用多了，国防费用必然减少。是增加国防费用还是增加民生费用，取决于国家和国民对安全需求和民生需求轻重缓急的判断和选择。当国家面临外敌侵略时，国家再穷，也要举全国人力、物力和财力将反侵略战争进行到底。

就第三个因素而言，它取决于国家的国际地位。不同时期，国家承担的国际责任和义务是不同的。当国家贫弱时，国际社会不指望其承担太多的国际责任和义务；当国家强大时，国际社会必然期待它主持国际正义、维护世界和平，承担较多的责任和义务。当中国成为名副其实的大国和强国时，为了承担相应的国际责任和义务，就必须拥有能承担国际责任和义务、维护世界和平的国家力量。

其次是内政的底线。国家内政着眼于建立和维护稳定、规范、有序的社会发展秩序，政府的性质起决定作用。服务型政府和统治型政府有不同的内政。服务型政府是执政为民的政府，以民为本，不断化解冲突、解决矛盾，不断增加人民的福祉，努力建立共同发展的和谐社会。这种政府的内政所需要的强制力随和谐社会的建设而不断递减。统治型政府是将统治阶级的意志强加给人民的政府，以官为本，不断压制民意、激化矛盾，不断增强对人民的强制性统治力。这种政府的内政必然使统治的成本不断增加。

最后是民生的底线。民生问题包括国民生存和社会公共事业发展两个方面，前者主要是国民个人和家庭成员的生老病死问题，后者主要是国民社会的教育、卫生与医疗、就业、科技、文化、体育、基础设施、生态治理等方面的问题。

任何社会都有生活在社会底层处于贫困状态下的群体。这个群体既是生活上的弱势群体，也是最易引发社会矛盾和冲突、造成社会危机的易变群体。一般来说，社会稳定主要是这个群体的稳定。

这就需要国家为处于社会底层的贫困群体提供基本生活保障。基本生活保障的标准构成国家社会保障的底线。这条底线如何划分，社会保障到何种水平，一方面取决于基本生活保障的范围和内容，另一方面取决于国家的财力。

基本生活保障是能够使人们安稳生存下去的保障，最低的保障是"不饿死人"；人性化的保障是能够达到同时代人的基本生活标准，使之具有较为体面和尊严的生活，社会主义制度应着眼于后者。我们可以将维持人们生存的基本需求进行逐项分解，如吃什么、吃多少，穿什么、穿多少，住什么、住多大面积，用什么、用多少。然后将若干生活必需品列出一个较为详细的清单，在不同地区间综合平衡，计算出一个基准性数额，作为一定时期、一定范围内生活保障的基本标准。达不到这个标准的，政府就通过社会救济的方式给予补助。现在国际和国内通用的"贫困线"概念，就具有基本生活保障的标准意义。

基本生活保障的标准应随国家经济发展水平不断调整。如上年每人每年的生活保障为5000元，下年国民生产总值提高6%，该标准就应同步提高到5300元。只有这样，才能使社会底层的人也能分享国家当年发展的红利。

国民的生老病死问题是民生的基本问题。生有所养、老有所依、残有所靠、伤有所治、病有所医、死有所葬，是人们生存的基本保障。有劳动能力的正常人可以凭借劳动自食其力，没有劳动能力的年幼者、年老者或因病残丧失劳动能力的人，需要家庭和社会给予生活照顾。当其家庭无力照顾时，就需要社会给予生活保障。这是任何社会基本的道义责任，也是社会稳定的基本条件。因此，通过生育保障、医疗保障、伤残保障、养老保障为这些群体提供基本生活保障，是政府必须承担的责任和义务。

民生底线的第二个方面是社会公共事业发展的底线。教育，特别是提高国民基本素质的基础教育，是关系到国民素质和民族潜质的公共事业，根据国家财力和社会发展需要，将普及性的国民义务教育水平逐步提高到国际先进水平，是中华民族复兴大业的基础工程。卫生、医疗，特别是维护国民生存环境的公共卫生和看病就医方面的基本保障，关系到国民生活环境的优劣和健康长寿的质量，需要国家以公共财力和公共服务向全社会提供一个清洁优美的生存环境和病有所医的社会保障。就业，特别是低收入、易失业的弱势就业群体的就业问题，关系到这个群体的生活保障和社会安定，需要国家向其提供扶助性的就业服务和保障性的失业救助。科技，特别是基础性的科学研究和技术开发，关系到各个产业的持续发展能力和核心竞争力，需要国家给予基础性和持续性的支持。文化，特别是具有传承性和共享性的公共文化，关系到国家和民族历史认同、价值认同和发展认同的凝聚力和向心力，需要国家建立健全并不断完善相应的公共文化设施，并提供全方位的公共服务。体育，特别是全民性的公共体育，关系到全体国民的体能和体魄，需要国家向全社会提供全民共享共用的公共体育设施和全方位的公共服务。基础设施，特别是关系到民众生活必需的交通、供水、供电、供气、供暖等生活设施，需要国家提供基本的保障。生态治理，特别是空气、水源、江河、荒山、沙漠等危及民众生存环境的自然生态的治理，事关重大，国家必须通过综合治理和专项治理，维护国家和民族的生态安全，不断提高生态环境的质量。

上述国防、内政和民生的三条底线，是维护国家主权和领土完整，为国家提供规范有序的治理秩序，为国民生存和社会发展提供基本保障的托底性公共服务。它是国泰民安、社会长治久安的基础，也是公共服务最基本的内容。

17.3 公共服务的均等化

公共服务是国家及其政府提供给全民共同享有的服务，中央财政所提供的托底性公共服务是最基本和最重要的服务。在此基础上，各地、各级政府根据其财力分别向辖区内居民提供各自的公共服务，形成了差异化的公共服务格局。同一个国家，城市居民和乡村居民享有公共服务的待遇不同，不同省份的居民享有的待遇也不同。同一个省份，不同地市、不同县乡居民享有公共服务的待遇也有很大差别。这种差异化格局形成的原因，有些是合理的，有些是不合理的。合理的因素主要体现在公共服务的特色上，不合理的因素主要体现在公共服务的财力失衡、政府偏好和政策歧视上。公共服务的财力失衡从客观上造成了服务内容、服务水平和服务质量的差异。政府偏好和政策歧视的主观因素，一定程度上加剧了地区间国民待遇的不平等。主客观两方面的原因造成了制度性、体制性和政策性的国民分化，不利于实现共同发展、共同富裕和社会公正的制度目标。公共服务的均等化就是针对这种不合理因素造成的差异化格局提出的使公共服务趋向合理均衡的指向性目标。

笔者认真阅读了山东大学李凡和江西财经大学程岚两位博士的学位论文。李凡在论文中分析了全国各地和山东省各市公共服务的现状，以较为翔实的数据资料说明了各地公共服务差异化的状况，指出我国现行的财政转移支付是实现公共服务均等化的主要手段。他认为，造成公共服务不均衡的主要原因是城乡分治的二元结构、各地发展的不平衡、中央和地方财权与事权的不对称。解决问题的思路主要是：深化财政体制改革，明确政府的服务职能；根据政府事权范围安排转移支付资金，实现转移支付的合理化和规范化；通过转移支付实现各地的财力均衡，在财力均衡的基础上实现公共服务的均等化。[1]

---

[1] 李凡：《转移支付、财力均衡与基本公共服务均等化》，博士学位论文，山东大学，2013。

　　程岚从公共财政的角度分析了问题的成因并指出了解决问题的方法。他认为，造成我国公共服务不均衡的原因主要是：政府行为与财政职能界定不清；二元结构下公共资源配置倾斜；政府间事权与财力不对称；地方政府间竞争行为变异；政府转移支付不力。要解决这些问题，程岚主张建立"政府主导，多元参与，分阶段保障的基本公共服务供给"的目标模式，建立科学合理的公共服务指标体系，构建服务型政府，打造民生财政，实现城乡一体化，理顺中央与地方财政分配关系，健全规范财政转移支付制度，优化财政支出结构，突出重点，循序渐进，分步实现公共服务均等化的目标。[1]

　　李凡和程岚两位博士都引述了国内外理论界关于实现公共服务均等化的理论观点，充分借鉴了美国、德国、日本等发达国家的经验，对我国的现状进行了深入研究和实证分析，得出了所见略同的结论，提出了各有独到之处的建设性意见，令人耳目一新，深受启发。

　　笔者从总量和结构两个角度认识这个问题，认为总量尚可，结构堪忧。目前我国的公共服务总量水平虽然偏低，但呈逐年提高的趋势，有望在2030年达到现在发达国家的水平。2017年，我国国内生产总值达到82.7万亿元，公共财政收入为17.26万亿元，占20.87%，人均财政收入已达到1.25万元。如果国内生产总值每年平均递增6.5%，到2020年其总量可达到100万亿元，2030年则会接近200万亿元。如果公共财政收入占国内生产总值的比重每年提高1个百分点，到2030年则可达到约35%，人均财政收入可达到3万元。到那时，如果按购买力平价法计算，我国国民人均享有的公共服务与现在的发达国家相比，已基本相当。

　　主要问题在结构上。公共服务按其本质来说，是公益的、共享的、均质的，应是全民共同受益的权益，均等化是必然要求。但由于制度、体制和政策的各种原因，我国国民享有的公共服务差异很大。李凡和程岚两位博士的

————————

　　① 程岚：《实现我国基本公共服务均等化的公共财政研究》，博士学位论文，江西财经大学，2011。

论文用实际数据实证了这个问题。城乡差异、地区差异是最突出的问题。公共服务的均等化主要是解决这两方面的问题。

造成城乡差异和地区差异的主要原因除历史和自然因素外，最根本的是制度、体制和政策方面的原因。城乡居民所享有的公共服务差异主要缘于制度性因素。新中国成立以来，我国在户籍制度、教育制度、就业制度、财政制度以及科技、卫生、文化、体育等方面实行的是城乡分治制度，城市居民和乡村农民所享有的公共服务，特别是民生方面的保障性和福利性服务具有制度性差异的特点。

不同地区公共服务的差异主要是体制分割和政策偏好造成的。各省区市资源禀赋和经济发展水平本来就不平衡，在条块分割的旧体制中，各省级及以下的政府只能在自己的财力基础上进行力所能及的服务。条件好的地区，公共服务水平就高一些；条件差的地区，服务自然就差一些；条件最差的边远省份和山区及少数民族地区，其公共服务水平只能维持最基本的底线。

因此，要从根本上解决公共服务差异化的问题，就必须通过全面深化改革彻底消除制度性、体制性和政策性的差异化因素，在实现社会公正、共同富裕的制度目标中实现公共服务的均等化。

近年来，特别是"以人为本"的科学发展观贯彻落实以来，公共服务的均等化逐步有了眉目。随着九年制义务教育的普及，农业税的全部免除，农村"新农合"的普遍推行，城乡一体化的大力推进，公共服务在最基本的层面上开始走向均等化。2012 年 7 月，国务院印发《国家基本公共服务体系"十二五"规划》，国家就基本公共教育、劳动就业服务、社会保险、基本社会服务、基本医疗卫生等方面的公共服务做了制度安排，让我们看到了希望。

2014 年 7 月，《国务院关于进一步推进户籍制度改革的意见》印发。该意见要求"统筹推进工业化、信息化、城镇化和农业现代化同步发展，推动大中小城市和小城镇协调发展、产业和城镇融合发展。统筹户籍制度改革和相关经济社会领域改革，合理引导农业人口有序向城镇转移，有序推进农业转移人口市民化"。由此可见，以农业户口和非农业户口为标志的城乡差别将被逐步取消，公共服务均等化的制度基础开始铺垫。

党的十八大以来，以习近平同志为核心的党中央确立了以人民为中心的发展理念，将人民对美好生活的向往确立为国家的发展目标。党的十九大强调"我国社会主要矛盾已经转化为人民日益增长的美好生活需要和不平衡不充分的发展之间的矛盾"，将平衡发展与充分发展作为新时代的新发展理念，为实现公共服务的均等化奠定了制度基础并明确了发展方向。近年来，我国从中央到地方各级政府积极推进扶贫攻坚和精准扶贫，力图从根本上改变区域性和个别性的贫困状态，为实现共同发展和共同富裕开创了新的局面。

17.4 公共服务的优质化

公共服务的具体形态是满足公众各种具体需要的公共产品，如公共教育、公共卫生、公共交通、就业服务、医疗保障、贫困救济、环境保护、抗震救灾、治安管理等服务项目。这些项目作为公共产品，具有成本、价值和效能等一般产品特征。从成本上说，它是微观经济领域为宏观公共服务部门支付的社会公共成本，它以政府税收等方式从微观经济领域征收，是微观经济领域劳动者创造的价值的一部分，在具体项目上表现为财政支出。从创造价值的属性上说，它是提供公共服务的劳动者创造的具有公益性和共享性的价值，在具体项目上表现为服务增值。从效能上说，它通过各类公共产品的服务效能满足国民的各种公共需求。

当然，这些公共产品的价值及其效能只有符合必要性和有效性的要求，才能被社会和公众认可。否则，社会就难以承受或不愿承受，公众就不会满意。

因此，公共服务不仅有一个均等化的问题，还有一个优质化的问题。公共服务的优质化是指在公共服务托底性保障不断增强、总量水平不断提高、结构逐步趋于均衡合理的基础上，国家及其各级政府提供的公共产品质量和效能不断提高，公众越来越满意的优化态势。它是在财力既定的条件下，每项公共产品性价比越来越高的服务。

公共服务的优质化主要取决于两个方面，一是公平和效率的统一，二是必要性和有效性的实现。

公共服务所追求的公平是宏观上的社会公平，它不同于微观上企业内的公平。企业内的公平是企业内部全体员工的公平，是生产与占有相一致的公平。社会公平是社会全体成员共同发展、共同富裕、共享发展成果的公平，它不但要求生产与占有的一致，还要求每个社会成员在生存权利和社会人文关怀上的平等。

公共服务所追求的效率是共同发展和持续发展目标下的宏观效率，它不同于企业的微观效率。前者是通过自由竞争实现的效率，后者是通过统筹协调和持续发展实现的效率。微观效率体现的是单元化的竞争力，其差别由市场规律决定。宏观效率体现的是国家和社会整体的竞争力，各发展主体的差别由国家及其政府的调控机制决定。总的来说，微观效率强调"八仙过海，各显神通"的单元化发展，宏观效率强调的是共同发展、共同富裕的社会整体发展和持续性发展。

从宏观意义上理解的公平与效率的统一，是社会公平和社会发展效率的统一。要实现这种统一，就必须通过公共服务创造一系列必要条件。这些条件主要是：①每个社会成员的生存权利和发展机会都能得到切实的保障；②每个社会成员在遇到自身不可克服的困难和无法化解的风险时，都能得到社会救助和人文关怀；③每个社会成员在没有劳动能力或丧失劳动能力时，都能得到社会提供的基本生活保障；④每个社会成员都能分享到社会发展进步的共同成果；⑤每个有劳动能力和劳动机会的人必须通过劳动自食其力，根据生产与占有相一致的法则实现自我发展，不得不劳而获；⑥每个社会发展主体的能利权责结构对称合理，他们必须在规范有序的竞争秩序中获得相应的权益，任何情况下都不得侵占和剥夺别人的合法权益；⑦社会公平是相对的，所谓相对的是指社会成员之间保持与其能力和贡献合理对称的差别；⑧社会发展效率也是相对的，所谓相对的是指为实现共同发展和共同富裕的目标，每个发展主体都要自觉维护统筹、协调、和谐和可持续的发展秩序，自己的发展以不阻碍别人和社会总体发展为前提；⑨将社会利益格局和发展秩序调控在公平和效率相互促进的合理区间内，避免平均主义和两极分化这两种极端趋势。

必要性和有效性既是市场经济中价值形成和价值实现的要求，也是公共服务优质化的要求。所不同的是，一般产品的价值形成和价值实现是通过市场的自由竞争确定其必要性和有效性的，而公共产品的必要性和有效性则是通过国家税收和财政支出的调控并最终由受益民众的满意与否确认的。譬如，国家在某县投资建设一所公立医院，其投资规模、建设标准、服务对象、服务方式等方面的选择，主要取决于该县民众的实际需求和政府可支配的财力，而政府的财力又取决于本县的税收和上级政府的财政转移支付。在财力一定的基础上，还需要本县政府在诸多公共需求项目当中进行比较选择，还需要按工程招投标的规范化程序选择建设者。这所医院建成后，它的效能如何，能不能满足民众的需要，最终还要由民众的满意程度来认定。

因此，公共产品的必要性和有效性不仅是政府决策问题，还是公众选择问题；不仅是经济问题，还是政治问题。

就公共产品的必要性来说，它主要取决于三个方面：①从总量上说，它取决于政府的财力，政府的财力又取决于税收等政府收入，政府收入则取决于微观经济领域民众的承受能力；②在政府财力一定的条件下，某种具体公共产品供给谁、供给到何种水平取决于该产品在诸多供应产品中轻重缓急的选择；③在某项公共产品的财政供给一定的情况下，取决于它的支出结构、效能设计和操作流程。总的来说，公共产品的必要性一方面取决于公众对特定服务项目的需求强度，另一方面取决于政府能用于该项目的可支配财力。

公共产品的有效性是在必要性的基础上由其具体效能判定的标准。公共产品的效能一是指满足公众需求的程度，这是量的指标，可以用受益范围和受益水平来衡量；二是指满足公众需求的质量，可以用受益民众的满意度来衡量。

通常来说，中央财政提供的托底性公共服务是由国家经济社会发展水平决定的国家实力和制度取向的标志，它体现着国家的综合实力和制度走向；公共服务的均等化是国家各地区、各阶层统筹、协调、可持续发展的标志，它体现着社会制度的结构性能；公共服务的优质化是微观经济和宏观经济、经济和政治、政府和民众等各个层面全面而具体的协同发展态势，是制度、体制和政策全面优化的标志，它体现着社会制度的健全和完善。

18

税收制度的改革与创新

18.1 改革开放以来税收制度的演变

现代税收是国家为了履行其职能通过政府向国民依法征集的公共性收入，主要用于国家安全、行政管理、民生保障和社会发展等方面的公共服务。"取之于民，用之于民"的民本性，是税收的本质。国家及其政府作为公共治理的法定代表掌控税收的征用权，具有法定的合理性、正当性和权威性。

不同时代、不同国家的社会制度决定着税收制度的性质和特征。谁来征、向谁征，征多少、怎样征，给谁用、怎样用，是税收制度的核心问题。封建社会中，赋税是国家统治的财源，主要用于国家机器的维护和统治意志的实现，"取之于民，用之于君"是其本质特征，往往在"轻徭薄税"和"横征暴敛"两极之间循环。改朝换代初定之时，国君尚惜民心，为了获得人民支持和政权稳定，往往"轻徭薄税"以固国本。国家强盛之后，国君王霸之心日益膨胀，军队、官吏越养越多，官民矛盾越来越大，社会冲突越演越烈，往往导致"横征暴敛""民不聊生"，最终政权崩溃，走向新一轮的改朝换代。

中华人民共和国是在封建社会根基上通过革命建立起来的实行新型社会制度的国家。税收作为新中国治国理政的财源，有了新的意义和作用。它在

"为人民服务"的宗旨下，确立了"取之于民，用之于民"的属性。它在集中国家财力、维护国家安全、加强行政管理、推进国家经济建设、发展社会公共事业、保障民生、调节国民收入分配等公共服务方面发挥了重要作用。

税收制度作为国家制度的一部分，同其他制度一样，在不同时期经历了不同特点的演变。

新中国成立初期，国家用于各方面建设的费用主要来源是：①旧政权向新政权移交的财产；②没收官僚买办资本和大资本家、大地主的财产；③解放区积累的财产。当时，百废待兴，税源很乱，新旧税制的转换尚未完成，税收在国家财政收入中所占的比例很小。

社会主义改造和农业合作化完成后，我国形成了全民所有制和集体所有制并存的公有制结构。在公有制"一大二公"的实践中，企业扣除运营成本后的剩余全部归国家和集体所有，利润全部上缴，税收无从收起。

改革开放后，企业有了自主权，扣除成本后的剩余不再全部上缴，其中的一部分作为企业留成利润用于奖金发放和扩大再生产。这时，"利改税"应运而生。企业必须上缴的部分为国家"税收"，可在政府和企业之间分成的部分为"利润"（上缴利润和留成利润）。

20世纪80年代，新的税收制度逐步形成。1983年和1984年的两步"利改税"，将国营企业的税收纳入新税收体系。先后颁发并实施了《个人所得税法》《中外合资经营企业所得税法》《外国企业所得税法》，并相继开征了国营企业所得税、国营企业调节税、增值税、营业税等一系列税种。

为了适应社会主义市场经济的发展，增强中央财力和宏观调控能力，规范中央和地方的财政收支体制，1994年实施了以"分税制"为特征的税制改革。这次税制改革形成了较为规范的税收制度。其特点是：①根据财权与事权相统一的原则，将税种划分为"中央税"、"地方税"、中央与地方"共享税"三大类，建立了中央和地方的两级税收征管体系；②规范企业所得税，将原有的国营企业所得税、国营企业调节税、集体企业所得税、私营企业所得税统称为企业所得税；③形成了以增值税为主的流转税制，改革后的流转税由增值税、营业税和消费税构成；④对某些小税种进行整合，税种结构得到了精简优化；⑤改革原有的税收征管制度，建立了普遍的纳税申报制度和税务稽核制度，积极推行税务代理制度。

1994 年的分税制改革，在事权与财权相统一的理念下，将中央与地方的财政包干制转变为分享与共享相结合的财税制度。此项改革通过"中央税"和"地方税"的分设，明确了中央和地方各自分享的税源，通过"共享税"建立了中央和地方财政收入按比例同步增长机制，调动了中央和地方的积极性，避免了"鞭打快牛"和"坐等现成"的两种倾向。从实施的效果上看，分税制加强了中央财政的主导地位，使中央财政收入占全国财政收入的比重大幅提升，从而增强了中央财政的宏观调控能力和统筹全国发展的能力。

经过分税制改革，我国初步形成了适应改革开放和市场经济发展的较为规范的税收制度。随着产业发展，特别是第三产业的快速发展，新的税源与现行税制越来越不适应；随着世界经济的一体化，特别是我国加入世界贸易组织（WTO）之后，国内税制与国际税制接轨方面的问题越来越多；随着改革的深入，要求社会公平和公共服务均等化的呼声越来越大，现行税制中不公平、不合理的问题日益暴露出来。新一轮税制改革势在必行。

进入 21 世纪后，我国又进行了一系列税制改革。主要是：①2001 年推动"费改税"改革，将一些具有税收性质的收费项目改为收税项目，如将车辆购置附加费改为车辆购置税；②2006 年，十届人大四次会议通过决议在全国范围内彻底取消农业税；③2007 年，十届人大五次会议通过《中华人民共和国企业所得税法》，合并内外资企业所得税，结束了企业所得税内外资不同税制的局面；④进一步精减税种，由原来的 23 个税种减少到 19 个；⑤推进营业税改增值税的"营改增"改革。

2011 年开始的"营改增"改革，将税制改革引向新阶段。原来的增值税主要面向第二产业的制造业，属于第三产业的服务业适用的税种主要是营业税。交通运输、仓储、物流等生产性服务业既有制造业延伸的属性，也有服务业的属性，其商品和劳务是按增值税征收，还是按营业税征收，界限不清。由于增值税是按扣抵后的增加值征收，营业税则按营业额的总额征收，二者的税基、税率和税负都不相同，这不但给纳税人提供了"投机取巧"的选择机会，也给征税者带来了麻烦。此外，服务业中商品和劳务的价值流不管经过多少环节，都没有转移价值的税收抵扣，营业税只能以营业额的全额作为税基缴纳，很难避免重复征税，这就必然造成服务业税负过重和不同服务业税负不公的弊端。再者，服务业中的已征税收无法在出口时扣抵，造成我国服务业出口的商品和劳务在国际市场上竞争力偏低。

"营改增"的税制改革将服务业中的营业税改为增值税，对现代服务业合理分工、三次产业均衡发展、国内税制与国际税制接轨、提高服务业出口商品和劳务的国际竞争力以及实现结构性减税的总体目标都具有重要意义。

18.2 现行税制存在的主要问题

在四十年的改革开放中，我国的税收制度经历了三次大的改革，逐步形成了目前的税制。现行税制与市场经济体制、现代国家治理体系和国际规则越来越贴近，其制度功能越来越健全完善。但从它与改革开放总目标、社会发展总趋势相适应的总体要求来看，仍存在诸多问题，主要表现在税制的法治化、税收的合理性和公平性、税种结构及其效能优化等诸多方面。

我国现行的税制是在计划经济传统体制、社会主义市场经济体制和世界贸易规则的三种制度元素交错运行中形成的。每种制度元素都有不同的理念、不同的规则、不同的效能，它们混合在一起，形成了含有诸多悖论和冲突的现行税收制度。例如，税收是立足于法律还是立足于行政，是服从政府的官方意志还是服从民众的公共意志？是着眼于社会公正还是着眼于发展效率，是公平优先还是效率优先？是主动与国际税制接轨还是自成体系，是在建立现代国家治理体系中定位还是在维护既得利益格局中定位？对这些问题的认识，在不同理念下有不同的解读。

税收是将私人财产或企业法人财产转变为公共财产的过程。它涉及私人之间、私人与国家之间、不同产业之间、不同阶层之间、微观经济基础与宏观上层建筑之间诸多层面的利益关系，是一种多元多层、极为复杂的财产利益关系。用简单化、随意性和强制性的行政手段，无法均衡各方的利益关系，无法实现公共财产形成和使用过程的合理性、正当性和规范性。理论逻辑和实践经验都可证明，只有在国家宪法和相关法律的层面上，才能真正解决公共财产的定位、来源、用途和规范性问题。建议将不少专家倡导的"公共财产法"或"财税法"作为我国税收制度的基本法。

北京大学的刘剑文教授主张制定"财税法"，他认为：

> 财税法的根本任务，就是要依靠法治来统摄财政收入、财政支出、财政管理的全过程，通过对权利、义务和责任在不同主体间的合理配置，来实现国家财政权与私人财产权的平衡与协调，做到财政收入合理、合法、合宪，财政支出公开、公平、公正，财政管理有规、有序、有责。[①]

税收法定原则是国际上公认的税制基本原则，也是我国税制纳入现代国家治理体系的必然要求。只有在这个原则基础上，才能理顺税制所涉及的各种财产关系和利益关系。

税收体现的公平是宏观意义上的社会公平，税收体现的合理是宏观意义上资源配置、发展秩序和利益格局的合理。因此，税收的公平性和合理性要从全国、全民和全社会共同发展和持续发展的角度来考量。从现行税制来看，无论是税种设置还是税负分担，都存在很多问题。主要是：①占有资源和使用资源的资源税尚不健全，资源税在支付资源使用成本、调节资源配置、提高资源使用效能方面尚未发挥应有作用，未能有效避免稀缺性资源浪费、竞争性资源垄断、保障性资源失控；②增值税、营业税和消费税三项流转税的税源分布在各行各业之中，但各行业的税源与其税种、税基、税负和征管方式不相适应，不利于公平竞争和有序发展；③企业所得税和个人所得

---

① 刘剑文：《论国家治理的财税法基石》，《中国高校社会科学》2014 年第 3 期。

税是按纳税人收益课税的税种，由于纳税人的收益不公开、不透明、不规范，难以做到应征尽征，偷税漏税现象时有发生；④房产税、遗产税和赠与税等属财产税的税种尚未开征，不但合法财产拥有者未能尽纳税义务，一些非法财产、不明财产、灰色财产也逃避了监管，这不但不利于国家对两极分化趋势的遏制，更不利于法治社会的形成。

税收作为国家进行资源配置、利益格局调节和规范发展秩序的宏观制度，在实现社会共同发展、国民共同富裕方面有其独特作用。其效能的优劣大小关系到整个社会制度的性能和国家治理水平。我们在充分肯定现行税制积极作用的同时，也要从其效能的不足方面认识相关问题的严重性。

18.3 税收制度的全面深化改革

税收制度属国家制度的根基部分，它关系到国家和国民的利益关系，关系到政治和经济、中央和地方、政府和社会、宏观和微观、个体权益与公共权益、近期发展和长期发展等多层次、多维度的利益关系。税收合理化、公正化和效能优化的充分必要条件植根于社会制度的方方面面，需要统筹兼顾、多措并举。试图毕其功于一役，就税制谈税制的改革很难突破多层制度环环相扣的重围。

因此，要从根本上解决问题，我们就必须有系统性的全面改革和深化改革的新思维。所谓"系统性"，是说要从问题所及的上下左右相关方面全方位地把握改革走向，找到整体结构与总体效能相一致的条件系统。所谓"全面改革"，是说改革的锋芒要指向所有问题的症结，不设禁区、不留死角，为新制度的形成扫清一切障碍。所谓"深化改革"，是说改革要有穿透力，对阻碍发展的旧观念、旧体制和既得利益壁垒要敢于攻坚克难，不做"夹生饭"，不留模糊空间，为新制度的建立奠定坚实基础。

党的十八届三中全会通过了《中共中央关于全面深化改革若干重大问题的决定》，这个决定继多年改革开放之"往"，开实现中华民族伟大复兴的"中国梦"之"来"，具有里程碑意义。决定中将"推进国家治理体系和治理能力现代化"作为总目标，将"深化财税体制改革"作为专题，将税收制度改革作为专项进行具体部署：

（18）完善税收制度。深化税收制度改革，完善地方税体系，逐步提高直接税比重。推进增值税改革，适当简化税率。调整消费税征收范围、环节、税率，把高耗能、高污染产品及部分高档消费品纳入征收范围。逐步建立综合与分类相结合的个人所得税制。加快房地产税立法并适时推进改革，加快资源税改革，推动环境保护费改税。

按照统一税制、公平税负、促进公平竞争的原则，加强对税收优惠特别是区域税收优惠政策的规范管理。税收优惠政策统一由专门税收法律法规规定，清理规范税收优惠政策。完善国税、地税征管体制。①

可见，税制改革已成为国家治理体系和治理能力现代化的重要环节，其高度已与依法治国的方略相接，其深度已直透国民经济的各个层次和各个产业，其具体内容已涉及税种结构以及增值税、消费税、所得税、资源税、财产税等主要税种的核心内容。

从现代国家治理体系和依法治国的高度理解，税收制度的定位已提升到国家法治层面，这与过去的行政性定位有根本的不同。以前政府主导、政策规定、行政实施的行政性定位的税收制度，虽"取之于民，用之于民"，但无论是"取"还是"用"，体现的多是政府意志，民众的意志难以全面体现。依法治国的法治定位，将"取之于民，用之于民"的民本属性充分体现在宪法和法律上，向谁征、征多少、怎样征，谁来用、用多少、怎样用等问题，必须通过人民代表大会的法定程序以立法、司法、执法的法治途径解决。税收制度的这种定位将行政性税制变为法律性税制，体现了税收的民本性和法治性，提高了税收的公信力，强化了税收的公权力。它可有效地消除政府偏好、政策过度倾斜和征税人随意操作等弊端。

---

① 《中共中央关于全面深化改革若干重大问题的决定》，2013 年 11 月 15 日。

从税制改革的深度上理解，统一税制、公平税负、促进公平竞争的原则适用于各个产业、各个行业和每个具体的纳税人，纳税的责任和义务将普遍地、公平地落实到每一个应税主体身上。目前，虽然有近 20 个税种，但仍未全部涵盖应纳税的税源，资源税未涵盖所有应税资源，财产税尚未包括房产、遗产等主要税源。已开征的税种，由于不同产业、不同行业和不同纳税主体所适用的政策法规不同，因此税种、税率和征管方式存在差异，导致税负不公。税制改革的深入，就是要在"统一税制、公平税负、促进公平竞争"的原则下规范所有应税税源，合理调整税种结构，以合适的税率促使税负公平，在税负公平的基础上促进公平竞争和有序发展。

从改革的具体内容上看，突出了改革的重点。主要内容如下。①逐步提高直接税比重。目前，我国实行的是流转税与所得税并立的双主体税种，但在实际运行中，属间接税的流转税所占比重过大，属直接税的所得税所占比重较小。间接税比重过大，容易将最终税负转嫁到消费者身上，也容易拉动产品成本的传导性升高，不利于产业结构的调整和价格稳定下的经济增长。提高直接税比重，有利于减轻生产经营者的税收负担，有利于从收入所得和财产占有环节调控收入差距和利益格局。②增值税改革。增值税是我国目前的主要税种，在税收总额中占有较大比重。推进"营改增"改革，规范增值税在不同产业、不同行业的税基和税率，对实现产业间、行业间和企业间的税负公平，促进公平竞争，优化产业结构，提高经济效能，都有重大意义。③消费税改革。原有的消费税在征收范围、征收方式和具体税率上比较杂乱。特别是一些高耗能、高污染产品和部分高档消费品，有的未纳入征税范围，有的税率较低，未能体现税收对产业和产品的导向作用。这次调整和改革，有望解决这些问题。④所得税改革。高收入者收入多元化、应税所得模糊不清，不同类型的收入所得税前扣除标准和征收方式不规范、不统一，纳税能力与纳税义务脱节，导致高收入者税负偏轻、中低收入者（工薪阶层）税负偏重的税负不公问题。逐步建立综合与分类相结合的个人所得税制，可从制度上解决这些问题。⑤资源税改革。我国的资源有稀缺性资源、竞争性资源和保障性资源之分，为了促使资源使用的合理化和资源配置的优化，应对不同资源征收相应的资源税。现有的资源税，存在税种不全、税率不当、税负相对不公的问题，特别是对环境资源有害的产业，没有从税收上真正体现对环境的保护。加快资源税改革，推动环境保护费改税，有利于实现资源配置和使用的合理与优化。⑥财产税改革。房地产等不动产是国民的主要财产，根据这些财产的占有、使用、继承、赠与等状况课征相应的税收，一方面可体现财产所有者的纳税责任和义务，另一方面可调节不同阶层在财产关系上的利益关系，有效遏制两极分化倾向。目前的税制尚未充分发挥它应有的功能。加快房地产税立法并适时推进改革，具有突破性意义。

18.4　集合价值理论与税收制度创新

集合价值理论是社会主义市场经济条件下社会全体成员利益一体化的理论。它充分体现了生产与占有相一致、公平与效率相统一、必要性和有效性得以实现的原则要求。在这个理论中，个人和劳动组织、劳动组织和社会体系、微观机制和宏观体制具有内在的一致性，各发展主体的利益关系是公开透明的，且具有相互增益的必然性。根据这个理论，每个社会成员都有根据自己的能力创造并占有价值的权益，都有以公民身份普遍享受公共服务的权益。同时，每个公共服务受益者都有根据自己的能力向社会支付公共服务成本的责任和义务。税收作为个人或法人向国家和社会支付的公共服务成本，是全社会的价值创造者、资源使用者和财产占有者向各类公共服务支付的必要费用，是集合价值的一部分，它体现了全社会生产者和消费者向社会承担的责任和义务。

在此理论基础上，我们可通透性解析相关问题。

第一个问题是向谁征税。税收形成的是社会公共收入，公共收入用于公共服务，公共服务为各产业、各行业营造产业环境，提供保障性和促进性的各类服务，创造公益性和共享性的价值。因此，在各产业和各行业创造的产品价值中，都包含了公共服务所提供的公益性和共享性的价值元素。这种价值元素只有在得到不断补偿的情况下，才能再生产出来。以税收的方式从各产业、各行业的产品价值中将这种价值元素提取出来，作为对公共服务成本的补偿是合理的、必要的。因此，各行各业的价值创造者，无论是自然人还是法人，都有纳税的责任和义务。

使用社会公共资源（土地、矿源、水源、山林、基础设施等）从事生产和经营的自然人或法人在其产品的价值中，包含了对公共资源的管理、维护等公共服务所创造的公共价值，资源使用者理应通过税收的形式支付这种公共服务的成本。

房地产等固定财产的占有者，如果其财产由本人合法的劳动所得购置，且在社会人均占有量的标准之内，理应享受社会均等的公共服务。如果其财产虽是个人合法的劳动所得，但超出了社会人均占有的额度，其超出部分所享有的公共服务需支付额外的公共服务成本，理应以税收的形式向社会补偿。如果其财产是从前辈继承过来或者是别人赠与所得，其财产比本人劳动所得的财产含有更多的公共服务价值成本（前辈的财产或别人的财产在前辈或别人放弃产权时，已有向社会移交产权的意义，移交给谁，可有多项选择，根据前辈或别人的意志将产权移交给特定的人时，该产权已含有社会托管或监管的成分），该财产的占有者理应缴纳更多的税收用以补偿。如果财产占有者利用该项财产出售或出租取得收益，其收益中所包含的公共服务成本也要以税收的形式上缴。

第二个问题是征什么税。根据上面的分析，应征的税收是用以抵偿公共服务成本的价值。这些价值分别体现在价值创造者的收入所得中、资源使用者所生产产品的价值构成中、财产占有者所占有财产的价值中。因此，所得税、财产税、资源税，应是主要税种。

所得税是向价值创造者直接征收的税种。任何产品的价值中都含有三种价值成分：一是生产资料或资金转移到产品中的价值；二是公共服务劳动者创造的价值；三是生产具体产品的生产经营者创造的价值。生产资料或资金转移到产品中的价值，可通过市场机制以成本扣除的方式补偿。公共服务劳动者和生产经营者创造的价值作为增加值在微观和宏观两个层次上进行价值分解。在现有体制下，公共服务劳动者所创造的价值以增值税的方式上缴国家，由国家将此收入转化为财政收入并通过财政预算进行逐项分解，用以支付各部门职员的薪酬和补偿各项服务成本；增加值的税后部分一部分作为生产经营者的薪酬发给个人，另一部分作为企业利润用于企业发展；个人所得部分如达到或超过应税额度还要缴纳所得税，企业留作利润的所得部分还要缴纳企业所得税。

集合价值理论将目前视为增加值的部分看成公共服务劳动者和具体生产经营者共同创造的新价值，它通过两步分解具体到企业个人和国家。第一步，企业根据生产与占有相一致的法则按标准劳动量分解为企业职工的个人收入；第二步，企业个人所得部分依法向国家缴纳所得税，形成国家政府收入（国家再以预算执行的方式分解为公共服务部门的运营成本和个人收入，这属于财政收入分配问题，在下章中述及）。

这里所说的"所得税"包含了现行税制中的三项税收，即增值税、企业所得税和个人所得税。在集合价值理论的论域内，这三项税收都是来自劳动者当年新创造的价值，都是以"所得税"的形式对公共服务成本的补偿。与现行税制不同的是，原来由个人和企业分三个税种上缴的税现在改为由劳动者个人一次性地以"所得税"形式上缴。如某企业当年投入标准劳动时间50万小时，新创造价值（增加值）为1000万元，每标准劳动小时的薪酬为20元，张三当年的标准劳动时间为6000小时，他当年的薪酬就是12万元；假如所得税的起征点为年收入5万元，适合张三的所得税率为30%，张三就应缴纳所得税21000元，他的税后收入就是99000元（累进制的税率在此从略）。

相关的问题是：企业当年创造的价值全部分完后，来年发展资金从何而来？回答是：一是来自银行信贷或社会投资，二是企业职员的投资。如果张三认为他所在的企业有发展前途，他可将个人收入中的3万元作为投资投入他所在的企业，来年他既可凭标准劳动时间获得当年薪酬，还可凭上年3万元的投资在假定年利率为6%的情况下获得1800元的利息收入（利息所得税在此忽略不计）。

所得税的这种创新，有三方面的意义：一是简化了税种，将现行的增值税、企业所得税和个人所得税合并为由劳动者个人上缴的"个人所得税"；二是提高了税收的透明度，任何劳动者都可知道自己和同企业的其他人上缴税收的多少；三是提高了纳税人与公共服务的关联程度，任何纳税人都可知道为公共服务纳税多少、从中受益多少。

资源税是向公共性经济资源使用者征收的税种。我国的公共性经济资源可分为三种类型：一是为人们基本生活需求和生存环境提供保障的保障性资源，如耕地、水源、自然生态等天然性资源，在此基础上形成的主要是生产粮食、棉花、油料等生活必需品的第一产业；二是为人们提供一般日用品和消费品的竞争性资源，如煤炭、铁矿、化工等资源，在此基础上形成的主要是生产原材料、能源、机器设备、工业用品和最终消费品的制造业；三是为国家建设和高档消费提供特种产品的稀缺性资源，如稀有矿源、含有特种元素的水源、生产珍贵木材的山林等特种资源。这三类资源在国民经济中有不同的地位和作用，应征收不同的资源税，以优化资源配置结构。对保障性资源应以低税或免税的方式课税，借以使生活必需品的价格维持在较低水平，达到保障人们基本生活水平稳步提高的目的；对竞争性资源应根据产业发展的需要征收弹性较大的具有调节作用的资源税，以促进各产业的公平竞争；对稀缺性资源应从保护和控制的角度征收较高的资源税，以抑制过度开发、超前开发的趋势，为稀缺资源的长期开发和高效利用把好关口。

消费税在本源意义上属于资源税。目前，消费税的应税产品多是以特有资源为基础的产品，如以金银玉石为材料的首饰、装饰品，在区位优势明显的地方所建的高档住宅，特有产地生产的高档烟酒等。只要我们从资源的源头上以资源税的方式把关，相关产业就能得到有效的调控。

关税是在国外产品进入本国市场时对其所征的税，本质上属于资源税。因为本国的市场空间是本国管辖和营造的公共性经济资源，为它提供公共服务的成本需要通过本国的税收来补偿。当国外产品进入本国市场时，理应缴纳相应的税收，以维护与本国产品公平竞争的市场秩序。

财产税是向私人财产占用者征收的税种。私人所有的财产，包括不动产和动产两种形式。不动产包括土地、房屋以及土地上附着的其他建筑物等财产，动产包括车船等交通工具、家具、家用电器、银行存款和各类有价证券等财产。财产税不是向私人的所有财产课税，而主要是对私人的存量财产超过一定额度的部分课税。在个人所得税规范合理征收的前提下，财产税主要是对社会上占有财产较多的富裕阶层课税的税种。向这个阶层征收财产税，一是因为该阶层的财产保全中含有较多的公共服务成本，其理应承担较多的纳税责任；二是因为这个阶层作为成功者在他们成功的过程中得到了社会各方面的支持，理应为社会共同发展承担更多的纳税义务。

第三个问题是征多少税。从总量上说，由于国家征税的目的是补偿公共服务的成本，因此这个成本的大小直接决定税收的多少。换言之，国家税收总量的大小由公共服务的必要性和有效性决定。税收总量一方面取决于社会对公共服务的需求程度及其规模，另一方面取决于纳税人的纳税能力。一般来说，这两方面是同向且同步的，即宏观上提供的公共服务越合理、健全、完善，越有利于微观经济的发展，人们的纳税能力越强。以所得税为例，经济发展得越快越好，社会的就业量就越大，纳税人就越多；人们的收入越高，税源越多，纳税越多。问题的关键在于，只有在每项公共服务都是必要且有效的情况下，社会对公共服务需求的增加与社会纳税能力的增长才能保持同向和同步。否则，如果公共服务自我膨胀，人们支付的税收成本就会无限增加，这必然会恶化经济发展环境，减少价值创造者的收入，使其纳税能力下降。

可见，只有在公共服务符合必要性和有效性的要求时，我们才能界定宏观税负的合理区间。

从结构上说，不同纳税人面对不同的税种和税率，只有在税种结构合理、税率适当的情况下，才能促进公平税负下的有序竞争，才能促进各产业竞相发展。因此，公平和效率的统一，是税收结构合理和优化的内在机制。

19

财政定位与财政体制改革

19.1　财政的定位

在经济学意义上，财政是国民经济的宏观部分，是国家及其政府履行其公共服务职能的物质基础；在政治学意义上，财政属于上层建筑，是最贴近经济基础的政府职能部门。

财政通过财政收入和财政支出两种形式为公共服务提供财源。财政收入的主体是税收，是国民为支付公共服务成本而上缴的公共财富；财政支出的主要形式是经费支出，是国家及其政府通过财政为履行各项公共服务职能的部门提供的必要费用。从自下而上的各种收入来源上说，财政收入属于由民间汇集的"民财"；从自上而下的各种经费支付上说，财政支出属于由国库支付的"国财"。从"民财"转化为"国财"，有一个法定的程序。因此，财政的收入和支出是"民"与"国"的纽带，它充分体现了"国"与"民"、"公"与"共"的利益关系。将其定义并管控在既利国又利民、既民富又国强的最佳结合点上，是财政定位的根本所在。

财政一方面是"民财"的托管者，另一方面是"国财"的管家。作为"民财"的托管者，财政将原属于各行各业的劳动者所创造财富的一部分以税收或其他形式收缴并集中起来，用于民众公认且法定的公共服务支出，本质上是民众将集中起来的财富托付给财政管理。因此，财政是毋庸置疑的人民利益的托管者。在这个意义上，财政应体现并代表民众的意志，将这些"民财"用于能够增加人民福祉的各项必要和有效的公共服务上。

作为"国财"的管家，财政将其集中起来的收入根据国家及政府的意志分解为各项经费开支，为履行国家及政府的各项职责提供物质保障，是理所当然的国家及政府的国库管理者。在这个意义上，财政应体现国家及政府的意志，管好"国财"，用好"国财"，为实现国家及政府的公共目标服务。

问题是财政的这两种角色怎样才能有机地统一起来，如何做到既不负民众所托，将"取之于民"的"民财"用于人民所希望的必要的和有效的公共服务上，又能根据国家及政府的意志，将依法形成的"国财"用好、管好，为实现国家及政府的目标提供可靠的保障。要解决好这个问题，必须处理好四个关键环节：一是国家及政府的目标与民众对公共服务的期望必须一致；二是"民财"转化为"国财"的程序必须法治化；三是必要性和有效性的原则必须贯彻于财政收入和财政支出的始终；四是财政的收入和支出必须在公开透明的制度和体制下运作，必须接受国家和民众的全面和全程监督。

国家及政府的公共目标往往着眼于宏观，具有整体性、协调性和长远性。民众对公共服务的需求往往着眼于微观，具有具体性、实在性和差别性。要在这个问题上取得一致，一方面需要国家及政府将宏观目标尽可能地贴近微观、贴近实际，将每项公共服务产生的效能具体而有效地分解到每个国民身上；另一方面需要每个纳税人具有向社会负责、向他人负责的社会理性和责任意识，从宏观的角度理解和支持国家及政府的行为。

以税收形式上缴给国家的"民财"，本来是国民对国家应尽的责任和义务的体现，不存在征收上必然的强迫性和强制性。只有在这种责任和义务超出了纳税人的理解能力和承受能力的情况下，才会使税收具有强制性和强迫性。要想使纳税人自觉自愿地纳税，就必须将税收制度建立在公开透明、公平分担和量力负担相结合的责任和义务原则上。这个原则以及根据这个原则制定的财税制度，只能建立在既体现国家意志又体现人民意志的宪法和法律基础上。对国民来说，服从法律比服从权力更具有自觉自愿的可接受性。因此，"民财"转化为"国财"，必须通过立法程序使其法治化。

财政收入和财政支出的总量和结构不是随意的，不是由征税者想征多少就征多少、掌握财权的人想用多少就用多少的官方意志所决定，而是由公共服务的必要性和有效性所决定。民众是公共服务的需求者，国家及政府是公共服务的提供者，公共服务的必要性和有效性取决于认定和评价上的民主政治程序。民众需要什么样的公共服务？政府能提供什么样的公共服务？每项公共服务需要多少费用？政府为满足民众公共服务的需求应征多少税？对于这些问题，必须在民主政治的基础上，通过对各项公共服务的必要性和有效性的民主认定和民主评价，才能达成"国"与"民"的共识。

财政的收入和支出涉及上下左右、方方面面的利益和诉求，其必要性和有效性的认定和评价是全方位、全过程、系统性的，因而这种认定和评价需要在公开透明的体制和机制中进行。公共服务本身除了极少数涉密项目外，绝大多数项目是面向公众的。各项公共服务的人员编制、经费预算、具体开支，只有在人民看得到、管得着的情况下，才能对其必要性和有效性进行评定。

无论是"民财"，还是"国财"，财政所掌控的财富都是国民收入的一部分，具有同根同源的同体性。在国民收入一定的条件下，"民财"变成"国财"的比重越大，国家掌控的财富越多，国家相对越强，国民个人可支配的收入相对越少，国民相对越贫困；反之，"民财"变成"国财"的比重越小，国家掌控的财富相对越少，国家相对越弱，国民个人可支配的收入相对越多，国民相对越富。表面看起来，二者是此消彼长的矛盾关系，不是国强民穷就是国弱民富。实际上，二者之间存在一个相互依赖、相互促进、相互增益的合理区间。这个区间的约束条件是：由"民财"转化为"国财"的财富，必须用于有利于"民财"持续增长的必要的和有效的公共服务。这正如生态平衡的道理一样，凡是水源充沛、植物茂密的地区，大气蒸发的水分越多，降水量越多，越能风调雨顺、五谷丰登。

如果财政定位偏颇，就会破坏国民财富增长的"生态平衡"，不是出现"杂草丛生"的现象，就是出现"竭泽而渔"的状况。"杂草丛生"会导致田园荒芜，"竭泽而渔"会导致无鱼可取。只有在精于管理、取之有度的情况下，才能维持国民财富持续增长的生态平衡，才能实现民富国强的双赢目标。

财政的准确定位，关键在于把握"民财"的取之有度和"国财"的用之有方两个环节。这两个环节，既是微观和宏观的节点，也是国计与民生的节点。若取之无度，用之无方，先是损害民生，弱化微观活力；后是导致国民经济总量减少，结构紊乱，危机四伏。

现代财政是公共财政，它应公共服务的需要而生。民主性、法治性、公开性、公正性、公益性，是公共财政的本质。为特定阶级服务的阶级财政，依附于政权组织的官僚财政，凌驾于经济规律之上的垄断财政，都因其"取之于民，用之于官"而被异化为与现代公共财政格格不入的专制性霸道财政（掌权者想征多少就征多少，想用于谁就用于谁，想用多少就用多少，想怎样用就怎样用）。

19.2 财政体制改革

财政体制处于国与民、城市与乡村、宏观和微观、中央和地方、上层建筑与经济基础的结合点上，具有国民经济的中枢意义。如果体制定位失准、政策走向偏执、操作有失公允，就会引发官与民、城市与乡村、中央与地方、宏观与微观、经济基础和上层建筑的诸多矛盾。我国经济领域出现的一系列重大问题，无一不与财政体制相关。因此，财政体制既有"牵一发而动全身"的地位，也有"正中枢而定全局"的意义和作用。古今中外的制度变革，往往首先从财政体制入手。

财政体制改革是全局性的中枢职能的改革，是完善社会主义市场经济体制、政府职能转变和实现国家治理现代化的关键所在，既是治标的重点，又是治本的根本。党的十八届三中全会通过的《中共中央关于全面深化改革若干重大问题的决定》对财政体制改革指出了明确的方向并做出了具体部署；随之，中央又审议通过了《深化财税体制改革总体方案》；接着，楼继伟又在《求是》杂志上发表题为《深化财税体制改革 建立现代财政制度》

的文章，对我国财政体制如何深化改革进行了系统性阐述。这样的战略走向及实施步骤，充分显示了问题的重要性和紧迫性。

第一，它关系到社会主义市场经济体制的完善。形象地说，市场经济的体制机制靠"看不见的手"运作，社会主义的制度功能靠"看得见的手"实现。财政体制作为"看得见的手"，是实现社会主义制度功能最直接、最有效的手段。国计与民生的关系、城市和乡村的关系、公平与效率的关系，很难通过市场经济的微观机制将其限定在社会主义应有的合理区间内，只能通过以财政体制为核心的国家治理和宏观调控才能达到目的。因此，只有通过财政体制的深化改革，将财政体制严格定义在通过公共财政实现公共服务的职能上，才能从宏观上驾驭市场经济，使之与微观经济基础形成一体化的运作机制，实现社会主义应有的制度功能。

第二，它关系到政府职能的根本转变。改革开放以来，我们进行了多次以转变政府职能为目标的改革，取得了一些成效。我们要进一步深化财政体制改革，通过法治硬化财政的预算约束，将各部门的财政支出限定在必要和有效的范围内，借此达到政府职能根本转变的目的。

第三，它关系到公平与效率相统一的目标在宏观上的实现。公平，既有微观上的公平，也有宏观上的公平；效率，既有微观上的效率，也有宏观上的效率；公平与效率的统一，既有微观上的实现条件，也有宏观上的实现条件。在微观层面上，主要靠市场经济的机制和规律实现公平、效率以及二者的统一。在宏观层面上，主要靠以财政和金融为主要手段的治理和调控措施实现全局性和长远性的社会公平、整体效率以及二者的统一。因此，只有通过全面深化的财政和金融体制改革，才能在宏观上形成行之有效的、促使公平与效率相统一的体制和机制。

财政体制改革有治标和治本的双重任务。从治标的角度看，主要是在现有的体制框架内，解决中央和地方财政收支的平衡问题、财权与事权的统一问题、税收规范化问题、城乡财政投入的差别问题、地区财力的不平衡问题、基本公共服务均等化问题、地方债务问题、土地财政问题等一系列社会矛盾突出的问题。对这些问题的解决，中央已有明确指示和切实部署，成竹在胸，成效在望。

问题的难点在治本上。我国的财政体制建立在传统的计划经济制度上，财政为所有的政府支出"买单"。国家实行城乡分治的二元经济结构，财政只能将有限的财力向城市倾斜。改革开放以来，政府实施的各种发展战略，基本上是向重点倾斜的战略，财政只能根据重点发展战略将有限财力向重点地区、重点城市、重点行业倾斜。在这种既要包揽一切又要向重点倾斜的制度和体制下，财政只能根据政府的意志理财，"政府指向哪里，钱就用在哪里"。这样的财政，不能完全契合公共治理、公共财政、法治财政的理念。要建立与现代国家治理体系相适应的财政体制，就必须从根本上为财政定好位、立好法、建好制。

财政制度是现代国家治理体系中具有基础和保障意义的制度。国与民是财政立足的两个基本点，为国家向社会民众提供的公共服务提供财力保障是财政的基本职能。在立足的基本点意义上，国家与民众，二者是"左脚"与"右脚"的关系，不可站偏。国家体现的是整体的"公"，民众体现的是集合的"共"。"公"以"共"为基础，并为"共"服务；"共"以"公意"立法，并以"公权"执法行政。财政只有立足于国与民相统一的"公共"性，才能充分体现现代财政的公共性本质。

在为公共服务提供财力保障的基本职能的意义上，满足民众对公共服务的各种需要是财政追求的目标，不能偏离。在计划经济的传统体制中，财政部门是国家的一个职能部门，只听命于政府，对政府负责，缺少"以民为本"、对民众负责的为民意识。改革开放以来，随着政府职能的转变，财政也逐步向公共财政的方向转变，但它的地位和作用仍限定在政府职能的框架内，其公共性难以真正体现出来。

要充分体现财政的公共性，就必须建立既对国家负责又对民众负责的公共财政制度。对民众负责要靠通过人民代表大会的民主程序编制并审定财政预算这个途径实现，对国家负责要靠根据国家法律依法执行财政预算的途径实现。这样，以预算立法和依法执行财政预算为主要内容的法治财政就成为财政制度建设的必然选择。

　　立足于公共性和法治性的财政预算制度是现代财政制度的基石。建立和完善这个制度，是财政制度改革的治本工程。财政预算是公共预算，其本质是根据国家公共治理和公共服务的需要编制、审定和监管财政收入和财政支出的各个预算项目。这涉及谁的财产、多少财产、通过何种途径（譬如何种税收）可以转化为公共财产，形成法定的预算收入；涉及转化为公共财产的财政收入用在哪些必要的公共服务（广义的公共服务包括公共治理，下同）项目上，形成法定的预算支出；涉及通过哪些法定程序合理地使用、管理和监督财政支出，使之满足各方面、各层次公共服务的需要，使民众满意。财政预算具有的这种公共性和法治性，决定了财政预算制度关系到国家、政府、社会和民众的各种关系定位及其运作机制，具有宪法、法律和法规多个层面上的法定意义，单凭政府职能的转变解决不了根本问题。这只有通过全面深化改革以及现代国家治理体系的制度创新才能使问题从根本上解决。

　　立足于公共性和法治性的财政制度对财政的收入和支出具有定向、定位、定权、定职、定责的法定意义。在定向和定位的意义上，财政不但要为实现政府的目标服务，更要体现国民公共意志、社会发展方向和民众各方面利益诉求。否则，民主程序和法治程序就会将偏向、偏位的预算项目予以否决。在定权的意义上，财政的预算权和执行权都被限定在法律的"笼子内"，任何政府官员都不能擅自改变财政资金的来源和用途。否则，就会受到法律的惩处。在定职、定责的意义上，财政体制上的每个职位和岗位都有明确的职责定位，从审核项目、审批款项到流程监督、责任追究，都有法定程序的约束，任何人不得滥用职权营私舞弊。否则，将根据其行为追究行政责任和法律责任。

　　北京大学刘剑文、侯卓两位教授在其论文的摘要中说：

　　　　十八届三中全会提出建立"现代财政制度"，这是建立健全现代国家治理机制、实现长治久安的制度保障。传统财政制度重国家本位轻人民本位、重管理轻治理、重结果导向轻过程导向。而现代财政制度具有法治性、回应性、均衡性和公共性的品格，彰显对公共财产权的规范，进而实现对公共财产、私人财产的双重保障；其法律构造内含宪法规范、公共财产规范、分配规范和宏观调控规范四个维度。构建现代财政制度，应以点带面、循序渐进，现阶段应将改进预算制度、完善税收立法和建立事权与支出责任相适应的财政分权模式作为三大抓手。①

在集合价值的论域内，财政收支所涉资金都是集合价值的有机部分，是由社会全体劳动者共同创造的用来支付社会公共服务成本的价值。它通过税收汇聚给国家，由国家根据生产与占有相一致、公平与效率相统一、必要性和有效性得以实现的三原则分解为各项财政支付项目，为各项公共服务提供财力支撑，再生产出国家繁荣富强、社会持续发展、民众安居乐业得以实现的制度体制及运行机制。

要实现生产与占有在宏观上的一致，财政制度就必须立足于法定的地位及职能。财政收入来自民众，其支出必须用于民众和民众达成共识的国家共同体。财政的财权始终在民。"民财"转化为"国财"，改变的只是"财"的主体形式，不存在其主体性质的改变。正如国家的主权始终在民一样，这是民主政治的根本。不能说，民众交税之后，税收形成的财政收入就变成由政府任意支配的财产。财政资金的使用，应以体现国民公共意志的法律为依据。任何由违法行为所形成的财政再分配利益，都可能背离生产与占有相一致的法则。

要实现公平与效率在宏观上的统一，财政制度就必须着眼于共同发展和持续发展的宏观目标。共同发展是社会各方面、各层次发展主体的协同发展，具有整体性、全面性和协调性，体现着全体和全面的公平与效率。持续发展是社会再生产条件不断得以满足的发展，具有连续性和规律性，体现着周期自洽的全程性的公平与效率。财政制度作为根据公共意志以公共权力管控公共财产的制度，在宏观层面上为实现公平与效率的统一提供制度条件，

---

① 刘剑文、侯卓：《现代财政制度的法学审思》，《政法论坛》2014 年第 2 期。

是其基本职能。

　　要使必要性和有效性的要求在宏观上得以实现，财政制度就必须具有自我约束和法律约束相结合的制约机制。自我约束是财政体制的自律机制，它通过自身建构和运行规则实现。法律约束是宪法、财税法和相关法律形成的制度约束，主要是预算制度的硬约束，它通过现代国家治理体系的综合效能实现。

20

货币金融制度的改革与创新

20.1 货币币值和货币制度

货币作为价值尺度,将一切商品和劳务的价值表现为价格;作为流通手段,促使各种商品和劳务的价值通过市场交换得以实现。货币的这种性能,决定了它在市场经济中的基准地位和中介作用。

正像度量长度的尺子自身必须有长度的道理一样,作为价值尺度的货币必须有自身的价值。贵金属货币时代,货币的价值由生产贵金属的社会必要劳动时间决定。纸币时代,货币的价值由其法定的信用体系决定。

币值是货币的价值尺度,理论上体现着货币与其他商品的等价关系,实践中表现为货币的购买力,即单位货币的购买能力。只有在币值确定的条件下,货币才能在众多商品的交换中充当等价交换的"尺度",才能度量其他商品的价值。只有在币值稳定的条件下,才能形成稳定的商品价格,才能对不同时期商品的价值流量进行统计和比较。因此,币值的确定和稳定,是货币行使价值尺度和流通手段两种基本职能的先决条件。

币值的确定和稳定,在简单商品经济中主要由充当货币的商品(如金银)本身具有的实在价值以及供求关系决定。随着商品经济的发展,进入市场交换的商品越来越多,价值量越来越大,而作为货币的贵金属数量的增加速度却越来越跟不上一般商品数量增加速度。这时,货币要行使价值尺度与流通手段的职能就出现了问题。主要是，以币值计算的社会商品的总价值量与对应的实体货币数量相比差别很大。这时，商品的总价值就只能是名义价值，其真实价值无法通过实体货币与一般商品的交换实现。

人们在商品交换的实践中逐步找到了解决问题的办法。这就是，货币的基本职能与实体货币（由自身材质价值决定其交换价值的货币）分离，以信用为基础的名义货币应运而生。人们通过约定的或法定的信用体系将实体货币的币值在名义上确定下来，然后以此币值计量各商品的价值（这时价值尺度虚拟化，币值与实体货币脱离必然联系）。市场交换时，实体货币（如金银）并不出现，代之以名义性的纸币或银票（这时流通手段符号化，名义货币材质与实体货币材质脱离必然联系）。在这种情况下，实体货币只作为储备货币在必要时用于纸币、银票这些名义货币与实体货币的兑换。一旦不能兑换，就意味着名义货币所依赖的信用体系出现危机，就会导致名义货币的崩溃。

为确保名义货币的信用，就必须通过一系列的制度建设使货币的信用制度化。这一系列制度包括名义货币的币值确定制度（名义货币可兑换实体货币的比值，即含金量），名义货币的铸造、印制和发行制度，实体货币的储备制度，名义货币与实体货币的兑换制度，等等。这些制度构成近现代的货币制度体系，它以公信力和公权力为信用基础。

名义货币一旦被坚实的货币制度所维护，它就成为名副其实的信用货币。货币制度是决定货币价值、货币发行、货币流通、货币储备和货币互换的制度，它建立在市场信用和政府信用相结合的信用基础上，是市场经济制度的基础。

货币制度是在众多利益关系中形成的信用制度，它以公信力和公权力为基础，通过币值、发行量、利率、汇率等管控和调控手段影响或决定货币的购买力以及商品价格、供需关系、投资方向等经济运行参数和经济走向。因此，它关系到商品和劳务价值的形成和实现机制、供给和需求的平衡机制、经济预期和经济行为的选择机制、社会再生产条件的形成和实现机制、经济危机的发生机制、经济周期的演变机制。

货币制度的基本功能是通过稳定币值实现物价的稳定和经济的有序发展。要实现这个功能，就必须满足三个条件：①货币的币值必须稳定在确定的基值上，如1元人民币的含金量，1元人民币可兑换美元的数量，或者1元人民币可购买小麦、大米、猪肉等基本必需品的数量；②货币的市场流通量限于社会商品交换的必要数量；③国家具有充裕的货币储备，以保证任何时候、任何情况下的市场兑付和支付能力。

在如何确定货币价值的基值问题上，我们有三种选择。第一种选择是将货币价值的基值定位在贵金属（如黄金或白银）上。如果这样，必须满足两个条件：一是黄金或白银具有稳定的基础货币地位，具有可交换任何商品的无条件性；二是黄金或白银的储备是充足的，具有名义货币同其兑换时无条件的可支付性。后一个条件因为黄金或白银数量的有限很难满足。

第二种选择是将货币价值的基值定位在信用基础较好的其他货币上，以相对固定的汇率方式同其挂钩，如人民币同美元挂钩。如果这样，也必须满足两个条件：一是美元必须有充裕的实体货币储备，自身的价值是确定和稳定的，其信用基础坚实可靠；二是人民币与美元的汇率在静态和动态上都是合理的。实践证明，这两个条件都很难满足。在美元的实体货币储备不足或人民币同美元的汇率不合理时，就很难实现人民币币值的稳定。

第三种选择是将货币价值的基值直接定位在其购买力上，以其购买力的变化体现币值的变化，以其购买力的变化指数确定币值的变化指数。我们以若干基础性的生产和生活必需品组成一个商品价格图谱，如以原油、钢材、电力、小麦、猪肉、棉布、住房等商品组成商品基准价格的图谱系列，将单位货币的购买力同这些商品一一对应，列出单位货币购买力的基准图谱。然后根据不同时期币值对应系列的价格变化，并根据每种商品在社会总商品中的比例确定其权数，通过加权计算确定不同时期单位货币购买力的变化指数。

将货币币值定义在其购买力上，最能体现货币的本质，最能说明货币与一般商品的价值关系。若如此，货币币值的稳定就建立在三个基本条件上：一是生产和生活必需品的供给是必要且充分的；二是社会消费需求是能够有效满足的；三是供给和需求之间具有长期均衡的必然性。在满足这三个条件的基础上，货币币值的稳定就寓于生产供给与消费需求相互适应的规律之中。

可见，在上述三种选择中，以贵金属价值为基值的定位存在贵金属数量有限的局限性，与其他货币币值挂钩的定位存在连带性的不稳定性。只有将货币币值直接定位在其购买力上，才能在货币与一般商品的价值关系中动态地、规律性地确定货币的币值。

如果将货币币值直接定位在其购买力上，原来意义上的货币储备（储备大量黄金、白银或美元）就失去了它原有的决定性意义，货币储备就不再是决定国家财力的最终支付能力，而只是特定情况下的支付手段（国际贸易结算或国际债务清偿）。

货币储备的目的是确保在任何情况下对实体货币兑付的充裕性。然而，当实体货币对名义货币币值所具有的终极支付作用被信用货币可完全实现的购买力取代后，实体货币代表财富价值的"代表"资格将会全部或部分地消失，人们对实体货币的依赖性就大大降低。人们关注的是信用货币购买力的实现，不再是实体货币与名义货币兑换的比率。这时，原来意义上代表终极支付能力的货币储备就变成确保货币购买力随时都能实现的资源储备。

所谓"资源储备"，是指在信用货币效能所及的范围内，国家具有的可确保其货币购买力充分实现的资源保有、资源利用能力的储备。它意味着，只要有充裕的资源储备，就能随时生产出满足各种消费需求的产品，就能将货币的购买力维持在符合规律的稳定水平上。因此可以说，资源储备是最可靠的货币储备，只要生产必需品的资源是充足的，货币的购买力就能保持稳定。

国际货币制度的演变越来越清晰地说明，国家货币储备制度演变的趋势是从黄金储备、美元储备逐步走向资源储备。1944 年形成的布雷顿森林体系，主要是美元同黄金挂钩，各国货币同美元挂钩，实行以美元为中心的固定汇率制。1971 年，美国总统尼克松宣布黄金与美元脱钩，布雷顿森林体系随之解体。此后形成的牙买加体系，实行的主要是以美元为主导的多元货币储备制度。2008 年的国际金融危机后，美元的主导地位日益动摇，美元、欧元、人民币等大国货币开始共同主导世界的金融秩序。在大国货币的背后，真正起决定作用的不再是传统意义上的黄金储备、美元储备，而是各国的资源储备。事实说明，大国货币的竞争主要是以资源储备为后盾的货币购买力的竞争。能够充当国际支付手段的货币，必然是资源储备充裕的大国货币。

资源储备和政府信用是现代货币制度的两大基石。前者是货币购买力稳定的经济基础，后者是货币购买力实现的制度条件。完善的现代货币制度建立在资源储备充裕和政府信用坚实的基石上。

资源储备的充裕指：①自然资源的充裕，即国家拥有的土地资源、矿产资源、能源和各种生产物质产品的资源，在保有量、可开发利用量上是充裕的；②人力资源的充裕，即国家拥有的人口资源、劳动力资源和各种专业技术人才的资源是充裕的；③制度性资源的完善，即国家在资源配置、经济运行、宏观调控方面的制度性资源是健全有效的，具有将各种资源随时转化为有效供给产品的运作能力。

政府信用的坚实指：①政府具有坚实的公信力和公权力，可确保货币币值的长期稳定性；②政府对货币发行、总量控制和流向结构的调整建立在符合经济规律的基础上；③政府对国民经济的总量平衡和持续发展负有不可推卸的法定责任。

建立在资源储备充裕和政府信用坚实基础上的现代货币制度是经济稳定和可持续发展的"定海神针"。在此基础上所形成的各种经济参数和周期性波动都是可预期、可调控的。

20.2　货币制度基础上的金融制度

货币制度是应商品交换和市场经济发展需要而生的制度。在这种制度下，货币币值与商品价值有着自然的、直接的联系。随着市场经济的发展，在价值尺度和流通手段两种货币基本职能的基础上，又衍生出货币资本化的新职能，由此催生了金融制度。

货币原本是商品交换的中介，无论是价值尺度的职能，还是流通手段的职能，在逻辑上都不能改变原有的价值量。但是，随着市场经济的发展，货币购买权逐步异化为货币增值基础上的剩余索取权。当社会上出现雇佣劳动制度时，拥有较多货币的人就可通过购买劳动力拥有劳动力的支配权。一旦劳动力从属于货币所有者，货币所有者就取得了生产经营的剩余索取权，就可通过开矿办厂赚取劳动者创造的剩余价值，货币所有者就变成资本家。

货币资本化的过程，使中介性的货币变成增值性的货币。为满足货币增值的需要，通过存贷款业务增值的银行，通过投融资业务增值的机构，通过证券、债券和保险业务增值的公司应运而生。它们的角色由流通中介的货币经管者变成以货币增值为目的的资本经营者。它们的行为不再限于行使货币价值尺度和流通手段的中介职能，而是演变成为货币增值不断寻求投资方向、提供赢利机会的投融资行为。

金融是在银行资本与工业资本相互融合中形成的新产业。它将社会上各种闲散的有储蓄倾向的货币吸纳到银行，然后通过银行的经营将其变为货币资本，以满足工业、农业、交通运输业等各个产业的投融资需要。金融业的初期，以银行的存贷业务为主要经营形式。随着股份公司、证券业、保险业的发展，经营股票、债券和保险的非银行金融机构也发展起来。后来，从事金融业的金融机构不但为实体产业的发展服务，自身也通过以炒作和投机为特征的行为衍生出各种金融工具。

金融组织的发展，一方面，通过货币资本的集中促进了实体产业的发展，通过投融资的运筹促进了资源配置的优化和产业结构的调整；另一方面，它通过对货币的掌控改变了货币原有的价值尺度和流通手段的基本职能，使货币的流向和流量服从于资本增值的目的，加速了货币的资本化。此外，它还通过一系列金融工具（期货、股指、次贷等）使货币资本虚拟化，使之脱离实体经济的发展需要，走上单靠炒作和投机谋求暴利的虚拟经济的轨道。

现代金融制度建立在货币资本化的基础上。货币一旦资本化，增值和获取盈利就成为货币所有者的主要目的。货币存于银行，一方面是为了保值，另一方面是为了增值。货币变成股票，是为了获取股价上涨的增值利益和股息分红的增值利益。货币变成债券或用货币购买保险，是为了将来货币的保值和增值。为了适应货币资本增值的需要，国家一方面允许和支持各种银行和非银行金融机构经营货币资本业务，另一方面为货币资本合法赢利提供政策、法律和法规的保障。以各种金融组织为合法经营主体，以各种政策、法律和法规为制度保障的金融制度由此形成。

金融是以经营货币资本为主要业务的产业，金融制度是在货币制度的基础上形成的维护并推进货币资本化的制度。货币的资本化使有储蓄倾向和投资意向的货币积累起来、集中起来，成为扩大再生产的资本。微观上，货币资本是各类企业扩大再生产的主导性生产要素。宏观上，货币资本是国家经济社会发展的主要推动力。追求货币资本数量的增加和增值的效益，既符合微观上民众和企业的利益，也符合宏观上国家和政府的利益。因此，现代金融制度成为启动和推动经济社会发展的杠杆性制度。

现代金融制度具有两重性。一方面，它以货币制度为基础，通过货币价值尺度和流通手段的基本职能维护市场秩序的有序和稳定。另一方面，它服务于资本增值的目的，通过金融工具的操控，推动经济社会发展。

在推动经济社会发展的同时，金融制度也带来了不少负面影响。一是它通过货币资本化使货币所有者拥有了剩余索取权，强化了货币所有者的权力，加剧了贫富的两极分化。二是它通过货币资本的操控掌握了经济运行的命脉，使社会资源的配置完全服从于资本增值的需要，人为地改变了社会生产和再生产的平衡条件，加剧了地区、阶层和产业发展的结构性矛盾。三是它通过衍生出来的金融工具人为地制造投资机会，诱导资本向高风险、高收益率的虚拟经济聚集，造成经济的虚拟化和泡沫化，酿成经济危机。

现代金融制度，包含了两个层次：一是以价值尺度和流通手段为基础的货币制度，它对经济社会发展起中介作用；二是以货币资本化为基础并为资本增值服务的金融制度，它对经济社会发展起推动的作用。两个层次有机结合起来，成为现代的货币金融制度。

20.3 现代货币金融制度存在的两大突出问题

货币具有融通一切商品货物价值的功能，因此被称为"通货"。在融通商品货物的过程中，货币靠的是价值尺度和流通手段的职能。要行使好这两种职能，货币流通量就必须维持在必要的限度内。这是币值稳定、物价稳定和经济发展有序的必要条件。一旦改变了这个条件，就会出现通货紧缩和通货膨胀的病态现象。

通货膨胀指货币流通量超过其必要量致使货币贬值、物价过高和经济发展过热的病态现象。在货币制度健全完善的条件下，流通中的货币量被控制在必要的限度内。这个限度就是，货币必要流通量与货币流通速度的乘积等于待交换的社会商品价值的总额。一般情况下，货币流通速度是一个既定的常量。在这种情况下，货币必要流通量的增长速度与社会商品价值总额的增长速度具有同步性。一旦货币流通量的增长速度超过了社会商品价值总额的增长速度，就会导致货币的贬值和商品价格的普遍上涨。这就是货币发行过多、流通中的货币量过大所引起的通货膨胀，也是最常见的通货膨胀。

通货膨胀是市场经济中最常见的病态现象。正如人的体温一旦超过正常水平，持续发热，必然破坏身体内部器官的平衡机制，先是危及脏器，后必危及生命的道理一样；通货膨胀导致的经济过热，先是造成经济机体中的结构矛盾，后是引发社会总需求与总供给失衡的总量矛盾，最终导致经济危机和社会危机。

之所以会出现通货膨胀，主要是因为货币制度的失灵和失控。货币制度之所以失灵和失控，则是因为货币的资本化改变了货币的流通规律。在货币流通规律中，哪里需要商品的等价交换，货币就流向哪里；有多少商品价值需要交换，就需要多少货币；短缺的货币会从储蓄者手中流向市场或由国家增加货币发行补充货币流量，暂时多余的货币会被储存起来。在规律性的货币流通中，货币的币值始终处于稳定状态，货币流通量始终维持在必要的水平上。

　　货币的资本化，促使货币的流向和流量服从资本增值的需要，哪里资本增值率高，货币就流向哪里；哪里资本增值的空间大、机会多，货币就向哪里聚集。这种情况下，资本增值率低的产业，资木望而却步，货币短缺，致使其产品价值无法完全实现，商品价格走低；资本增值率高的产业，资本趋之若鹜，货币过多，致使其产品价格过高。

　　金融组织经营的目的是促使货币的资本化并为其提供增值的机会。银行贷款、股票和债券的发行都直接面向利润高的产业，相应的，金融机构会不遗余力地为这些产业策划、炒作，将货币资本投向这些产业。这些产业一旦蓬勃发展起来，就很难止步。过高的价格、过高的成本、过快的发展、虚假的繁荣，造成了货币需求过旺以及对货币资本不断增长的依赖。这时，国家为了维持"发展"和"繁荣"的局面，不得不增发货币，造成骑虎难下的通货膨胀。

　　金融组织不但为实体产业的资本增值服务，也为自身的不断增值创造机会，由此衍生出虚拟资本和虚拟经济。投融资行为建立在对未来经济发展形势的评估和资本增值的预期上。如果这种评估是科学的、客观的、全面的，预期是合乎规律的，相应的投融资行为就不会有太大的风险和太多的不确定性。然而，如果这种评估被人为地操弄，预期被人为地炒作，就会人为地制造虚假的机会和不可预期的风险。当这种虚假的赢利机会被一次又一次地放大，它就会被击鼓传花般地传导给一个个投资者。本来，1万元的货币资本每年只能有几百元盈利，由于人为地操弄和炒作，最终竟出现几千元、几万元的盈利，这种背离规律的暴利是泡沫型的虚假的盈利。虽然它出现在投资者的账面上，但没有实体经济的保障，只是作为虚拟的资本和虚幻的盈利存在。一旦泡沫破灭，就会烟消云散，化为乌有。

　　虚拟资本和虚拟经济是经济社会发展中被夸大和高估的经济成分。因其没有实在的价值产品，不能形成市场的有效供给，就只能表现为过高的价格（如股票和房地产价格）和过快的经济增长速度。然而，过高的价格会诱使资本流向其产业领域，使该产业更加虚拟化；过快的增长速度会造成虚假的繁荣，使经济发展进一步脱离规律的制约，走向失控的轨道。

通货膨胀和经济虚拟化是现代货币金融制度存在的两大突出问题。在其形成过程中，金融组织起到了推波助澜的作用。无论是近几十年以来发生的通货膨胀，还是近年来发生的国际性金融危机，我们都可从对其实证分析中发现这种制度弊端。这种弊端在于：金融制度维系和推动的货币资本化异化了货币流通规律，使市场经济配置资源的自组织、自调节机制失灵。

20.4　货币金融制度的改革与创新

货币金融制度是经济社会发展的基础性和主导性制度。就其基础性来说，货币制度凭借其价值尺度和流通手段的基本职能，通过稳定币值稳定物价，维持经济平稳和有序的发展。就其主导性来说，金融制度推动货币的资本化，为资本增值服务，引导货币资本向利润高的产业转移和集中，为加快经济社会发展提供动力。在合乎规律的正面意义上，货币金融制度是稳定和推动经济社会发展的均衡及促进机制。在违背规律的负面意义上，货币金融制度则是产生经济病态现象和引发经济危机的根源。

是否有利于生产与占有的一致、公平与效率的统一、必要性和有效性的实现，是判别货币金融制度优劣的标准。币值稳定基础上的等价交换，体现了生产与占有相一致的要求，是合乎社会主义市场经济规律的基本机制。货币资本化基础上的剩余占有制度，则是货币所有者对劳动者的经济剥削。实体经济基础上各产业的共同发展体现了公平与效率的统一，以虚拟经济稀释实体经济的虚假繁荣则破坏了公平与效率相统一的基本条件。根据货币流通规律决定货币流通量的宏观调控有利于实现货币流通量的必要性和有效性，根据资本增值需要随意增发货币的行为则是引发通货膨胀和经济危机的主要原因。

因此，货币金融制度的改革创新，主要是制度和体制上的正本清源。有利于生产与占有相一致、公平与效率相统一、必要性和有效性得以实现的制度因素该维护的维护，该健全的健全，该完善的完善。反之，该否定的否定，该革除的革除，该创新的创新。

第一，必须维护保持货币币值稳定的基本制度。货币币值的稳定是经济社会稳定和有序发展的基本条件。市场经济中，这个条件是通过货币流通规律实现的。在这个规律中，货币自身的价值始终在社会商品交换的价值关系中确定，货币的基本职能始终是价值尺度和流通手段的中介职能，货币的流通量始终保持在必要的限度内。只有在货币印制和发行被政府或私人垄断后，货币的币值和流通量才被人为地控制，使其服从于垄断者的意志。只有在货币购买权异化为剩余索取权后，货币的中介职能才衍生出货币资本化的职能，使货币的流向和流量服从于资本增值的需要。在货币发行被垄断和货币资本化的制度下，货币流通规律就失去了它自组织、自调节、自平衡的机制，致使币值稳定无法实现。

要维持货币币值的稳定，就必须重新造就和维护货币流通规律的实现条件。主要是：①货币币值定位并稳定在购买力水平上，以若干生产和生活必需品的价格为基本参数，并组成一个指数变动的图谱，以此确定币值变动与物价变动的相互关系；②健全和完善国家资源储备制度，形成对国内市场商品充分有效供给和满足内需的保障能力；③在未形成规范的世界统一市场和国际通用的世界货币之前，外汇储备只用来进行国际贸易和国际结算，在人民币和外币之间设置一道虽可交换但不得冲击国内市场的"隔离墙"；④黄金和白银的贵金属储备作为货币储备的传统项目，其数量保持在必要的额度内；⑤根据货币流通规律发行货币，将货币流通量始终控制在必要和有效的限度内。

第二，必须健全和完善货币发行制度。货币流通是资源配置的中介，是市场经济配置资源的规律性机制。货币发行是国家拥有的基本经济职能，是政府信用的体现。每年发行多少货币，通过何种方式投放市场，直接影响币值和物价的稳定以及经济发展秩序。是根据资源配置规律和货币流通规律发行，还是根据政府意志发行，关系到经济发展的路径选择和态势。前者是市场经济的内在要求，维护的是市场信用和市场秩序；后者体现的是政府意志，趋向于政府目标的实现。当政府目标刚性化，譬如，一定要达到既定的经济增长速度时，政府就会无视资源配置和货币流通规律的要求，任意增发货币，借助通货膨胀刺激经济增长。这种情况下，经济增长速度上去了，却带来了一系列结构矛盾和总量矛盾，埋下了经济危机的祸根。

因此，货币发行制度必须建立在符合资源配置和货币流通规律的基础上，不断健全和完善。主要是：①货币发行的权限必须集中在中央银行，中央政府只对中央银行有行政管理权，对其货币发行业务不得随意干涉；②具有货币发行权的中央银行对货币币值的稳定负有不可推卸的责任，一旦出现货币贬值、物价过高的通货膨胀，国家就要追究其责任；③每年货币的增发量与经济增长速度保持在同步的区间内，物价上涨指数控制在合理的较低水平。

第三，必须以金融服务增值机制否定货币资本增值机制。金融作为经营货币业务的产业，是靠金融服务的劳动创造价值，促进金融产业的发展，并借此获得劳动收益，还是靠货币的资本化增值，追求利润并获取资本收益，这是社会主义与资本主义在金融产业上的本质区别。金融作为第三产业，其服务业务是集合劳动的一部分，同其他领域的劳动一样，只有在金融机构付出的劳动是必要和有效的情况下，才创造新价值。金融机构所经营的货币，在投融资活动中，只能以保值的成本形式存在，不得改变货币原有的价值量。

因此，国有和非国有的商业银行以及非银行金融机构，都必须在货币保值的基础上开展业务，不得追求货币资本的增值。其职员的薪酬都来自金融服务所创造的价值，不得以货币资本的增值增加收入。金融领域所有投融资业务都必须在货币币值稳定的基础上开展，由此形成的产业净收益都是劳动者创造的新价值，任何人都不得凭借货币资本的剩余索取权占有新增价值。

第四，必须彻底消除金融领域的炒作和投机行为。金融业内的炒作和投机是在货币资本化基础上追求暴利的行为。这种行为包括：①一些机构利用股票上市、股盘操作和买空卖空等手段与机会进行股市炒作，通过股价的跌涨牟取暴利；②利用其垄断的金融工具虚估资产价值，夸大获利机会，诱导投融资走向，将暴利留给自己，将风险转嫁给他人；③将实体产业提供的货币储蓄资本化，并通过投融资业务的项日炒作和机会炒作，将其引向虚拟产业，从中谋求暴利。

要彻底消除这些炒作和投机行为，就必须通过法律的约束和管控规范金融领域的业务项目、业务流程和业务行为。主要是：①对那些以牟取暴利为目的，以炒作和投机为主要手段的金融业务及其组织，坚决取缔；②对所有的金融业务信息，包括信息的收集、整理、加工、处理和发布宣传，进行严格的审查和监管，严防人为地制造和传播虚假信息；③对所有的金融业务流程进行法规管控，对有可能出现漏洞的各个环节进行有效防范，形成严密周全的操作流程，以免漏洞上的投机；④对所有金融机构及其个人的行为进行有效管控，形成各个职位和岗位上严密周全的责任追究制度，以防职权失控和职责缺失。

第五，必须通过金融创新机制推动经济社会的长期持续发展。金融是主动性和能动性较强的产业，对经济社会发展具有较大推动作用。金融体制及其运作机制的创新是推动经济社会长期可持续发展的不竭动力。这种创新主要是：①根据货币流通规律和经济发展的"新常态"趋势，确定货币币值稳定的合理区间，形成以货币基准购买力为基础的币值稳定机制；②健全和完善我国的资源储备制度，巩固和增强人民币的"大国货币"地位，形成以资源储备为基础和主体，以外汇储备、贵金属储备为补充的国家储备体系；③充分利用和发挥货币在资源配置中的中介作用，通过金融信息的开发利用、金融服务的拓展延伸、金融工具的杠杆作用，促进金融和实体产业的协同发展。

21

经济周期与宏观调控

21.1　经济发展的周期性

经济发展具有周期性，这一现象被世界各国的发展实践所证实。所谓周期性现象，一是指在经济发展速度上快慢交替的周期性现象，二是指在总量平衡关系上通货膨胀与经济萎缩交替的周期性现象。这两种现象交织叠加在一起，形成错综复杂的经济发展态势。

经济周期在马克思理论中又被称为经济危机。马克思在分析资本主义生产过程时指出：由于生产无限扩大的趋势同有支付能力的需求相对缩小的矛盾贯穿在资本主义生产过程的始终，总供给大于总需求的生产相对过剩是必然的周期性现象，呈现危机、萧条、复苏、高涨四个阶段循环往复的特征。马克思的这一论断被 19 世纪和 20 世纪西方各国多次出现的周期性经济危机所证实。

所不同的是，20 世纪中期之前发生的经济危机与此后的经济危机在周期长短、阶段特征、震荡程度、形成原因上有所区别。这主要是因为 20 世纪中期相继出现了凯恩斯理论、罗斯福新政和二战后国际经济新秩序的形成三大因素。英国经济学家凯恩斯 1936 年发表《就业、利息和货币通论》，提出了国家干预经济生活的主张，奠定了西方宏观经济学的基础；二战时期的美国总统罗斯福采用国家干预经济的一系列措施调控国民经济，使其从自由竞争的市场经济走向国家调控的市场经济；二战后，联合国、国际货币基金组织、世界贸易组织相继成立，形成了国际金融和国际贸易的世界经济新秩序。二战后相继出现的新古典学派、制度学派、理性预期学派、供给学派、公共选择学派等西方经济学的不同流派，在资本主义的制度框架内，力图寻求一条能够有效摆脱经济危机，实现经济良性发展的道路。这种理论及其实践在一定程度上拓展了资本主义制度的发展空间，缓解了周期性的经济危机所带来的社会矛盾和阶级冲突。随之而来的经济增长缓慢和物价上涨同时存在的"滞胀"现象却长期困扰着西方国家。2007 年开始美国次贷危机引发的世界性金融危机曾长期阻碍着欧洲一些国家的经济发展，说明经济周期和经济危机的"生理"和"病理"机制依然存在。

经济周期现象不但在西方国家普遍存在，在中国也长期存在。据专家统计，新中国成立以来（截至 2009 年），我国共经历了 10 个经济周期，分别是：1953 ~ 1957 年，1958 ~ 1962 年，1964 ~ 1968 年，1970 ~ 1972 年，1973 ~ 1976 年，1977 ~ 1981 年，1984 ~ 1986 年，1987 ~ 1990 年，1991 ~ 1999 年，2000 ~ 2009 年。这 10 个经济周期，各有成因和特点。第一个周期是第一个五年计划期间由固定资产投资拉动所引起，第二个周期是由"大跃进"所引起，第三个和第四个周期都与国防建设有关，第五个周期与"文化大革命"有关，第六个周期是由"大干快上"所引起，第七个周期是由农村和城市相继改革所引起，第八个周期是由发展商品经济和推进价格改革所引起，第九个周期是由体制转型中"投资饥渴"及东南亚金融危机所引起，第十个周期则与世界性金融危机相关。

比较西方各国和我国的经济周期，可发现其共同和不同的特点。共同之处在于，经济周期的表象大体相同，都有波峰和波谷的起伏，都有过热和过冷、过快和过慢的周期变化特点，都有通货膨胀和经济萎缩交替出现的现象。其差别在于：西方各国的经济周期中，资本主义社会的基本矛盾始终贯穿其中，生产相对过剩是主要特点，国家的宏观调控治标有效，治本无力；我国的经济周期中，制度变革、体制改革和政策变动起主导作用，产品短缺和瓶颈制约是主要特点。

在经济周期的成因中，既有科技进步、产业结构和市场机制等方面的"生理"因素，也有制度、体制、政策等方面的"病理"因素，还有宏观调控方面的"药理"因素。这些因素交织叠加在一起，形成了特色各异的经济周期。我们只有从因技术革命、产业革命而异的技术特征，因时代、制度变革而异的历史特征，因国情、体制、政策而异的国家特征入手，全面理解和把握经济周期，采取切实有效的治理方略和调控措施，才能确保经济社会的长期持续发展。

21.2　科技进步周期

科技进步是经济发展的主导因素，一项科学理论的创新会引发一系列的技术创新，一项技术创新会引领一系列的工艺流程创新、产品创新、产业链和价值链的创新，从一项科学理论形成到这一理论所蕴含的创新能量全部得到释放和应用，是一个由科技创新主导的发展过程，这个过程具有周期性特点，我们称其为科技进步周期。

根据科技进步周期的形成机制和周期特点，我们将其分为大周期、中周期和小周期三类。从大周期来看，工业革命引领的世界工业化进程历时几百年，至今在一些国家和地区方兴未艾；信息技术革命引领的信息化时代已有半个多世纪，它在一些国家和地区刚刚兴起，其主导世界经济发展的时间还会很长。从中周期来看，一项新能源技术、新生物技术、新材料技术都会引领相关产业发展几十年。从小周期来看，一项新工艺、一个新产品都会引领相关行业和市场若干年。以计算机为例，20 世纪 60 年代是第一代的主机计算，20 世纪 70 年代发展到微型计算，20 世纪 80 年代发展到个人计算，20世纪 90 年代发展到桌面网络计算，近年又发展到移动互联网计算，大体上每十年为一个周期。

科技进步是经济发展周期中的生理机制。科技作为第一生产力，它的每一项进步必然引发人类知识结构的改变、人才结构的改变、生产工艺的改变、固定资产的更新、发展空间和路径的改变、产品形态和功能的改变、产业结构的改变、需求结构的改变、消费观念的改变。这一系列的改变，一浪推一浪，将经济发展进程不断向前推进，呈现由某项技术引领的周期性特点。

科技进步周期的形成机制大体是：①基础性研究领域出现重大理论突破，引领科技发展潮流的新理论拓展发展的新领域、指明发展的新方向、启动一系列的科技创新项目，成为科技进步长周期的源头；②应用性研究领域根据新理论确定新的技术方向和技术目标，将新理论中蕴含的各种可能性变成可以实现的技术路线，指出技术创新的路径和技术目标的实现条件，引发相关产业中关键环节的技术革命，形成由某项关键技术引领的技术周期；③开发性研究领域根据基础性研究和应用性研究提供的科技理念、技术目标和技术路线进行新工艺改进、新产品开发和新产业组建，形成各个领域和各个行业的工艺周期、产品周期和产业周期。

科技进步作为经济发展周期中的生理机制，是经济社会发展中由内生变量决定的持续性发展机制，其主要特点是创新。无论是基础领域的理论创新，还是应用领域的关键技术创新、产业创新，或者是开发领域的工艺创新、产品创新，都意味着新方向、新路径、新产业、新产品、新时尚的出现。这些新方向、新路径、新产业、新产品和新时尚，都会引领新的发展潮流，给经济社会发展注入新的活力。

英国的蒸汽机和纺织工业、美国和日本的汽车工业、德国的电子和精密制造工业等，都曾以其科技创新占领产业的制高点，引领本国产业兴盛若干年。

科技进步是由一系列创新链条构成的持续发展机制。先是新发现、新理论引发的知识创新，接着是人才培养上的教育培训创新，然后是裂变性的产业创新、产品创新。在这一系列创新链条的推动下，人们唯恐因落后被淘汰，竞相推陈出新，使发展呈现波浪继起的态势。一旦创新的势能减弱，发展就会乏力，增长的速度就会缓慢，最终会被新一轮的创新所取代。

近代以来中国发展落后，封建制度、封建文化、半殖民地社会固然是其深层原因，思想的禁锢、科学的沉寂、技术的停滞，却是致命的死穴。辛亥革命推翻帝制、建立民国，新民主主义革命推翻"三座大山"，建立中华人民共和国，都是根本制度上的变革。这些变革，虽然使中国面貌发生了天翻地覆的变化，但以全面创新引领的科技进步姗姗来迟。

改革开放以来，我国的科技进步是从学习、模仿、追赶现代发达国家开始的。对外开放中，我们一方面引进技术、引进人才，另一方面派留学人员到国外学习，其目的都是通过学习借鉴发达国家的先进技术和成功经验，快速追赶，缩小差距，利用国际性的科技进步周期实现自己的发展。

我们强调抓住战略机遇期，其实就是在和平发展的国际环境下，利用国际性的科技进步周期，通过学习借鉴现代发达国家的技术和经验，赶上发达国家的经济发展水平，实现民族复兴的基本目标——使中国成为与现代发达国家并列的世界强国。然而，这不是我们的最终目标。我们的最终目标是实现中华民族复兴基础上的持续发展。我们不能总是跟在别人后面，利用别人提供的机遇发展自己，而是要自己创造持续发展的机遇，不断开创发展的新领域，占领发展的制高点。我们是一个拥有近14亿人口，有着悠久历史文化传统的世界大国，理应为人类文明和世界进步做出应有的贡献。我们要掌握自己的命运，打通自己的脉络，启迪自己的文明智慧，通过全面的自主创新，健全和完善可持续发展的科技进步机制，形成能引领潮流的发展优势，在造福中华民族的同时造福全人类。这是中华民族的历史使命。

要履行这种历史使命，我们就必须在学习借鉴现代发达国家先进技术的基础上，通过自主创新建立自己的可持续发展机制。我们先后提出并实施的科教兴国战略和国家创新驱动发展战略，其意义正在于此。

中国问题的关键是人的创新能力的开发利用。中国是世界上人口最多的国家，人口是中国最大的资源和财富。科教兴国战略就是通过人力资源的开发，使包袱变成财富。在中国成为世界最大的制造业国家的历史进程中，"人口红利"曾是决定性因素。在中国成为现代化知识经济世界强国的历史进程中，"人脑红利"将是决定性因素。从"人口红利"到"人脑红利"，有一个"以人脑为本"的智能开发过程。科教兴国战略落到实处，就是对近 14 亿人口智能充分开发利用。如果这件事做好了，近 14 亿中国人形成的智能优势，就会成为引领世界发展潮流的主导力量，我国就会在各个发展领域占领竞争的制高点。

国家创新驱动发展战略，是以自主创新主导科技进步，以全面创新引领经济社会发展的战略。创新是人的主动性、积极性和创造性的充分体现，是人的智能从潜在状态到实现状态的开发、激发和利用过程，是人自由、充分和全面发展的动态机制。从整个国家和民族来说，创新是通向理想境界的路径，是创造力的灵魂，是持续发展的不竭动力，是形成竞争优势的根本所在。国家的创新驱动发展战略，其实质就是通过全面自主的创新机制实现国家长期的持续发展。

21.3 总量平衡和结构平衡周期

总量平衡指社会总产品总供给和总需求的平衡。总供给指国家一定时期（通常为 1 年）所生产的价值产品（包括所有商品和劳务）总和，总需求则指国家同期对价值产品的总购买力。当总供给与总需求平衡且结构合理时，所有价值产品的价值就能实现，社会再生产的条件就能满足，国民经济就能平稳发展。当总供给大于总需求时，意味着价值产品的价值在原价格水平上无法全部实现，导致价格总水平的降低或一部分产品卖不出去，国民经济就会出现萎缩萧条的过冷现象。当总需求大于总供给时，意味着总购买力在原价格水平上无法全部实现，导致价格总水平的提高或一部分消费需求无法满足，出现以通货膨胀为特征的经济过热现象。

可见，总量平衡是国民经济平稳运行和持续发展的基本条件，总供给大于总需求或总需求大于总供给的两种不平衡状态会使国民经济陷入过冷或过热的境地。

总量平衡周期指的是社会总供给与总需求的平衡周期，它主要通过市场机制和国家宏观调控两种方式的叠加效应实现。

从市场经济本身的运作机制来看，其自组织、自调节的平衡功能需要一

265

个时间周期才能实现。从某种产品的生产过剩开始，通过价值规律调节资源配置，到形成新的生产能力和供给规模，中间有投资重组、固定资产更新、行业竞争、达到规模效益等几个环节，每完成一个这样的自组织、自调节过程，都需要一个由程序因素决定的时间周期。在这个周期中，每个生产者不可能准确地预计全社会对他所生产的产品的总需求量，更不可能准确地预计生产同类产品的生产者有多少，他们的生产规模有多大，因此，该产品的总供给和总需求是每个生产者都无法掌控的，出现总量失衡的现象无法避免。总量失衡严重到一定程度时，必然出现萧条或通胀的经济周期。这是市场经济机制的缺陷，是先天性的病理现象。

国家宏观调控主要是针对这种病理现象采取的一系列措施。当总供给大于总需求时，国家降低中央银行的存款准备金率、再贴现率、买入债券，增加货币投放量，降低税率，增加财政支出；当总需求大于总供给时，国家提高中央银行的存款准备金率、再贴现率、卖出债券，减少货币投放量，提高税率，减少财政支出。通过这一系列措施，促使总供给和总需求实现平衡。宏观调控的效应周期与市场机制的运作周期叠加在一起，决定总量平衡的实现过程。这个周期，既是市场经济的病理周期，也是宏观调控的药理周期。

与总量平衡周期相关的是结构平衡周期。经济发展是在一定的结构体系中实现的，这种结构体系是由互为依存条件、互为因果关系的复杂元素和关联环节决定的。供给结构、需求结构、产业结构都从不同方面制约着经济发展的速度和规模，当经济发展速度和规模达到某种结构性极限时，就不得不进行周期性的结构调整，我们将结构性制约引起的发展周期称为结构调整周期。

供给结构一是指生产要素结构，二是指产品结构。当某种生产要素短缺，成为制约发展的"短板"时，发展的速度就不得不降低，发展的规模就不得不缩小。能源、动力、原材料通常是供给结构的"短板"。在我国有过的经济周期中，能源、动力、原材料的短缺迫使发展速度回落的例子比比皆是。供给要成为结构合理的有效供给，就必须形成以最终产品被消费为目标的产品链及其价值链。如果某个环节的产品过多或过少，就会使产品链发生结构性短缺或结构性剩余，结构性短缺会限制发展的速度，结构性剩余会使一部分产品卖不出去，破坏社会再生产的实现条件。当出现"短缺"或"过剩"的结构矛盾时，就要通过一系列的措施进行结构调整，使其趋于合理。

需求结构一是指购买力结构，二是指最终消费品结构。社会购买力是由不同消费群体所持有的能形成购买力的货币量构成的，不同消费群体持有的货币量是由微观和宏观上的分配制度决定的，因此购买力结构的实质是由分配制度决定的收入结构。不同的消费群体有不同的需求结构，对应着不同的消费品。生活必需品对应的主要是中低收入阶层，奢侈品对应的主要是高收入阶层。当最终消费品结构与由各消费群体收入结构决定的有支付能力的消费需求结构不对应时，就会出现最终消费品的结构性剩余或结构性短缺。结构性剩余（如大量的房产卖不出去）会使相应产业的再生产条件无法实现，导致发展停滞或萎缩。结构性短缺（如粮食短缺）会使相应产业的产品价格上涨，并将价格上涨传导到其他产业，引起通货膨胀。需求结构调整一方面是购买力结构的调整，其实质是不同群体收入结构的调整，说到底是分配制度的调整；另一方面是最终消费品结构的调整，其实质是产品供给结构的调整，说到底是产业结构的调整。因此，需求结构的调整周期最终取决于社会分配制度和产业结构的调整周期。

产业结构一是指横向并列的产业结构，二是指纵向延伸的产业结构。农业、制造业、服务业构成的三次产业，电子、生物、通信、家用电器、房地产、旅游等行业，构成横向并列的产业结构。以某种产品为核心，由其上下游产业构成的产业链和以某种产业为核心为其提供配套服务的产业群，都是纵向延伸的产业结构。产业结构调整一方面指对横向并列的产业结构进行的布局调整，主要通过国家的产业规划、产业政策和项目投资实现；另一方面指对产业链和产业群的形成机制进行培育，主要通过政府引导下的市场机制实现。因此，产业结构调整周期主要取决于国家产业规划实施周期、产业政策效应周期、项目投资建设周期以及市场机制的运作周期。

价值生产和占有相一致是总量平衡和结构合理的实现条件。我们说的总供给和总需求都是以货币单位计算的价值总量，进入国民经济核算领域的生产者同时也是消费者，当价值生产与占有一致时，每个人为社会生产的产品价值与他得到的收入是一致的，不管以何种统计方法统计，供给的价值总额与需求的价值总额都是相等的。只有在价值生产与占有不一致时，才可能因价值关系的错乱出现总量不平衡或结构不合理的现象。如该分解为个人收入形成消费需求的价值分解成企业主的利润形成了投资需求，而投资需求又变成增加供给的变量，这样总供给就会异常增加，总需求就会异常减少，造成总量失衡。价值生产与占有相一致的原则如果在行业、部门之间得不到贯彻，本应分解到甲行业的价值却流向了乙行业，就会引起行业间再生产条件的变异，带来总供给结构和总需求结构的变异，造成结构不合理。

因此可以说，凡是违背价值生产和占有相一致原则的所有因素，都是造成总量不平衡和结构不合理的因素。

货币投放量、税率、汇率、利息等经济变量对总供给和总需求产生不同方向、不同程度、不同效应的影响，从而对总量平衡产生调控作用。货币投放增加，会引起价格总水平的上升，可拉高总需求。货币投放减少，会引起价格总水平的下降，可拉低总需求。税率总水平提高，会抑制投资者和生产者的积极性，减少总供给；税率总水平降低，会提高投资者和生产者的积极性，增加总供给。汇率提高，有利于进口，可增加国内的总供给；汇率降低，有利于出口，会减少国内的总供给。利息总水平提高，会将一部分消费转化为储蓄，可减少总需求；利息总水平降低，会将一部分储蓄转化为消费，可增加总需求。

总的来说，价值生产和占有相一致是总量平衡和结构合理的制度条件，是根本所在。货币投放量、税率、汇率、利息等经济变量是总量平衡和结构合理的调控手段，是宏观调控的技术方法。在制度上理顺价值关系，确保价值生产和占有相一致的原则真正得到贯彻，在宏观调控层面，根据总供给和总需求的现实状况，综合、及时、合理、适度地运用调控手段进行调控，是确保总量平衡和结构合理的基本途径。

21.4 体制改革、规划实施和人事调整周期

改革开放中，每一次大的思想解放和体制改革，都会释放出大量的经济能量，各个被压抑的发展主体一旦被解放，就会以空前的激情、速度加快发展。这种发展势头不断持续，就必然出现经济过热的现象。一旦超出了资源的承受能力和社会的承受能力，就不得不放慢速度，回归正常。这种周期性现象是体制改革激发的波浪效应。

国民经济的计划周期是造成经济发展周期性的重要原因。国家每五年实施一个"五年计划"（从"十一五"开始，称为"五年规划"），每个计划或规划都对经济增长速度、产业结构调整、重大项目投资、国民收入分配、货币投放、国际收支平衡等重要经济变量和指标做出了安排。每个计划或规划都有其突出的重点和特点，这种重点和特点在实践中的显现，形成计划周期的特征。国民经济发展计划或规划是国家宏观调控的主程序，是对市场经济先天性病理周期的反周期治理。从这个意义上说，它弥补了市场经济的不足，可有效化解或消除市场经济条件下病态性的周期。但如果计划或规划违背了经济发展规律，破坏了市场经济在微观基础上自组织、自调节的功能，那就会破坏经济发展的自然生态，破坏微观基础自我保护、自我修复、自我更新的生态功能，将可治的"急性病"变成难治的"慢性病"。

领导干部的周期性变动也是造成经济发展周期性的重要原因。各级政府主要领导人每五年或十年有一个大的变动，这种变动对国家和地区的经济发展也会产生周期性的影响。每一任主要领导和每一届政府，都有其个性化的思路、创新性的政策，这些思路和政策对国家和地区的经济发展会产生主导性的影响，使经济发展的周期具有与领导人任期同步的特点。政府领导人变动的周期性对经济发展的周期有正反两方面的效应。从正面来说，如果新一任领导和新一届政府能把握大局、除弊兴利、因势利导，通过一系列的政策措施化解或消除周期中的病理因素，将经济社会导入持续发展轨道，就会强化发展周期中的生理机制，从而保持经济社会的长期持续发展。如果片面追

求政绩，突出个人业绩，前债不还，后债累加，那就必然加重经济发展的周期性病态。

21.5　国家的宏观调控

国家宏观调控作为"看得见的手"，是对市场机制"看不见的手"的修正性调控，具有明确的指向性和目的性。国家发展战略是对发展方向和路径的调控，国家发展规划是对发展方式、发展速度和发展指标的调控，以财政和金融为主要手段的宏观调控是国家对经济总量及其结构的调控。这些宏观调控的目的，都是培育经济持续发展的生理机制，消除经济发展周期中的病理因素，实现国民经济长期的可持续发展。

第一，资源配置和生产力布局的调控。任何国家的资源都是稀缺的、有限的，如何充分、有效、合理地使用资源，实现有限资源的产出效能最大化，是资源配置面临的首要问题。在市场经济条件下，以价值规律为核心的市场机制起基础性和决定性作用。但是，市场机制只能促使单位资源的产出效能最大化，实现微观层次上资源配置的优化，对于在宏观层次上实现社会资源整体产出效能最大化的目标，市场机制的作用是有限的。由于历史和现实的各种原因，社会生产资源或被行政区域分割，或被行业部门垄断，或沉滞在未被开发的领域，市场机制很难在这些区域、部门或领域发挥作用。市场机制要想发挥应有的作用，就必须依靠政府的公共权力改变这种资源分布的现状。打破行政分割和行业垄断，激活和开发沉滞资源，是政府在资源配置上应有的调控目标。

社会主义公有制最根本的一点是全体公民对国家资源具有平等的所有权。但现实情况是，公民的居住地和劳动单位的分布与社会的资源分布是不对称的，而资源占有和使用上的差别又是造成利益差别的主要原因。由资源条件决定的生产力布局决定着地区和阶层的利益格局。这种不对称、不合理的状况，单靠市场机制是无法解决的。只有通过政府的宏观调控，改变资源在各地区、各部门配置不合理的状况，才能实现生产力的合理布局，从而实现整个国家利益格局的合理化。改革开放以来，从创办经济特区，到实施沿海、沿江、沿路、沿边开放战略，再到实施西部大开发、振兴东北老工业基地、中部崛起战略，这一系列战略措施，对优化国家的资源配置和生产力布局起到了巨大作用。从国有企业改革，打破国有企业垄断，到发展乡镇企业和民营经济，再到打破城乡二元结构，实现城乡一体化，这一系列的政策举措，改变了社会资源在不同社会阶层的分布状况，逐步形成了社会各阶层共同发展的新的利益格局。

第二，发展方向和发展进程的调控。市场经济是"八仙过海，各显神通"的自由竞争的经济，多种成分、多种方式、多元利益、多向发展是市场经济秩序的特征。国家作为政治和经济的共同体，需要有体现全体公民共同意志、共同利益的共同目标，需要主导实现这个目标的发展进程。国家对国民经济发展方向和发展进程的调控是国家的重要职能。

国家在国民经济的发展方向上具有主导性的公权力，对可支配资源的使用方向和社会经济发展目标的实现具有法定的责任。如果说在微观层面企业考虑的是生产什么、怎样生产和为谁生产的市场定位问题，那么在宏观层面国家考虑的就是发展什么、怎么发展和为谁发展的社会定位问题。社会主义制度，就是充分利用社会有限资源，尽可能地实现社会全体成员利益最大化的制度。这个制度目标体现在国民经济的发展方向上，就是尽可能地实现国民利益的最大化。国民利益的最大化取决于两个主要指标，一是有限资源生产出最大价值的产品，二是既定价值产品转化成全体国民的最大利益。前者是单位资源的产出效能最大化，后者是单位价值的消费效能最大化（同样一元钱，用于穷人治病和用于富人喝酒，所体现的效能和利益是不同的）。有限资源产出效能的最大化是社会生产力的效率问题，既定价值产品的利益最大化是社会制度的公平问题。改革开放以来，中国先后提出了"三步走"的现代化建设目标、小康社会发展目标、新农村建设目标、中华民族伟大复兴的目标，一方面追求发展效率，另一方面追求共同富裕，不断纠正偏离正确方向的各种倾向，确保经济社会良性发展。

国家对国民经济发展进程的调控，体现在发展速度、发展方式、发展规模和发展效益各个环节上。在发展速度上，一方面通过一系列的政策、措施激活各种资源和生产要素，调动一切积极因素，加快经济发展；另一方面及时遏制经济发展中的过热现象，通过一系列宏观调控手段，有效地避免速度上的失控状态，将发展速度控制在资源条件和结构系统可以承受的水平上。改革开放以来，我国经济增长速度长期保持在 6.5% ~10%，说明国家的宏观调控是卓有成效的。在发展方式上，国家反复强调要把经济发展的方式转变到主要依靠科技进步和提高劳动者素质上来，积极倡导走集约式发展道路，发展资源节约型经济、循环经济，大力推进国家创新体系的建设，使国民经济在高速发展的同时，不断提高发展的品位和质量。在发展规模上，国家既注重规模效益，又注重适度发展和协调发展，及时遏制某些部门和行业盲目求大求快的过度发展，通过对土地、能源、资金等主要资源的掌控，促使各种资源在地区和行业的合理配置。在发展效益上，国家既注重微观层面的局部效益，又注重宏观层面的整体效益；既强调经济效益，又注重社会效益；既注重短期效益，又注重长期效益。中国在改革开放和现代化建设实践中对发展速度、发展方式、发展规模、发展效益形成的一系列观点，构成了中国特色社会主义发展观的主要内容。

第三，经济总量和经济结构的调控。马克思在分析资本主义生产过程时得出结论：由于价值规律的作用，生产能力的无限扩大与有支付能力需求相对缩小的矛盾是资本主义制度无法解决的矛盾。生产相对过剩引起的经济危机在 20 世纪初期曾给西方经济带来了毁灭性的冲击。同处市场经济发展初期阶段的中国经济，能否实现总供给和总需求的总量平衡，有效避免经济危机，实现国民经济持续稳定的发展，是检验社会主义制度对市场经济适应性的标尺。

总供给与总需求的总量平衡，是价值生产与占有相一致的体现。只有在价值生产与占有一致时，供给与需求、生产与消费才能同步等量地相互转化，实现良性循环，这是集合价值的内在要求。社会主义市场经济的价值关系为总量平衡提供了可能性，国家的宏观调控把这种可能性变成现实。

国家对经济总量的宏观调控是通过总量调控和结构调控两种途径实现的。在总量调控上，国家一方面通过控制投资规模、控制发展速度、调节资源流向和流量、调节进出口贸易，使社会总供给保持持续稳定的增长；另一方面，通过控制货币投放、控制集团消费、调节国民收入的分配和使用方向、不断扩大内需，使社会总需求的增长与总供给的增长相适应。在结构调控上，国家一方面通过调整产业结构和产品结构，不断提高产品供给结构的合理性，增强供给的有效性；另一方面，通过一系列政策措施，尽可能地增加低收入阶层的收入，遏制两极分化，不断优化各地区、各阶层的利益结构，在共同发展中实现共同富裕。中国经济之所以能保持长期持续稳定的快速增长，有效地避免或弱化了周期性的经济危机，其主要原因就是通过有中国特色的宏观调控，在总量和结构上实现了社会供给和社会需求的同步增长和结构优化。

第四，利益实现机制和利益格局的调控。利益主体、利益实现方式和利益格局的多元化是市场经济条件下利益实现机制和利益格局的主要特征。市场机制的单向调节，会造成穷者越穷、富者越富的两极分化。如果不对这种趋势进行调控，两极分化会越发严重，甚至会演变成社会冲突，从根本上动摇社会主义制度。

改革开放以来，为了适应市场经济的发展，中国相继进行了所有制、计划体制、分配体制的一系列改革，形成了多种经济成分共同发展、多种经济主体通过不同分配方式各谋利益的格局。这种局面加快了市场经济的发展，同时也带来了新的问题。地区发展的不平衡加大了地区之间的利益差别，城乡发展的不平衡加大了城乡之间的利益差别，社会各阶层发展的不平衡加大了各阶层之间的利益差别。如果不能及时有效地遏制这些差别向两极分化发展，就会从根本上破坏国家共同体，背离社会主义的发展方向。

国家从资源配置、政策措施、国民收入再分配和社会保障体系四个方面对市场经济的利益实现机制和利益格局进行调控，有效地遏制了两极分化的趋势。在资源配置上，通过国家发展战略和发展规划引导资源流向中西部地区和农村，西部大开发、中部崛起战略和新农村建设对缩小地区差别和城乡差别起到了主导作用。在政策措施上，对弱势群体、弱势阶层采取扶持性政策和措施，对垄断性的高利润行业采取限制性政策和措施，对某些高收入阶层采取调节性政策和措施，有效地缓解了两极分化的利益冲突。取消农业税，农副产品价格补贴，征收资源占用税、个人收入调节税等政策和措施，对缩小各种利益差别都起到了明显的作用。在国民收入再分配环节上，国家通过公共财政的转移支付途径，对农村农业农民、发展较慢的地区、社会弱势群体给予各种形式的补贴和扶持，增强其发展能力，有效地减缓了两极分化的趋势。在社会保障体系上，国家通过建立最低生活保障、医疗保障、失业保障等各种保障制度，确保最广大人民群众的生存权益，在基础环节上划定了避免两极分化的底线。

22

可持续发展的常态化

22.1 可持续发展及其实现条件

可持续发展是指国民经济在健康、平稳运行中实现的长期可持续的常态化发展。科技进步的持久性、发展速度的持续性、发展机制的规律性、免疫机制的健全性、可预期的常态化，是可持续发展的实现条件和主要特征。

（1）科技进步的持久性。从社会生产力发展的规律来看，不断的科技进步是社会生产力持续发展的不竭动力。任何社会的经济发展都是在一定的资源约束下进行的，资源的有限性决定了经济发展速度和发展规模的有限性。当经济发展速度和发展规模达到资源不能承受的程度时，就预示着达到了发展的极限。它表现为各种"短板"和"瓶颈"式的资源硬约束。能够突破这种约束的唯一途径是一系列创新带来的科技进步。

创新带来的科技进步包括：①新资源开发带来的新智能、新原料、新材料、新能源，使可利用的资源条件发生了根本性变化；②新技术开发带来的新发展领域、新发展路径、新发展方式和新兴产业，使经济社会发展呈现新的格局和走向；③新工艺开发带来的新产品及其新功能、新效率，使发展的质量和速度提高到新的水平；④新产品开发带来的新需求、新市场、新消费、新时尚，使社会总产品的供求规模达到新的高度；⑤新理念带来的新管理方式、新运作机制，使发展机制更加健全完善。

这些科技进步都具有打破原来发展极限的突破性功能。近代以来，欧美发达国家能有几十年甚至几百年的持续发展，我们可以从其思想变革、制度变革、社会变革等多个角度分析其原因，但最根本的因素，无疑是其社会生产力系统内所发生的一系列科技进步。从蒸汽机到内燃机再到电动机的机电领域的科技进步，从电子计算机到微型计算机再到互联网、移动互联网的电子信息领域的科技进步，从无机化学、有机化学到生物基因技术领域的科技进步，每一项科技进步都突破了原来的资源约束和发展瓶颈，为经济社会的持续发展开拓了新的空间、新的路径。

这些科技进步的源头都是创新。无论是基础理论创新还是应用技术创新，无论是产业创新还是产品创新，都是在发展瓶颈上的突破。只要突破了一个瓶颈，就会释放出发展的新能量，就会开拓出发展的新领域和新路径。因此，要将发展的态势持久化，就必须通过全面、系统和不断继起的创新机制突破各种资源的硬约束，通过持久的科技进步，将经济社会发展不断向前推进。

科技进步是改变资源约束条件、拓展发展空间、增加有效供给、延长发展周期的根本途径。理论和实践充分证明，科技进步既能改变资源约束的总量条件，又能改变资源约束的结构条件。科技进步一方面能提高单位资源的产出能力，另一方面能提高资源之间转换、互补和替代的能力。积极推进科技进步，强化创新链条上的各个环节，不断突破资源约束的瓶颈，不断拓展发展空间，是实现可持续发展的首要条件。

（2）发展速度的持续性。经济发展速度体现的是由社会生产力系统的动力机制及其实现条件决定的年度经济指标增长率。社会生产力系统中，能引起发展速度变化的主要因素是：①生产要素投入的多少，包括人力、物力和财力；②生产效率的高低，即单位资源产出效率的高低，包括劳动生产率、资金使用效率、能源使用效率、科技进步对经济增长的贡献率等；③社会总产品实现的程度，即总供给和总需求平衡状态下价值实现的水平。在这三个主要因素中，由生产要素投入的增加引起的经济增长属外延型增长，由生产效率提高引起的经济增长属内涵型增长，总量平衡下的增长属正常型增长（总供给超过总需求的过剩增长以及总需求超过总供给的过热性增长，不是由经济萎缩消化过剩，就是由通货膨胀注入水分，都不是正常的增长）。外延型增长受资源约束的限制，不正常的增长需要纠正的成本，只有内涵型的正常且有效的增长才是内生的、可持续的增长途径。我们所反复强调的要把经济增长方式转变到依靠科技进步和提高劳动者素质的轨道上来，其意义就在这里。

西方经济学中用来描述经济增长的各种生产函数从不同方面说明了经济增长的规律。但由于函数中无法确切地将不可量化和不规则的因素考虑进去和反映出来，这些函数只具有参考意义。如果仅仅将可量化的变量作为函数的因子，由此解析的增长必然是简单且片面的。我们常形象地说，消费、投资和出口是拉动经济增长的"三驾马车"。其实，决定经济增长的绝不仅仅是这"三驾马车"，由"三驾马车"决定的经济增长只是外延型的增长，而效率机制决定的内涵型增长，总量平衡机制和结构合理机制决定的有效增长对经济发展更具有实质意义。

（3）发展机制的规律性。任何经济社会的发展都是通过一定的条件系统实现的。这些条件系统的组合结构及其相互作用形成一定的运行机制，这个机制就是经济社会的发展机制。当这个条件系统具有自组织、自调节的自我运行功能时，这种运行机制就具有内在的规律性。当这个条件系统受外力干预且这种干预是随意改变运行条件的强制性干预时，这种运行机制就被异化为不受规律支配的非常态机制。

价值规律是市场经济的运行机制，它在"经济人"的行为基础上具有自组织、自调节的自我运行功能。每个生产者生产什么、生产多少、为谁生产、怎样生产，尽管人们难以掌控、难以统计、难以协调，但这些都受价值规律的支配，且有一个自组织、自调节的运行周期和运行机制。虽然它不易掌控，却能有规律可循，且具有可预期的规律性。

一旦在价值规律之外出现了外在的干预机制，如国家的宏观调控，就必然改变经济运行的条件系统，就会形成在发展方式、发展格局和发展速度上与价值规律相冲突的逆向调节效应。如果政府的宏观调控建立在尊重规律的基础上，只是对规律运行机制进行纠错和纠偏，并不改变规律运行的社会基础和实现条件，这种宏观调控的逆向调节就被限定在合理的限度内，仍属于规律性的调控。如果政府的宏观调控只服从于政府意志，并不考虑经济运行的内在规律性机制，任意向经济社会活动强行注入意志、参数和指标，并通过权力机制运作，就会造成经济运行机制的紊乱，使经济运行脱离规律的轨道，出现异常。

目前，我们所说的社会主义市场经济是在两种规律机制下运行的经济，一是市场经济的价值规律，二是社会主义的发展规律。改革开放前，社会主义的发展规律被解释为计划经济规律。改革开放后，发展社会主义市场经济逐步成为体制改革的目标，"共同富裕"成为发展目的，"发展是硬道理"成为发展意志，"三个有利于"成为发展原则，"科学发展观"和"全面发展"成为发展的新理念。在此基础上，社会主义的发展规律与市场经济的价值规律有了相互包容、相互融合的可能。

然而，我们现在所说的市场经济脱胎于西方资本主义制度定义的市场经济，所说的价值规律是已被异化为剩余价值规律的价值规律；我们现在所说的社会主义是正在改革中不断创新的社会主义，发展的规律性还不确定。因此，现实经济运行中市场经济与社会主义的冲突是难以避免的，二者内在的矛盾性决定了我国现实经济运行中难以避免出现非规律性现象。

解决问题的根本途径是通过全面深化改革，使经济运行的二元化机制变为一元化机制。其关键是，剔除价值规律中的剩余价值占有因素，革除与社会主义本质不符的体制机制，实现市场经济运行机制与社会主义制度的真正融合，形成既体现社会主义本质又符合市场经济规律的新运行机制。

（4）免疫机制的健全性。经济运行的健康性指经济机体自身具有消除病症的免疫功能，使其保持正常运行。这种健康性主要取决于五个方面的条件：一是人们经济行为的合理性，二是对信用制度的自觉认同和共同遵守，三是法规制度的健全和完善，四是竞争机制的自由、平等和充分，五是宏观调控的合理和适度。只要具备了这些条件，经济运行中出现的各种问题就能通过人们的行为机制、信用机制、法规机制、竞争机制、宏观调控机制以不同的方式从不同的途径得到解决。当这些机制不合理、不健全、不完善时，就会出现各种漏洞和缺陷，人们就会利用这些漏洞和缺陷投机取巧、欺行霸市、垄断操纵、胡作非为，就会造成信息失真、秩序失控、总量失衡和结构紊乱的局面。

因此，要健全和完善经济机体的免疫机制，就必须从微观到宏观、从自治秩序的信用机制到法治秩序的法规机制、从"看不见的手"的竞争机制到"看得见的手"的调控机制，进行全方位的改革创新，形成既能全面保护发展正能量又能及时消除引起秩序紊乱的负能量的内在机制。

（5）可预期的常态化。经济行为的合理性、宏观调控的适当性和再生产的实现条件都建立在经济运行程序稳定及其结果可预期的基础上。不可预期的经济运行是无规律可循、无章法可依的非常态运行。在这种非常态运行的经济活动中，人们只能以盲目、投机或赌博的心态参与其中，紊乱、失控在所难免。

要使经济运行步入可预期的常态化轨道，就必须满足三个条件：①发展机制是健全完善的，具有规律性；②信用机制、法规机制、竞争机制和宏观调控机制是健全完善的，具有规范性；③经济运行的各种信息（合法保护的商业秘密除外）是公开透明、对称合理的，具有共享性。在这三个条件下，每个自然人和法人，不但可以预期自己经济行为的结果，也可通过必要的分析研究预期其他人或全社会的经济运行结果。这样，就会形成建立在规范有序基础上的有互动效应和整体效应的合理预期机制，并在此基础上实现经济运行可预期的常态化。

22.2　跨越"中等收入陷阱"的路径

世界银行在《东亚经济发展报告（2006）》中提出了"中等收入陷阱"的概念。它将一些国家难以从中等收入国家进入发达国家，长期处于停滞和徘徊状态的状况称为"中等收入陷阱"。其基本含义是：鲜有中等收入的经济体成功地跻身为高收入国家，这些国家往往陷入了经济增长的停滞期，既无法在工资方面与低收入国家竞争，又无法在尖端技术研制方面与富裕国家竞争。此后，国内外经济学家纷纷对此进行分析研究，提出了各种见解。

2011年，《人民论坛》杂志针对6575位网友和50位专家进行了采访，并邀请了10余位各领域的学者进行了深入探讨。他们用10个关键词说明"中等收入陷阱"的特征，即经济增长回落或停滞、民主乱象、贫富分化、腐败多发、过度城市化、社会公共服务短缺、就业困难、社会动荡、信仰缺失、金融体系脆弱等十大特征。可见，"中等收入陷阱"是一个包含经济、政治、文化、社会等多种内涵的综合问题。

陷入"中等收入陷阱"的国家既包括拉美的巴西、墨西哥、阿根廷，也包括东南亚的马来西亚、泰国等国家。这些国家都曾走出了"贫困陷阱"进入了中等收入阶段，都曾有过高速增长的辉煌；进入人均1000~3000美元的中等收入阶段后，却长期在中等收入国家的水平上徘徊，迟迟不能达到人均10000美元的高收入阶段。尽管这些国家自身有各种各样的问题，但共同的特征是社会经济结构固化、经济发展方式老化、经济发展活力弱化。在中等收入水平上出现这种状况，最根本的原因是这些国家没有形成可持续发展的内在机制。一方面是主导经济社会发展的精英集团满足了现有的既得利益，富而求安，不思进取，活力不足；另一方面，仍处于社会底层的民众被既定的利益结构锁死，只能维持生存，不能向前发展，社会矛盾越来越多，问题越来越严重。产业不能升级，瓶颈不能突破，利益格局不能改变，发展方式不能转变，市场空间得不到拓展，经济、社会等各领域只能在既定的发展格局中"打转"，落入停滞和徘徊的"陷阱"就在所难免。

我国的情况与这些国家相比，虽有类似之处但不完全相同。类似之处是：2001年，我国人均GDP超过1000美元，走出了"贫困陷阱"迈进了中等收入国家的门槛，2008年人均GDP超过3000美元，2017年接近

9000 美元，经过长达近 40 年的高速增长后，我国达到了中等偏高收入国家水平，进入了向高收入阶段的跨越时期；在这个时期，出现了诸如经济增长回落、贫富分化、腐败多发等现象，这与陷入"中等收入陷阱"的国家类似。所不同的是，中国是一个有近 14 亿人口的大国，经济体量大，市场空间大，发展路径选择余地大。同时，中国正处于改革开放的新时期，党的十八大后，改革开放的步伐不但没有停止，反而目标更加明确、措施更加具体，改革的程度更深、力度更大，全面深化改革与依法治国两大战略并举，既攻坚克难又创新建制，上述"陷阱"问题都在非解决不可的必然逻辑之中，跨越"陷阱"实现"中国梦"的路径越来越清晰可信。

尽管如此，构成中国发展"陷阱"的因素和问题依然存在，通向"中国梦"的路径依然艰难。主要是：①旧的思想观念、制度体制、利益结构、发展方式有所固化，如果不全面深化改革，就难以走出困局和险境，难以实现突破性的发展；②治国理政的新理念、新体制、新发展方式和新路径尚未完全落到实处、产生实效，推行过程中有形和无形的阻力还相当强大；③可持续发展的内在机制尚不健全完善，社会主义和市场经济二律背反的逻辑所引起的运行机制的紊乱尚未得到彻底消除。

面对如此状况，我们必须有将改革进行到底的决心和信心，以新的战略思维、新的发展理念，在坚实的基础上架起新制度、新体制、新运行机制的跨越式桥梁，才能走出"陷阱"，直达目标。

所谓"新的战略思维"，是指具有新高度、新境界、新路径的战略思维。它强调我们的思想观念不能只停留在解决贫困问题上，追求的目标不能温饱即足、小康即安，而是要瞄准世界发达国家的现代化水平，以持续不懈的努力实现在国际上领先的民富国强的"中国梦"。

所谓"新的发展理念"，是指在"发展是硬道理"、"科学发展观"和"全面发展"的新理念基础上，打破"结构锁定"和"瓶颈制约"的重重障碍，以制度创新、体制创新、运行机制创新，全面推动科技创新、产业创新和市场创新，通过创新驱动发展战略释放和激发新的发展活力，开拓新的发展空间。

所谓"跨越式桥梁",是指在坚实的现实基础和可信的理想目标两个端点上以新制度元素、新体制结构和新发展方式构建可跨越"陷阱"和"泥潭"的"高架桥",不在原地打转,不搞运动式的折腾,不落既往的俗套,不让"死人"缠住活人,不让庸人、懒人、无赖之人扰乱奋发勇为之人,集聚发展的正能量,义无反顾,勇往直前,直达目标。

结构性锁定和创新动力的不足,是我国走出"中等收入陷阱"必须解决的两个主要问题。结构性锁定主要指我国在制度结构、体制结构、产业结构、利益结构等方面形成的固化态势和壁垒式障碍。这些结构主要是:传统的政治体制,所有制结构,城乡二元结构,国民收入分配制度及其形成的利益格局,垄断性的行业结构,低技术、低效率、高消耗、高污染的产业结构。这些结构经过改革开放虽然已发生重大改变,但其制度基础、社会基础和技术基础根深蒂固,改变了旧格局,又形成了新壁垒,致使社会发展的活力被锁定在既定的体制结构中,新的可持续发展的内在机制无法真正形成。要突破这种结构锁定的局面,就必须通过全面深化改革,逐一解开死结,攻破堡垒,营造新的制度基础、社会基础和技术基础。

发展活力的不足,主要指国民经济发展缺乏源源不断的动力、不断开拓进取的活力和向高端发展的突破力。源源不断的动力来自民众"八仙过海,各显神通"的创造力,不断开拓进取的活力来自优胜劣汰的市场竞争机制,向高端发展的突破力来自技术和产业的创新机制。当民众的创造力因利益死结被锁定时,当市场竞争力被行业垄断锁定时,当创新的突破力被保守势力锁定时,发展就失去了它应有的活力,就只能在被限定的空间和路径上徘徊。要释放和增强发展的活力,首先要改变这种被既有利益关系、垄断格局和保守势力锁定出路的局面。关键是要在突破这种结构锁定局面的同时,通过创新建制形成新的发展机制。

全面深化改革和创新驱动发展战略是走出"中等收入陷阱"的必然路径。前者是大刀阔斧的攻坚克难,后者是开路架桥的勇往直前。只要改革到位，任何锁定结构的链条都会被斩断。只要创新到位，持续发展的势头就不可阻挡。

我们有很多可持续发展的"红利"尚末充分利用。首先是改革的"红利"。改革虽然进行了数十年，从旧体制中释放出大量的生产力，但是亿万民众的主动性、积极性和创造性仍然没有从各种体制结构中彻底解放出来。如果能将改革进行到底，彻底打破束缚人们的各种条条框框，中国就会获得世界上任何其他国家无法相比的发展活力。

其次是创新的"红利"。过去我们讲人口"红利"，是从人手角度讲的劳动力"红利"，如果我们全面实施科教兴国战略和创新驱动发展战略，通过人力资源开发，使每个劳动力都能被培育成高素质的劳动力，通过创新驱动将其变为有突破能力的劳动力，将人口"红利"变成人脑"红利"，中国的劳动力素质和创新智能就会呈几何级数增长，中国发展的能量无论是从数量还是从质量上讲，都会领先世界。

最后是市场的"红利"。发展市场经济我们讲了几十年，虽然大的格局已经形成，但是市场的竞争活力仍然不足，市场的发展空间仍然受限。如果我们将干预和阻碍市场竞争的各种因素彻底排除，使每个发展主体都能发挥出自由、充分和有序竞争的效能，中国的市场必将是世界上活力最大的市场。如果我们彻底打破城乡二元结构，使8亿多农民的消费需求赶上5亿多城市居民的消费需求，中国的内需就会成倍增长，中国的市场必将是世界上容量最大的市场。

日本、韩国、新加坡和中国的台湾、香港都成功地由中等收入阶段进入高收入阶段，说明"中等收入陷阱"并不是不能跨越的绝对陷阱。这些国家和地区的成功跨越尽管各有特点，但共同的特点在于它们一方面通过收入分配制度的改革（如日本的"国民收入倍增计划"和韩国的"新社区运动"）缓和社会矛盾、凝聚社会力量，另一方面通过产业结构调整和产业升级，增强发展活力和开拓新的市场。此外，这些国家和地区与欧美关系比较紧密，市场融通性较好，搭便车的"红利"较大。

中国的问题与日本、韩国不同：一是中国的体量大，搭谁的便车都不能从根本上解决问题；二是中国的社会基础和制度走向与日本、韩国不同，中国的社会基础是 5000 多年形成的厚重文明传统，其制度方向是社会主义市场经济，有自身的历史轨道和现实选择，无论是欧美道路还是日韩道路，只能是参照系，不能成为复制的范本。

23

集合价值规律

23.1　集合价值规律的内涵

可持续发展的常态化是经济运行规律化的结果。生产与占有的一致、公平和效率的统一、必要性和有效性得以实现，是实现可持续发展常态化的充分必要条件。

生产与占有相一致，既是市场经济等价交换的要求，也是社会主义按劳分配的要求；既是社会公平的基本准则，也是总量平衡的基本条件。

在资本主义制度下，由于雇佣劳动制度造成的货币资本化，剩余索取权归资本所有者，等价交换的价值规律被异化为剩余价值的占有规律，资本扩张使基于有限支付能力的消费需求与生产无限扩大的趋势无法一致，导致社会总供给与总需求的总量平衡无法实现，社会再生产的条件无法满足，可持续发展的内在机制无法形成。要在市场经济条件下实现可持续发展的常态化，就必须通过全面深化改革，消除货币资本化的制度因素，革除造成生产与占有不一致的剩余占有制度，从根本上创造社会总产品的总量平衡条件。

社会主义传统体制下的按劳分配制度，由于平均主义和"大锅饭"的误导和异化，使庸者、懒者凭借形式上的劳动者平等权益侵占能者、勤者的实际劳动成果，在没有激励机制、没有多劳多得的实现机制的情况下，出现了以贫为荣、向下看齐、越穷越有理的异常态势。实践证明，这不是真正的社会主义，是对社会主义本质的亵渎和歪曲。要发展真正的社会主义，就必须通过全面深化改革，从政治、经济、文化各个方面正本清源，彻底否定这种制度倾向的思想根源和社会基础。只有这样，才能在生产与占有相一致的制度条件下，调动各行各业劳动者的主动性、积极性和创造性，才能使社会主义的按劳分配原则与市场经济的价值规律融为一体。

公平与效率相统一，既是社会公平不断优化的基础，又是效率持续提高的根本；既是国家长治久安的先决条件，又是经济社会持续发展的实现条件。

市场经济条件下，公平在自由、民主和平等的法治环境下实现，效率在竞争机制中实现。一旦人们分化为不同阶级，各阶级所享有的自由、民主、平等的法定权益就会差别很大，所谓的"公平"就徒具表面形式，很难实现真正的社会公平。一旦出现资本特权和经营垄断，实力较大的资本家就会占据各行各业的垄断地位，他们不通过竞争就能取得高额利润。在财团垄断的情况下，既没有真正的公平，竞争机制也会被阉割，其效率机制必然弱化。

要在社会主义市场经济条件下实现公平和效率的统一，就必须通过全面深化改革和创新建制，从根本上解决四个问题：一是通过政治体制改革，建立自由、民主和平等的法治环境，遏制两极分化和阶级化的趋势；二是彻底清除各种利益集团所形成的利益壁垒及其在各个领域和行业的垄断，为自由、平等和充分的竞争创造条件；三是公有制的理念及其实践要转变到价值生产和占有相一致的要求上来，形成"天下为公，各尽所能，各得其所，共同发展"的社会主义公有制；四是劳动者的主体地位要从各种被动关系中解放出来，释放出主动、自觉、自为的正能量，形成各发展主体能利权责结构对称合理的主体结构。

必要性和有效性的实现，既是市场经济价值规律的要求，也是社会主义生产目的实现的要求；既是社会产品总量平衡和结构合理的条件，也是速度和效益相得益彰、持续提高的条件。

市场经济条件下，必要性和有效性是通过部门内部和部门之间两种竞争机制实现的，这两种竞争机制形成两种含义的社会必要劳动。通过部门内部的竞争，淘汰不必要、无效或低效的劳动，实现优胜劣汰；通过部门之间的竞争，将有限的生产要素配置到有市场、有需求的行业和部门，实现资源的合理配置。一旦出现部门内的无序竞争，就会形成混乱局面，优胜劣汰就无法实现；一旦出现行业垄断，就会阻滞生产要素的自由流动，资源配置就很难优化合理。因此，要使必要性和有效性得以规律性地实现，就必须消除造成竞争混乱和行业垄断的各种因素，为自由、平等、充分和有序的竞争创造制度条件。

生产与占有相一致、公平与效率相统一、必要性和有效性得以实现，是集合价值形成和实现的内在机制，它是在社会主义制度与市场经济运行机制相互融合中形成的新运行机制。

所谓"集合价值规律"，就是通过生产与占有相一致、公平与效率相统一、必要性和有效性得以实现的三个内在机制，不断优化社会主义主体关系、不断开拓市场经济发展空间、不断满足社会再生产实现条件，促使经济社会永续向前发展的社会主义市场经济规律。

23.2　集合价值论对劳动价值论的继承和发展

集合价值论建立在劳动价值论的基础上。劳动价值论是古典经济学和马克思主义经济理论的基石。

以劳动创造价值为核心观点的劳动价值论是以人为本的经济学基础理论。该理论建立在三大基本观点上：一是人类社会的所有财富都是人的劳动创造的，劳动是财富的唯一源泉；二是人类创造的财富都可抽象化为价值，具体的劳动成果可通过一般的价值形式表现；三是在市场经济条件下，价值生产和占有的关系可通过等价交换的市场机制实现，并具有价值形成和价值实现的规律性。

集合价值论继承和发展了劳动价值论的基本观点。它认为：人是人类社会发展的主体，这个主体具有将所有人融为一体的内在机制和发展趋势；劳动是人们智能和体能的有效付出，表现为创造性的思想和行为；劳动作为人的本能，具有生产各类物品以满足人们各种需求的创造能力；劳动作为人类生存和发展过程中的主体活动，决定了人类社会的所有财富无论从何种途径产生、以何种方式存在，都是人们劳动的成果；价值是人们对自己思想和行为的效能判断和评价标准，劳动成果都可以价值形式表现；在市场经济中，价值生产和价值占有通过价值规律的运行机制实现。

将劳动主体从阶级主体拓展为社会主体是集合价值论对劳动价值论的发展。在古典经济学中，劳动者主要指从事工农业生产的工人和农民，地主、资本家、商人和政府官员都不在劳动者的范畴之内。在马克思主义传统理论中，劳动者主要指丧失了生产资料而被雇佣的无产阶级。在当时以工业实体经济为主的社会现实及其历史条件下，这种认识具有合理性和历史的科学性。但随着社会的发展和产业的分化，创造价值的劳动者分布的范围越来越广，劳动的种类越来越多，劳动的性质越来越复杂，将劳动者只限定在工人、农民等无产阶级的范围内，已不能客观地反映社会现实；认为只有无产阶级的劳动才创造价值的观点已不能说明现实问题。如果仍然坚持劳动主体的阶级性，用阶级分析的方法说明当今现实的社会主体关系，不但无法理解当代资本主义的社会现实及其发展规律，也无法说明社会主义特别是改革开放中"中国特色社会主义"的主体关系。我们常说"知识分子是工人阶级的一部分"，其实是在强调科技人员、教师、医生、政府官员和工人、农民一样，都是创造价值的劳动者。与其含糊其词地表述，不如直截了当地定义，跳出阶级分析的旧框框，将劳动者定义为创造社会财富的各行各业所有的人。只有这样，才能确保社会主体的同一性。

集合价值论将国民经济中包括公共服务部门在内的各行各业的所有从业人员，都视为创造价值的劳动者。只有这样，才能说明社会主义的生产关系是主体同一的社会关系，共同发展、共同富裕的共同性及其和谐性才有坚实的制度基础。在这个主体同一的社会结构中，具有排除机制的是必要性和有效性的规定，任何不必要和无效的思想和行为都不是创造价值的劳动，都没有分享劳动成果的权益。

　　集合价值论认为，劳动者生产财富和占有财富，体现了劳动付出和劳动所得的价值关系（值不值、该不该、能不能）。人类创造的以满足生存和发展需要为目的的财富，具有一般劳动成果的性质和满足特定需求的效能，都可通过一般价值形式抽象为价值。这种认识，超出了只有通过交换才能形成和实现价值的传统观点。

　　将价值范畴扩展到非交换领域是集合价值论对劳动价值论的另一个发展。集合价值论认为，具体的劳动成果是由具体劳动生产出来的。当这个劳动成果由劳动者自己占有并消费时，其价值不需要通过市场的等价交换就能实现，其价值是劳动者自己比较、自己判定的效能价值。同类物品中，这种不通过交换的效能价值可以与通过交换的市场价值相比较，从而具有抽象的、一般价值的意义。如农民自己生产自己食用的小麦、自己建造自己居住的房屋可以通过与同类小麦、房屋的市场价值的比较确定。效能价值的概念不同于马克思所说的使用价值，使用价值只强调物品的消费性能，效能价值除强调物品的消费性能外，还强调生产该物品的必要性和有效性。这种区分，有利于将劳动创造价值的属性适用于非交换领域，如公共产品。国防、行政、教育、卫生、生态等公共产品的价值并非逐一地通过市场交换的形式确定，但可通过必要性和有效性的效能比较认定其价值。国际通用的对国民生产总值的统计核算方法中，包括了大量的非交换领域的物品及劳务的价值。如果将价值范畴仅限于市场交换领域，国民生产总值就无法全面准确地统计和核算。

　　集合价值论认为，当社会主体的劳动具有整体的同一性时，其结构的合理性由各个劳动者能利权责结构的对称合理所决定。劳动者能利权责结构的对称合理，是劳动者以各自的能力为本，以各自追求的利益为目标和动力，以能效与利益的对称、权力与责任的对称为公正合理的标准，从而实现劳动主体结构合理化的行为机制。

　　劳动者能利权责结构的对称合理是对集合劳动共同创造价值和合理分享价值提出的结构要求。这是对劳动价值论的第三个发展。当社会劳动呈现相互合作、共同创造价值的结构特征时，劳动者之间的关系是相互增益还是相互减损，决定着是"1＋1＞2"还是"1＋1＜2"的结构效能，它取决于共同体中各个劳动者的能利权责结构是否对称合理。传统的劳动价值论在分析劳动创造价值的属性时，只强调价值形成和价值实现中的社会必要劳动时间，没有涉及劳动者共同创造同一价值时各自的价值如何确定、如何分解的法则。如果不能解决这一问题，同一劳动成果在各个劳动者之间的价值分解就无法进行，就只能由雇主通过"工资"的购买方式进行分配。这就无法走出雇佣劳动制度的框框，就无法贯彻生产与占有相一致的法则，公平与效率的内在统一就找不到结合点，必要性和有效性的要求就无法通过共同体自身的内在机制实现。

集合价值论建立在"自由人联合体"的共同劳动基础上，劳动者是拥有劳动产权的自由人，他们自愿组合成生产价值产品的劳动单位，他们之间的关系是相互增益的主体关系，具有利益一致性和结构自洽性。在能利权责结构对称合理的基础上，将每个劳动者付出的劳动折算为标准劳动量，然后根据标准劳动量的比例分解共同劳动成果，从而实现每个劳动者价值生产与占有的一致。同时，能利权责结构的对称合理，既是公平的要求，也是效率的要求，是公平与效率相统一的结合点。此外，能利权责结构的对称合理，可将大材小用、小材大用、有权无责、有责无权的结构性内耗降低到最低程度，有利于必要性和有效性要求的实现。

价值规律是劳动价值论的核心，它通过社会必要劳动时间决定商品价值量的市场机制，在微观上实现每个生产者的价值利益，在宏观上实现资源合理配置和社会总产品的供求均衡。

集合价值规律在价值规律的基础上，一方面坚持商品价值由生产商品的社会必要劳动决定的基本规律，另一方面强调生产与占有相一致、公平与效率相统一、必要性和有效性得以实现的内在机制。两种含义的社会必要劳动时间在部门内和部门之间两种竞争机制下形成，这是市场经济"看不见的他人的手"。生产与占有相一致，公平与效率相统一，必要性和有效性得以实现，主要通过主体自洽的制度功能实现，这是社会主义制度应有的"看得见的自己的手"。劳动者主体的自主性、自治性和自我一致性，与市场经济的互动性、竞争性和优胜劣汰机制相互补充、相辅相成，构成社会主义市场经济的集合价值规律。

23.3　集合价值规律对剩余价值占有制度的否定

集合价值规律就其市场经济的属性来说，符合价值规律的要求；就其社会主义的属性来说，是对剩余价值占有制度的否定。

价值规律是市场经济的基本规律。劳动者创造价值并通过等价交换实现生产与占有的一致，这是价值规律的本质要求。剩余价值规律是在雇佣劳动制度下资本对价值规律的异化。雇佣劳动制度使劳动力成为商品，使劳动及劳动所得与劳动者的主权地位相异化，自己不能自主地支配自己的劳动，不能完全占有自己的劳动成果。剩余占有制度使工资变成与物性生产资料一样的成本要素，使劳动者创造的一部分价值变成工资之外的剩余价值，以利润的形式归资本家占有，使一部分劳动成果与创造它的劳动者相分离，使生产与占有相一致的要求无法实现。雇佣劳动制度与剩余占有制度表面上都遵循了等价交换的价值规律，但实质上造成了一个阶级对另一个阶级的剥削。马克思通过独到而精辟的分析，揭示了剩余价值规律和资本积累规律的内核，对资本主义生产方式进行了历史逻辑的否定，提出了以社会主义制度取代资本主义制度的革命主张。

在马克思的历史逻辑中，社会主义制度取代资本主义制度是通过公有制取代私有制、计划经济取代商品经济、按劳分配取代按资分配的社会主义革命实现的。这种制度革命的逻辑前提是商品经济或者说市场经济走到了尽头，社会主义制度建立在产品经济或者说计划经济的基础上。但社会主义革命并没有发生在商品经济（市场经济）经高度发展已濒临消亡的逻辑起点上，而是发生在商品经济（市场经济）刚刚兴起的阶段。社会主义革命成功的国家都遇到了生产力水平低、社会主义制度与社会生产力水平不相适应的问题。实践证明，商品经济（市场经济）是社会经济发展不可逾越的阶段。既要坚持社会主义制度又要发展市场经济，成为社会主义国家面对的新命题。中国的改革开放，实质上就是在破解这个命题。

要发展市场经济，就必须遵循价值规律；要坚持社会主义制度，就必须否定剩余价值产生的制度条件。集合价值规律就是既遵循价值规律又否定剩余价值的社会主义市场经济规律。

集合价值规律对剩余价值的否定，关键在两个方面。一是劳动主体一致性基础上的自主劳动对阶级分化基础上的雇佣劳动的否定。二是生产与占有相一致基础上的劳动产权对剩余占有制度的否定。

集合价值论认为，社会主义社会的劳动者是包括工人、农民、科技人员和各类公务人员在内的各行各业的劳动者，劳动者主体具有整体上的一致性；劳动者的劳动具有自主选择职业、自由组合、自我管理的自主性，不存在因生活所迫被另一个阶级雇佣和剥削的社会基础。这个基本论点与我国改革开放的走向完全一致。

在当今的社会现实中，尽管雇佣劳动的形式还广泛存在，但其社会基础和主体性质在发生根本变化。主要是：①进入社会主义社会后，剥削阶级存在的经济基础已逐步消除，社会主体关系已逐步由阶级关系变为主体一致的社会关系，特别是摒弃"以阶级斗争为纲"的政治路线后，各行各业的劳动者逐步融合成和谐一致的社会主体。②改革开放后引进的"三资"企业，虽然仍以雇佣劳动的形式创办和管理，但《公司法》和《劳动法》赋予了劳动者一定的劳动产权，其雇佣劳动性质已被社会主义制度限定在合情、合理和合法的限度内，劳资关系的阶级对抗性逐步转变为平等协商性。③改革开放后发展起来的民营经济虽然也采取雇佣形式招聘各类劳动者，但劳动者的社会地位和劳动产权得到了社会主义制度下宪法和法律的保障，政府通过各种途径维护职工的各项权益，包括企业主和企业员工在内的企业共同体已具有"自由人联合体"的部分性质。④政府公务员、科技人员、教师、医生、军警人员等社会公职人员通过公共财政向社会提供公共产品，与工人、农民的身份地位逐步同质化和同等化。⑤国家主张共同发展、共同富裕，倡导社会公平，推进和谐社会建设，遏制两极分化，反对政治压迫和经济剥削，已经成为不可逆转的制度走向。⑥进行户籍制度改革，打破城乡二元结构，积极推进城市化建设，实施西部大开发、振兴东北老工业基地、中原崛起战略，逐步缩小和消除城乡差别、地区差别和阶层差别，社会主体的内部结构在共同发展的格局下逐步得到同化和优化。⑦随着扶贫力度的不断加大，农村医保、社保的积极推进，社会保障制度的日益健全完善，处于社会底层的劳动者维持生存的生活必需品得到保障，为生活所迫不得不出卖劳动力的状况在不断改变。⑧坚定不移的全面深化改革和标本兼治的反腐败举措，将彻底清除两极分化的制度因素，彻底割除寄生在官方体制上的腐败毒瘤，在人民共识和人民满意的基础上积极推进依法治国，全国各民族、各阶层的人民群众正在凝结成一心一意实现中华民族伟大复兴的"中国梦"的主体力量。

生产与占有相一致的基本要求，从根本上否定剩余占有制度。资本主义制度的不合理尽管表现在各个方面，但最根本的是生产与占有的不一致。造成这种不一致的主要原因是资本产权对劳动产权的侵占和异化，其制度基础是剩余占有制度。

之所以产生剩余占有制度，一方面是因为劳动主体分化为阶级，另一方面是因为货币购买权异化为可占有剩余价值的资本产权。在劳动主体分化为阶级的情况下，无产阶级劳动者不能完全占有自己的劳动成果，其劳动产权不能完全实现。货币购买权异化为资本产权后，拥有大量货币财富的资本家凭借其资本产权可以占有别人创造的剩余价值。这种资本对剩余价值的占有权，是资本主义制度赋予资产阶级的特权。之所以出现富者越富、贫者越贫的阶级分化，究其根本是这种制度性的资本产权使然。

集合价值论建立在生产与占有相一致的劳动产权上，坚决否定资本产权对劳动产权的侵占和异化。它认为，货币购买权实现的是等价交换，不得通过等价交换使货币资本化。遏制货币资本化的是货币只能保值不得增值的社会制度，它强调创造新价值的只有劳动，其劳动成果只能由劳动者占有。在这种制度下，任何人都不得凭借货币占有量的优势地位获得侵占别人劳动成果的特权。劳动产权不得侵占，是社会主义制度与资本主义制度的一大区别。

23.4 集合价值规律对社会主义被扭曲部分的纠正

集合价值规律就其生产与占有相一致、公平与效率相统一、必要性与有效性得以实现的内在机制来说，它充分体现了社会主义的本质；就其体现的对改革开放和创新建制的要求来说，它是对社会主义被扭曲部分的纠正。

第一，集合价值规律是社会主义制度革命对被误导的阶级革命的纠正。从社会主义思想形成到社会主义革命的目标设定，都是以没有剥削、没有压迫的社会主义新制度取代有剥削、有压迫的资本主义旧制度为主体和主线，社会主义的基本内涵是制度革命和制度建设。但在具体实践和实际操作中，为了找到制度革命的力量，我们过分强调了阶级斗争和无产阶级革命。本来，社会主义革命的目的是以没有剥削、没有压迫的社会制度取代资本主义剥削制度，而不是用一个阶级专政取代另一个阶级专政的阶级革命。制度革命与阶级革命，前者是目的，后者是手段。如果将手段绝对化，以手段代替目的，就会扭曲革命的走向。集合价值论秉承社会主义革命和社会主义建设的主体和主线，以实现社会主义的制度功能为目标，强调社会主体的一致性，从根本上纠正了"以阶级斗争为纲"的"左"倾路线对社会主义事业的扭曲，从无产阶级专政的社会主义走向人民共和的社会主义。

第二，集合价值规律是对社会主义制度建设中重结构形式轻功能实现的教条主义倾向的纠正。社会主义革命成功后，如何通过制度建设实现社会主义应有的制度功能，成为社会主义国家的首要课题。在没有成功经验可借鉴的情况下，苏联、中国等都毫无例外地按照马克思所倡导的公有制、计划经济和按劳分配的制度框架进行制度建设。毋庸置疑，公有制、计划经济、按劳分配作为社会主义的制度结构，具有历史逻辑的合理性，因为它直接否定了以私有制、商品经济、按资分配为主体框架的资本主义制度。但在具体实践中，公有制只强调生产资料的占有形式，不注重劳动者的劳动产权能否真正实现。其结果是，不但没有通过公有制实现劳动者社会主体的一致性，反而使劳动者社会主体发生了新的分化，城乡差别、地区差别、阶层差别日益扩大。计划经济在否定了市场经济的价值规律之后，没有建立起新的符合规律的运行机制，却日益演变成由官方意志主导的官僚主义经济，致使资源配置无法合理有效，社会再生产条件无法自行满足，出现短缺与过剩并存、既不公平又无效率的发展态势。按劳分配在否定了按资分配之后，找不到劳动者的劳动付出与劳动所得相一致的切实合理的实现途径，只能由官方规定劳动者的等级地位和工资标准，这种"铁饭碗"性质的按劳分配无法调动劳动者的自觉性、主动性、积极性和创造性，反而使平均主义和"大锅饭"盛行。

集合价值规律在坚守社会主义根本性质的基础上，纠正了上述教条主义倾向。主要是：①它从如何实现社会主义制度功能的角度审视制度的结构要素及其实现条件，突破教条主义的制度框架，从生产与占有相一致、公平与效率相统一、必要性和有效性得以实现的功能要求出发进行制度建设；②在坚持公有制基本原则的基础上，强调"天下为公，各尽所能，各得其所，共同发展"的制度功能，突破生产资料占有形式的教条，注重生产与占有相一致的实现机制；③在坚持国民经济有计划、按比例发展的原则基础上，强调通过符合价值规律的市场机制实现资源配置的合理与优化，强调通过规律性的运行机制实现可持续发展的常态化；④在坚持按劳分配基本原则的基础上，强调劳动者能利权责结构的对称合理，强调通过竞争性互动建立相互增益的劳动者主体关系，强调劳动产权在自主劳动、自由选择职业、自主管理、劳动付出与劳动所得相一致等方面全面实现。

第三，集合价值规律是对传统社会主义制度中自我封闭倾向的纠正。在传统理论及其实践中，社会主义与资本主义是两种截然对立的意识形态、制度体系和社会走向。凡是资本主义坚持和提倡的东西，都要坚决反对。发展市场经济被视为走资本主义道路。建立和平、和谐、法治的社会秩序被视为向资本主义妥协的修正主义。在这种自我封闭、固守城池的路线下，道路越走越窄，偏离目标越来越远。

集合价值论建立在实现人类社会共同理想的基础上，它主张的价值观是能够融通所有人有益和有效的思想和行为、人和人之间能够相互增益的价值观。它追求的社会制度是社会所有人都能自由、充分和全面发展的制度。它坚持的文明方向是人类社会共同发展、共同富裕、可实现共同理想的方向。因此，它具有高度的开放性、包容性和融合性。

集合价值规律从本质上说，是社会主体在自主互动中融为一体的规律；从效能上说，是生产与占有相一致、公平与效率相统一、必要性和有效性得以实现的规律；从发展路径和运行机制上说，是实现可持续发展常态化的规律。

后　记

　　1982 年 9 月至 1983 年 6 月，我在河南大学进修政治经济学。当时，著名经济学家周守正教授作为我进修的导师，将我与他带的研究生编在一起上课。因此，我有幸与耿明斋、王献立、蔡继明等研究生成为同学和朋友。我们在一起学习和讨论，受益颇多。"集合价值"的概念就是在那时形成的。我第一次公开发表的论文《社会主义商品是研究社会主义政治经济学的逻辑起点》就是在周守正教授精心指导下写成的。该文发表在《殷都学刊》1984 年第 1 期，文中第一次提出了"集合价值"的概念。

　　后来，在兰州大学读研究生期间，在青海省委党校、广东江门五邑大学工作期间，我对"集合价值"的概念不断思考和研究，形成了较为系统的理念。1994 年调到珠海工作后，我有机会参加特区改革和发展的具体实践，特别是对珠海钟华生同志提出的"共享经济"进行了深入探讨，丰富并深化了"集合价值"的内涵。

　　2016 年，我已退休两年。耿明斋教授想让我加入他带领的研究团队"中原发展研究院"，聘我为河南大学的特聘教授，我欣然同意。一是缘于对挚友心心相印的情怀，二是出于对河南大学念念不忘的情感，三是出于对中原家乡日日思念的感恩，唯尽心尽力、竭诚而为才能报答。

　　近两年，我在研究院进行课题研究的同时，又对《集合价值论》的书稿进行了斟酌修改。当我想出版时，耿明斋教授主动为我联系社会科学文献出版社，并由刘琼博士帮我解决具体问题，使该书顺利出版。对河南大学、耿明斋教授、刘琼博士等，我深表谢意。

本书出版得到了中原发展研究基金会、新型城镇化与中原经济区建设河南省协同创新中心、河南省高等学校人文社会科学研究重点研究基地中原发展研究院、河南省高校新型智库建设以及河南省发展与改革委员会与财政厅政府购买服务项目的资助。在此，我由衷地感谢！

同时，我由衷地感谢社会科学文献出版社，感谢张超编辑等负责审稿、校对、编排和印刷的各位同人。

张振立

2018 年 10 月 28 日于开封

图书在版编目（CIP）数据

集合价值论／张振立著. —— 北京：社会科学文献
出版社，2019.7
ISBN 978 - 7 - 5201 - 4320 - 2

Ⅰ．①集…　Ⅱ．①张…　Ⅲ．①中国经济 - 社会主义市
场经济 - 研究　Ⅳ．①F123.9

中国版本图书馆 CIP 数据核字（2019）第 028290 号

集合价值论

著　　者／张振立

出 版 人／谢寿光
责任编辑／张　超
文稿编辑／单远举　王蓓遥

出　　版／社会科学文献出版社·皮书出版分社（010）59367127
　　　　　地址：北京市北三环中路甲 29 号院华龙大厦　邮编：100029
　　　　　网址：www. ssap. com. cn
发　　行／市场营销中心（010）59367081　59367083
印　　装／三河市龙林印务有限公司

规　　格／开　本：787mm × 1092mm　1/16
　　　　　印　张：19.75　字　数：301 千字
版　　次／2019 年 7 月第 1 版　2019 年 7 月第 1 次印刷
书　　号／ISBN 978 - 7 - 5201 - 4320 - 2
定　　价／98.00 元

本书如有印装质量问题，请与读者服务中心（010 - 59367028）联系